오지리 선생님께,
똥빗자루들 올림

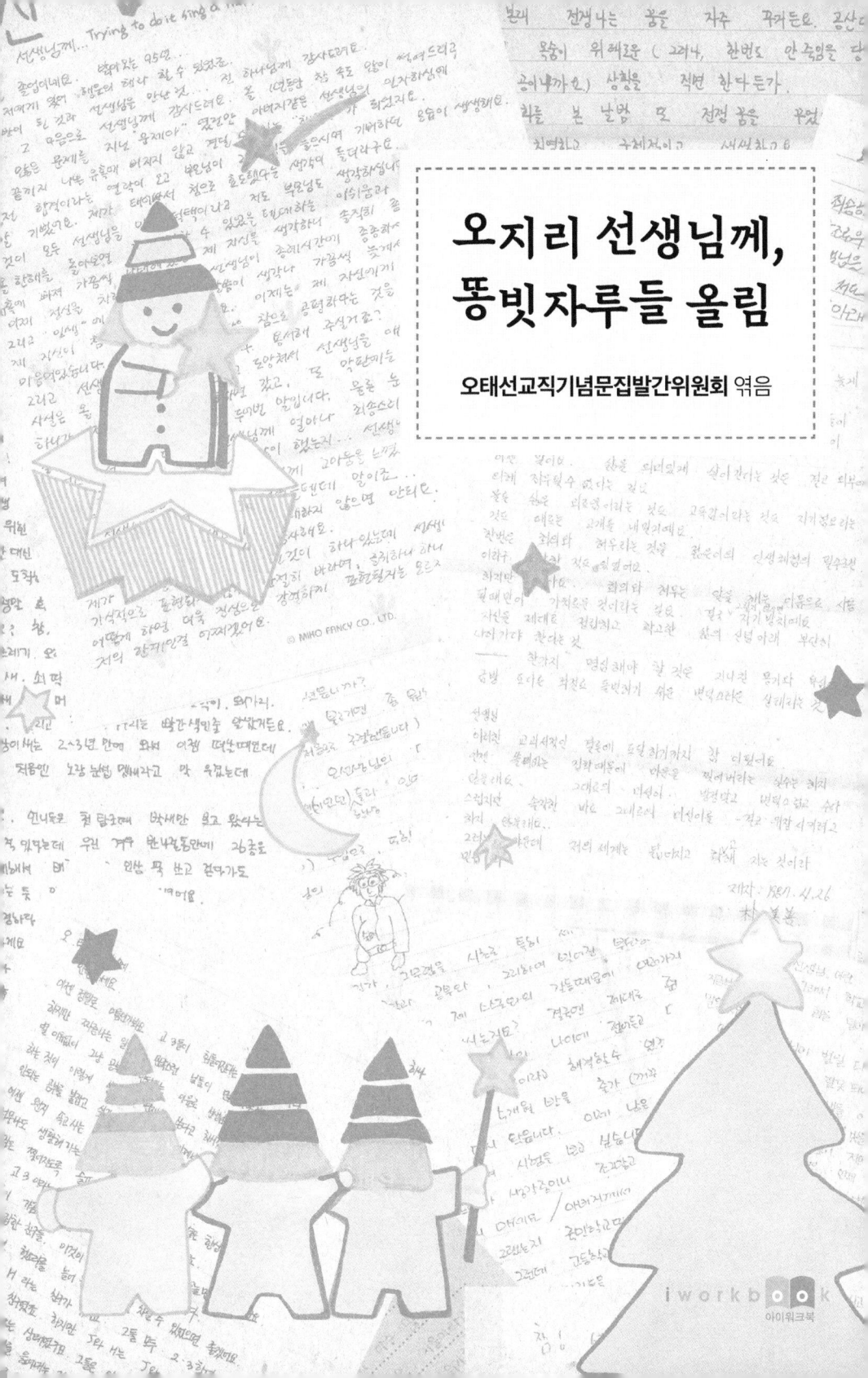

오지리 선생님께, 똥빗자루들 올림

오태선교직기념문집발간위원회 엮음

iworkbook
아이워크북

오태선 선생님 약력

1946년	황해도 송화군 풍해면에서 태어남(양 12월 15일, 음 11월 22일)
1951년	1.4후퇴 때 월남(황해도 초도에서 배 타고 군산으로 내려옴)
	이후 영등포, 문래동, 마포 공덕동 등지에서 생활
	서울교대병설중학교를 거쳐 경기고 진학(62회), 하지만 고3 때
	신장병으로 학업이 어려워져 그해 진학 포기. 이후 가정형편이
	어려워 5년 가까이 여러 일을 하다가 5년 만에 대학 진학
1970년	서울사대 지리교육과 입학
1974년	서울사대 지리교육과 졸업(건강상의 문제로 병역 면제)
1974년	서울 강남중학교로 첫 발령
1974년 4월	서울사대 커플로 2년여 사귄 황옥희와 결혼
	(서울교육회관, 주례: 이찬 교수)
1977년 7월	서울사대부중 부임
1983년	서울사대부고 부임
1985년	서초고등학교 부임
1990년	덕수상고 부임
1994년	혜화여고 부임
1998년	압구정고등학교(현 구정고) 부임
1999년 9월	강원도 영월로 내려와 영월고등학교 근무
2003년	영월공고 근무
2009년 2월	정년 퇴임(녹조근정훈장)

이후 계속 영월에서 살며 장애인 어린이와 함께하는 합창단, 영월문화원 자원봉사, 학예연구사로 활동했다. 특히 교직 중 고려대 한문학과 석사 과정을 마치고 지금도 한문 서적을 가까이 한다. 바둑을 취미로 경기고 62회 동문회 바둑 모임 유기회(惟棋會) 회원으로 활약하였다. 또한 서울사대 커플로 결혼한 황옥희 여사도 교사 출신으로, 효람 박병규 선생에게 서예를 사사하여 여러 차례 발표회를 열었다. 자녀로 1녀 1남을 두었다(1975년 첫딸 오구슬 태어남, 1979년 아들 오영근 태어남).

지은 책

- 고등학교 한국지리/세계지리(㈜지학사, 문교부 검정 1989. 8.)
- 고등학교 공통사회(하) 한국지리(태림출판사, 교육부 검정 1995. 9. 30.)

출제위원

1980년대 중후반 조선일보 간지로 들어가는 학력고사 대비 예비문제 출제 사회과학 팀장 역임. 이런 경험을 바탕으로 전교조 해직교사들이 세운 디딤돌출판사에 도움을 줌. 대입 학력고사, 수능시험 출제위원을 여러 차례 맡음.

책을 내며

오태선 선생님은 내 학창 시절 가장 기억에 남는 선생님이다. 나는 1980년 봄 낯선 중학 생활에 대한 두려움과 기대를 안고 입학을 했다. 당시 34세의 젊은 오태선 선생님을 첫 담임으로 만났다. 선생님은 중학 생활에 대한 안내를 해주시고는 신선하게도 학생 직접 투표를 통해 임원을 뽑게 했다(반장 임진윤, 회장 서순식). 나는 학급일지 쓰는 담당이 되었다. 원래는 1주일에 한 번씩 주번이 돌아가며 쓰는 것이 원칙인데 편의상 한 사람이 담당하게 된 것이다. 하루하루의 일들을 기록하는 공적인 일인지라 자연히 학교생활의 충실한 기록자가 되어 갔다(조금 과장하여 사초를 기록하는 사관의 심정이었다고나 할까). 그 덕분에 1년 내내 교무실에 들어가 선생님을 뵙게 되었다. 종례 후 학급일지를 마무리해 교무실 창가 쪽 선생님 자리로 가면 학급일지에 적힌 내용을 쓱 살피시고 사인을 해주셨다. 그것을 교무부장 선생님 책상에 올려놓고 나왔다. 1년간의 기억이지만 매일의 학교생활을 기록했기에 그 당시의 기억이 또렷이 남았는지, 아직도 기억나는 선생님과 보내며 있었던 몇 가지 에피소드를 소개하고자 한다.

우리 반은 유난히 떠들썩하고 활기가 넘쳤다. 특히 쉬는 시간에는 노느라 교실 안팎이 늘 어수선하고 시끌벅적했다. 어느 날 복도에서 교장선생님과 담임선생님이 다투시는 소리가 났다.

"오 선생, 아이들이 너무 떠드는 것 아니에요?"

"쉬는 시간에 이 정도 시끄러운 건 정상 아닌가요? 한창 자랄 나이인데…."

복도에서 벌어지고 있는 진귀한 장면에 모두의 눈과 귀가 그쪽으로 쏠렸다. 한참 대화를 나누다가 교장선생님은 끝내 자기 주장을 거두지 않는 담임선생님에게 단단히 화가 나셨는지 "담임이 이러니 이 반이 꼴찌를 하는 거 아닌가요?" 하고 쏘아붙이셨다. 지난 시험에서 우리 반이 8개 반 중에서 꼴찌를 한 모양이다. 교장선생님의 이 말에 오 선생님은 아무 말도 대꾸하지 못하셨다.

그런데 이 광경을 목격한 우리 반 친구들은 심각해졌다. 우리를 편들다 담임선생님이 고개를 숙이시는 장면을 보고 한 친구가 교단으로 달려 나갔다. 주먹깨나 쓰는 말썽꾸러기지만 의리가 있던 친구라 선생님이 학생들을 편들어 주시는 걸 보고 마음이 움직였던 것. 그 친구의 제안으로 우리는 다음 시험을 잘 치러 선생님 체면을 살려주자고 동맹 결의를 했다. '시간이 없으니 국영수는 제끼더라도 암기과목은 신경 써서 공부하자!'고 자기 주변의 친구들을 독려하고 자신도 공부에 매진했다. 며칠 후 끝난 시험에서는 놀라운 일이 벌어졌다. 꼴찌 반이 수직 상승하여 1등을 한 것이다. 시험 성적표를 나눠주며 씩 웃으시던 오 선생님의 표정이 지금도 선연하다.

그 덕분인지 우리는 단체로 영화를 관람했다. 수업이 끝나고 청량리 동일극장까지 걸어가 성룡의 '취권'을 보았다. 시골 출신인 내게는 제대로 된 영화관에서 본 첫 번째 영화였다. 선생님은 시간 나는 대로 우리를 데리고 다니며 여러 체험을 하게 해주셨다. 한번은 미아리 방면에 있었던 에덴수영장에도 데리고 가셨다. 모두 선생님이 우리 반만 특별히 이끌고 가신 것이다.

또한 방과후에 종종 다른 반과 축구 시합을 벌이곤 하셨다. 굳이 선생님도 선수로 뛰셨다. 골키퍼를 주로 보셨는데 실력은 영 아니올시다였다. 경기에 뛰지 못하고 응원만 하다 지루했는지 슬그머니 줄행랑을 쳤던 친구들은 다음날 혼꾸멍이 나기도 했다. 한 반이니 경기를 뛰든 응원을 하든 마음을 모아 하나가 되는 게 중요하다고 가르치신 것이다.

가을로 접어들자 선생님은 아무런 예고도 없이 한 달여 학교에 나오지 않으셨다. 나중에 안 사실인데 처음으로 치러진 1980년 대입학력고사 출제위원장이 선생님의 대학 은사이신 이찬 교수님이셨는데 출제위원장 비서 몫으로 선생님을 발탁하셨고 선생님은 수업 중에 연행되다시피 금감원 연수원으로 불려갔다고 한다. 선생님은 그곳에서 출제를 마치고 대입 시험 날까지 한 달여 감금 생활을 해야 하는 출제자들의 무료함을 기발한 아이디어로 달래주셨다. 바로 남이섬을 통째로 빌려 하루 종일 즐기는 것이었다. 여러 출제자에게 하루지만 해방감을 선사하신 것이다.

선생님의 지리 수업은 재미있었다. 우리 수준에 맞춘 설명과 중간중간에 던지는 신선한 발언은 이 과목 수업을 기다리게 만들었다. 특이하게도 그날 가르칠 분량을 통으로 외워서 판서를 하셨다. 선생님이 수업에 들고 오시는 것은 지휘봉 하나와 출석부가 전부였다. 우리는 너무나 신기하여 다른 반 친구들의 노트와 판서한 내용을 대조해보기도 했다.

내용은 거의 일치했다. 수업은 지리뿐만 아니라 교양과 상식 그리고 장래 직업 선택에 대한 도움말로까지 이어졌다. 학업을 계속하기 어려운 형편의 학생을 위해 남몰래 힘을 쓰셨고 장애가 있는 학생도 살뜰하게 챙기셨다. 모든 학생을 평등하게 대하셨고 어느 자리에서나 바른말을 하셨다. 그 때문인지 교장선생님과는 늘 긴장 관계에 있었다.

구수한 입담을 바탕으로 핵심을 찌르는 강의는 교육방송으로도 이어져 전국의 학생들이 접할 수 있게 되었다. 자연히 여러 차례 학력고사와 수능시험의 출제위원을 역임하기도 하셨다. 또한 현직 교사 신분으로는 처음으로 '한국지리' 고등학교 교과서를 내셨다(1989년 8월). 교과서 집필은 계속 이어져 1995년에는 공통사회 한국지리 교과서를 내셨다.

한편, 당시에는 주요 신문사마다 별지로 학력고사 대비 문제를 내보는 일이 있었다. 선생님도 고심 끝에 참여하셨고 이후 각 과목별로 선후배들의 참여를 이끌어내 해당 신문의 대입 예상문제가 주목을 받게 되었다. 그러자 여러 출판사에서 출판 제의가 들어왔다. 하지만 선생님은 전교조 출신의 교사 후배들이 해직으로 경제적인 어려움을 겪는 것을 보고 도움을 주고자 그들이 세운 디딤돌출판사에 원고를 넘기셨다. 그 참고서가 제법 팔려 후배들에게 경제적 도움을 주었다. 놀랍게도 지리 교사인데도 그때까지 한 번도 가보지 못했던 제주도를 그제야 다녀오시게 되었는데 이는 출판사를 경영했던 후배들이 고마움의 표시로 마련해준 것이었다. (이 책을 준비하며 인터뷰를 하는 말미에 선생님께 질문했다. "선생님, 지리 시간에 제주도 식생을 설명하면서 한라산은 산이 높아 높이에 따라 다양한 식물이 자란다고 마치 제주도를 훤히 꿰뚫고 있는 것처럼 말씀하시더니 그때까지 다녀오지도 않으셨다고요?" "진짜 고수는 가보지 않고도 다 아는 거야. 제주도에 관한 연구서를 읽으면 돼!" 선생님은 특유의 능청스러움으로 열은 미소를 보이시며 어깨를 한 번 들썩이셨다.)

중학교를 졸업하던 때 선생님은 복도에서 만난 내게 어느 고등학교로 배정받았는지 물으셨다. 그렇게 선생님과는 멀어졌지만 고교 시절 갑갑한 입시지옥에서 나는 가끔 선생님이 그리웠다. 대학 진학 이후 수소문 끝에 혜화여고를 찾아가 잠깐 선생님을 뵈었다. 하지만 그 뒤로 오랜 세월 선생님을 뵙지 못했다. 하지만 잊지 않았기에 인터넷 검색을 하다가 우연히 선생님이 영월로 내려가 교직 생활을 하시다가 정년 퇴임을 하셨고 계속 영월에 사신다는 사실을 알게 되었다. 나는 중학교 시절 국어선생님을 통해 선생님의 연락처를 알아내어 영월로 선생님을 찾아갔다.

선생님은 멀리서 오는 제자를 직접 영월역까지 마중 나와 점심을 사주시고 사모님이 운전하여 영월 관광까지 시켜주시고는 하룻밤 묵어가라며 집으로까지 들이셨다. 선생님 댁은 전망 좋은 빌라 4층이었는데 곳곳에 책이 쌓여 있고 책상이 여러 곳에 있었다. 거실에도 책상이 있었고 서재에도 책상이 있었으며, 침실에조차 책을 볼 수 있는 작은 책상이 있었다. 많이 덜어낸 책이라지만 꽤 많은 책이 아직도 선생님 손길 가까이 있었다. 그즈음에는 한문 서적을 주로 읽고 계셨다. 나중에 알게 되었는데 나태식 국어선생님을 만나 한문의 세계에 입문하셨고 한문 공부는 대학원으로까지 이어졌다고 한다. 우리는 못다 한 이야기꽃을 피웠다. 선생님의 제자들 이야기와 중학 시절 여러 선생님의 근황, 그때까지 여쭤보지 못했던 궁금했던 이야기를 묻고 답을 들었다. 무슨 이야기든 구수한 입담과 유머와 위트로 맛깔스러웠다. 그 뒤로도 선생님을 찾아가 몇 차례의 만남이 이어졌다.

그러던 어느 날 선생님은 서재 한구석에서 대한항공 마크가 찍힌 여행 가방 하나를 들고 나오셨다. 낡을 대로 낡은 배불뚝이 가방인데 안에는 터질 듯이 편지가 들어 있었다. 서울사대부고 이후 교직을 마칠 때까지 제자들에게 받은 600여 통의 편지와 카드를 여행 가방 가득 간직하고 계셨던 것이다. 넌지시 책으로 한번 내보면 어떨까 하시는데 마침 출판사에서 편집일을 했던 이를 알고 지내는지라 한번 알아보겠노라고 하며 그 편지를 받아왔다.

손편지가 끊어지던 시절이라 정성스레 손으로 쓴 편지들이 우선 반가웠다. 편지를 읽어보니 1980~90년대 학생들의 고민이 가득 담긴 편지글 하나하나가 당시 선생님과 학생들의 관계가 얼마나 긴밀했는지 보여주고 있었다. 또한 격동의 시절 학원민주화의 고난과 좌절 그리고 아픔, 감수성 예민한 성장기 청소년들의 다양한 감성과 방황이 보이는가 싶다가도 앞으로 자신의 삶을 엮어갈 씨줄과 날줄이 보였다. 청소년들의 내밀한 생각과 감정의 결이 가감 없이 드러나 있었다. 솔직하고 정감 어린 글들은 마치 모자이크의 조각처럼 그 시절의 단면들을 되살려주고 있었다. 책으로 묶으려고 편지들을 분류하며 분량 때문에 많이 줄이고 골라냈지만, 되도록 다양한 이들의 목소리를 담아내려 했는데 이를 통해 그 시절 우리의 풍경이 고스란히 복원될 수도 있겠다고 여겨졌다. (선생님께서 받은 엽서 중에는 동료 후배 교사들이 보낸 엽서도 여럿 있었다. 성격상 여기에 싣지는 못했지만 전교조 활동으로 구속되었던 후배 교사(김민곤)가 옥중에서 보낸 봉함엽서는 코팅이 되어 소중히 보관 중이었다. 참교육 실현에 앞장섰던 후배 교사들의 큰형님 같은 역할을 하며 교육의 본질에 충실하셨을 선생님의 삶이 떠올랐다. 그분들의 평은 한결같이 참교사 상을 보여주셨다는 것이다. 하지만 근엄함보다는 재기 발랄한 언변과 뛰어난 수업 진행, 애정어린 제자들 길 안내에 감동이 있었던 모양이다. 띠동갑이었던 후배 교사(김중신)는 엽서에 '아랫것들에 대한 따스한 애정, 윗것들에 대한 냉혹한 비판, 아이들에 대한 철저한 믿음'을 보여주셨고 '처지기 쉬운 교사 생활에 늘 긴장감을 불어 넣으시며 번뜩이는 언변(言辯)으로 벌어진 입을 다물 겨를이 없게 하셨다'라고 적었다.)

이 책이 나오기까지는 여러분이 정성을 모아주셨다. 아무 재원도 없이 시작한 일이지만 그 당시 선생님의 가르침을 받았던 동기들이 선뜻 기금을 모아준 덕에 책으로 묶을 수 있었다. 여기에 이름을 남기고자 한다.

박홍석 서순식 오동영 임재연 임지헌 임진윤(서울사대부중 1980년 입학, 33회 졸업), 김승겸 김호석 노승우 배형원 송수현 윤태진 이오표 이창석 진성무(서울사대부고 1983년 입학, 38회 졸업).

경제성이 불투명하지만 이 책의 의미를 공감하고 출판을 맡아주신 아이워크북의 김영호 대표님께도 고마움을 전한다. 또한 책이 나오기까지 기꺼이 편집일을 맡아준 조영균 씨의 정성도 각별히 기억하겠다.

아무쪼록 평생을 평교사로 제자 사랑에 헌신하신 오태선 선생님께 작은 선물이 되는 책이었으면 좋겠다. 또한 1980~90년대 학생들의 육필 편지글들을 통해 그 시대의 우리를 떠올려볼 수 있기를 바란다. 선생님의 그동안 노고에 고마움을 전하며 한결같이 한평생 교사로서 한 길을 걸어오신 선생님께 이 책을 올립니다.

2025. 12. 10.

오태선교직기념문집발간위원회를 대표하여

임재연 적음

차례

1부 오지리 선생님께

2부   똥빗자루들 올림

일러두기

이 책에 편지글을 싣는 순서는 다음과 같다.

- 1부에는 한 사람이 한 번이나 두 번 정도로 쓴 편지들을 모아서 발신 날짜를 기준으로 실었다. 발신 날짜가 불명확할 때는 편지지의 소인 날짜를 참고로 삼았다.
- 2부에는 한 사람이 여러 통을 쓴 편지들을 모았다. 발신인 별로, 발신 날짜순으로, 발신자 성의 가나다순으로 실었다.
- 본문에 대괄호(〔 〕)에 넣은 것은 편집하며 추가한 것으로, 발신인 표시가 없을 경우, 발신일이 표기되어 있지 않아 소인 날짜로 순서를 정한 경우, 손편지이기에 활자로는 담을 수 없는 내용일 경우 등을 표시해두었다.
- 세월이 흐른 이야기라도 민감한 개인 정보의 경우에는 가급적 ○○로 내용을 가렸다. 이는 실명으로 편지글을 싣는 데에 불편함을 느끼는 분이 계실지도 모르기 때문이다. 추억이 아름답게 남기를 바라는 마음이다.

1부

오지리 선생님께

제자 정환 올림

吳台鴈선생님께
강남구 서초동 서초고등학교

선생님께.

선생님, 안녕하셨어요?

선생님과 1-3반이란 보금자리에서 함께 웃고 걱정 없이 지내던 5년
전의 추억이 안개 속의 태양처럼 떠오르는군요. 이제야 새삼스레 옛 추
억이 떠오르는 이유가 뭘까요?

흔히들 인간은 한계상황에 이르면 종교를 찾는다고 하죠.

전 저에 대한 자신감을 잃은 듯한 지금 선생님을 찾게 되었어요.

선생님과 떨어져 있던 지난 2년의 저의 고등학교 생활은 많은 변화
속에서 잃은 것도, 얻은 것도, 많은 가운데에 후회 없이 보냈답니다.

우선 기쁜 것은 '정환'이란 녀석의 존재를 찾았다는 것.

이젠 어떤 아이가 그려주는 그림을 보고 "보아 구렁이"라고 생각할
수 있게 되었죠. "純粹"함과 "純眞"함에 대해 많은 생각도 해보았죠. 하
늘에 떠 있는 별을 보고 무심히 지나치지는 않게 되었어요. 그러는 과
정에서 저에 대한 자책과 환멸, 방황 속에서 이젠 고3이라는 좋은 시기
를 맞이한 것입니다.

'시간'의 유한성에 감사하던 제가 가끔은 아쉬워하고 있어요.

바로 과거에 저의 모습이던 '공부하던 정환'이를 잃어버린 듯한 안타까움 때문이에요. 지난겨울 선생님 댁에 갔을 때 전 사실 많은 것을 얻고자 했어요. 그런데 바보같이 용기가 나질 않았어요. 몹시 흔들리던 상태였던 것 같아요. 이제는 나름대로 '誠實'의 의미를 되새기며 노력하고 있어요. 저의 '성실도'의 자태라 느껴왔던 성적이 역시 쉽게 오르진 않더군요. 이번 시험에서 조금씩 오르는 듯하던 성적이 다시 떨어졌어요. 당황하지 않을 수 없었고, 의욕도 함께 떨어졌어요. 제가 태어난 이후 노력해서 안 된 것은 이번이 처음인 듯해요. 더욱더 실망했죠.

선생님,

이젠 많이 나아졌어요. 전화로나마 선생님 목소리를 들으니 더욱 좋아지더군요. 오늘의 '함수' 문제는 더욱 잘 풀리는 것도 같구요.

그럼 안녕히 계세요.

85. 6. 22. (日)

제자 정환 올림

강남구 서초동 산 99의 1
로얄타운 2동 302호
김어진 올림

강남구 개포동 공무원A.P.T
805동 1110호
오태선 선생님

선생님!

무더위 속에서 건강히 지내시는지요. 저도 불볕더위 속에서 건강 잃지 않고 잘 지내고 있어요. 며칠 전 더위를 먹어서 좀 고생을 하긴 했지만 지금은 다 나았어요.

피서는 다녀오셨어요? 학교 선생님들과 좋은 시간을 보내셨겠죠. 까맣게 그을린 선생님 모습이 무척이나 궁금해요. 저는 바다 구경, 산 구경 한번도 해보지 못하고 있습니다. 아버지께서 계속 논문을 쓰고 계셔서 여행 가자고 조를 엄두가 나지 않아요. 꿈속에서나마 파도 소리를 들어보는 것이 지금의 유일한 저의 희망입니다.

방학이 시작되자마자 제가 처음 시작하게 된 것은 제가 다니고 있는 교회의 여름성경학교 보조교사였어요. 자격 미달로 교사는 못 되었지만 정식 교사 못지않게 열심히 했어요. 보조교사는 저를 포함해서 모두 7명 있었는데 한 명씩 각각 한 학년 아이들을 돌보기로 했어요. 저는 유치부 아이들을 맡았어요. 꼬마들의 코를 닦아줄 사람이 저밖에 없다나요? 하지만 유치부 아이들을 맡았던 까닭에 더 큰 보람을 느낄 수 있게 된 것 같아요. 보조교사가 하는 일은 주로 청소하기, 교사 심부름,

레크레이션 준비, 간식 나르기, 준비물 나누어주기, 아이들 공작 도와주기 그리고 제가 특별히 맡은 일 중에서 빼놓을 수 없는 유치부 아이들 화장실 데리고 가서 일 돕기 등이었어요. 좀 힘이 들기는 했지만 제게 너무 많은 것을 가르쳐주었던 3일이었어요. 마지막 날 예배를 마치고 아이들을 보내려는데 어떤 꼬마 아이가 '선생님 고마워…' 하면서 생긋 웃는 모습을 보이는 것이에요. 그땐 왜 그렇게 기쁘고 고맙던지 눈물이 핑 돌 뻔했어요.

선생님!

지난 한 학기 동안 여러모로 성실하지 못했던 제 행동에 너무나도 막심한 후회가 생겨요. 그리고 무엇보다도 선생님께 죄송해요. 제가 반장 노릇을 조금만 더 잘했어도 아이들이 조용하고 차분하게 지낼 수 있도록 할 수 있었을 텐데, 반장이 앞장서고 같이 수다를 떠니 아이들이 소란스러울 수밖에 없었겠죠. 하지만 2학기 때는 저도 좀 소녀다워질 거예요. 아이들이 깜짝 놀랄 만큼 얌전해져서 조용히 하라고 하면 좀 달라지겠지요. 그렇지만 그것도 힘 드는 것일 거예요. 떠드는 것이 체질화되어버려서요. 그리고 10반 아이들이 열반이어서 공부는 좀 못 하지만 인간성만큼은 여느 반 못지않게 서글서글하고 착한 것 같아요. 아마 전교 1등 감일 거예요.

1학기 동안 덜렁대느라 선생님 힘들게 해드린 것 너무 죄송해요. 방학 동안 철저히 반성해서 2학기 때에는 전교에서 선생님을 제일 편안히 모실게요. 그리고 떨어진 성적을 올리기 위해 더위를 잊을 만큼 열심히 하겠어요. 집에서는 매일 팝송만 듣게 되는 것 같아서 독서실에서 공부하는데 집에서보다 꽤 잘되는 것 같아요. 방학 동안만 다니기로 하고 한 달을 끊었어요. 오전에는 영어, 오후에는 수학 그리고 저녁부터는 영문 독해 문제집을 풀고 있어요. 모르는 것이 너무 많이 생길 때 선생님께 뛰어가서 모조리 다 여쭈어보고 싶어져요.

언제나 저의 마음을 그리고 저희 60명의 마음을 가장 잘 이해해주신 선생님께 감사드려요. 2학기 때에는 선생님 속 덜 썩여드리고 열심히 공부하겠어요. 참, 그리고 저희 조 아이들이 8월 10일 후에 선생님과 남이섬에 가고 싶다고 해요. 날짜를 정해서 연락드리겠어요. 그럼 선생님, 몸 건강히 안녕히 계셔요.

1985. 8. 9.

김어진 올림

서울시 강남구 서초1동 848-4
김숙연 올림

서울시 강남구 개포동 공무원APT
805동 1110호
오태선 선생님께

선생님께.

선생님 안녕하셔요? 저는 몸 튼튼히 잘 지내고 있어요. 편지가 늦어 죄송해요. 저는 하루빨리 개학하기를 기다리고 있어요. 집에 있기가 지루한 것 같아요. 짜증도 나고, 공부도 안 되고, 빨리 학교에 갔음 해요. 방학을 알차게 보내면 좋을 텐데 마음대로 안 돼요.

계획만 거창하고, 맨날 잠만 자고 싶고, 잠만 해결하면 좋을 텐데 시험 보는 날들만 잠이 안 오고 나머지는 몽땅 잠 때문에 망치는 것 같아요.

올해는 언니가 고3이라서 피서를 안 가기로 했어요. 그래서 맨날 집에 있기도 지루해서 저번 주 목요일 날 아버지하고 어린이대공원에 갔었어요. 생전 처음 돌고래쇼도 보고—돌고래들이 참 영리한 것 같아요—개미핥기도 보고 딴 동물들도 많이 봤어요. 원숭이 종류가 굉장히 많았어요. 침팬지가 아들을 낳았다고 우리 밖에 새끼줄에 고추를 달아놓은 것도 있었어요. 그리고 오늘은 어머니하고 로댕 작품 전시회에 갔었어요. 솔직히 저는 크게 감탄할 만큼 감동은 못 받았어요. 한 가지 놀라운 점은 작품 하나하나 특히 몸의 근육, 힘줄, 얼굴 모양이 정말 사람 같았어요. 그리고 아쉬운 점은 '칼레의 시민'에서 칼레시에 대한 중세 역사를 자세히 알고 싶었어요(영국에게 항복을 했다고 했는데). 또 '지옥의 문'은 사진으로만 있었는데 진짜로 봤음 해요. 작품 여러 개가 '지옥의 문'에 있는 것인데 '지옥의 문'을 실제로 보면 굉장할 텐데.

선생님,

이제 방학도 얼마 안 남았는데 남은 방학 동안만이라도 열심히 해서 보내야겠어요. 그리고 이만 연필을 놓겠습니다.

선생님, 몸 건강히 안녕히 계셔요.

1985. 8. 12.

김숙연 올림

— 제자 승우 올림 —

서울시 강남구 개포동 공무원APT
805동 1110호
오태선 귀하

선생님께.

문득 선생님 생각이 나서 편지를 띄웁니다.

그동안 별 큰일 없이 평안하신지요. 그리고 사모님, 구슬이,영근이 모두 다 몸 건강히 잘 계신지요.

이 편지가 세 번째지만은 만약 이 편지가 선생님께 간다면 선생님은 첫 번째 편지를 받아보실 거예요. 두 번 다 쓰긴 썼지만 부치질 않았어요. 이 편지도 부칠진 잘 모르겠어요.

참, 피서는 가셨었는지 궁금하네요. 저는 학년이 학년이니만큼 무더운 여름날 안 되는 공부를 해보려고 어느 정도 노력하고 있습니다. 체력장 원서도 벌써 썼어요. 그러니까 시험이 얼마 안 남았다는 거겠죠. 시간이 가면 갈수록 초조해지기는커녕 오히려 더 담담해집니다. 어서 빨리 초조해져야 더 열심히 공부할 것 같은데.

선생님이 저를 맡았던 2-4반, 그러니까 일 년 전에 선생님의 깊은 뜻을 모르고 이기주의적인 저의 행동에 대해 어느 정도 반성하고 있습니다. 물론 그때에도 선생님을 좋아, 아니 존경했습니다. 그러나 지금 선생님이 안 계신 2-4반을 가끔 들여다보면 수업 시간 지도하고 있는 선생님 모습이 눈에 어른거립니다. 그때 왜 선생님의 좋은 말씀을 안 들었는지 후회스럽습니다. 이런 생각을 가진 우리 반 친구가 비단 저뿐만이 아니라고 생각합니다. 선생님이 전근 가신 후 우리 반은 2학년 때보다 우리 반끼리 더욱더 굳게 뭉쳤습니다. 딴 선생님의 어떠한 자극적인 말씀에도 흔들리지 않았습니다.

며칠 전 우리 반 몇 명이 선생님을 찾아뵙자고 하는 약속만 하고 약속을 지키지 않았습니다. 2학년 때의 잘못도 잘못이려니와 떨어진 성적이 더 큰 원인인 것 같습니다. 그러나 3개월 후에는 떳떳이 선생님을 뵐 수 있게 노력하겠습니다. 선생님도 격려해주시리라 믿습니다.

남은 3개월 학교 여러 선생님은 우리 반이 형편없다는 식으로 말합니다. 형원이를 제외하고는 형편없다는 것입니다. 그러나 저는 믿습니다. 선생님도 믿으실 것입니다. 우리 반은 결코 실패하지 않을 것입니다. 실패하지 않습니다.

선생님, 비록 지금은 저희와 먼 곳에 계시지만 우리에게 힘을 주십시오. 우리에게 믿음을 주십시오.

비록 저 개인 생각이지만 이런 부탁을 드리면서 편지를 그만 줄여야겠어요. 서초고등학교에서도 우리나라의 교육을 위해 계속 힘써주세요.

-강남에서 펄펄 날고 계신 선생님께-

-제자 승우가-

[소인 날짜: 85. 8. 17.]

P.S. 글씨를 너무 못 썼어요. 정성도 없구요. 이해해주세요.

강남구 삼성동
제자 강주완 올림

서울 강남구 개포동 공무원APT
805동 1110호
오태선 선생님

오태선 선생님께.

점점 쌀쌀한 기운을 더해가는 가운데 어느덧 마지막 달이 되었습니다.

추운 날씨에 감기는 안 걸리셨는지요.

죄송합니다. 시험 후 곧 찾아뵙는다는 것이 말처럼 쉽지가 않아서 여태 찾아뵙지도 못했습니다. 아마 1월 달 원서 접수와 면접 및 논술고사 등 여러 일 때문에 좀 늦게 찾아뵙게 되었습니다. 그래서 일단 선생님께 '오늘도 무사히 살아 있다'는 소식과 함께 편지를 띄웁니다.

비록 결과는 평범하지만 저는 가장 열심히 공부했었다고 감히 말하고 있습니다.

'기는 人' 위에 '걷고 뛰는 人' 또 그 위에 '나는 人'이 있는 법—

—고3 때는 기었지만 재수 시절에는 열심히 뛰었다고 생각해요.

변변치 못한 점수에 저는 요즘 '자신의 합리화'에 바쁩니다.

학원 친구들과 모여 '우리는 열심히 했는데…' 하는 한탄 비슷한 말만 하거든요.

앞으로의 나의 인생에서 닥칠 많은 일들을 열심히 성실히 해나갈 겁니다.

　—'겉보기에 잘하게 생긴 아이는 역시 괜찮은 아이구나' 하는 소리를
듣기 위해서요.

　그럼 찾아뵐 때까지 평안하시길….

제자 강주완

[소인 날짜: 85. 12. 6.]

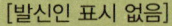

서울특별시 강남구 서초동 712
서초고등학교
오태선 선생님께

오태선 선생님께.

선생님,

전 요즘 이 세상이 얼마나 우습고 엉터리인지 알았습니다.

위선자들도 너무 많고, 그리고 저도 그중 하나라는 걸 알았습니다.

이건 비겁해요.

전 이렇게 사는 게 비도덕적이라고 생각하면서도 '비도덕적'인 것을 사랑합니다.

전 저 자신한테 너무 너그럽고, 그렇지만 제가 싫어 죽을 지경이에요.

가끔 거울을 보기가 두려울 때도 있어요.

제 눈은 사악하고, 제 표정은 어른의 그것이라는 것이 절 슬프게 만들어요.

선생님을 이해하면서도 전, 선생님이 낯설어 보일 때도 있습니다.

선생님 가까이 있는 수업 시간이면, 전 즐겁지만—예전엔 그랬지만—요즘은 오히려 木요일이 안 왔으면 하고 바랍니다.

왜냐하면, 전 평생 선생님같이 살 수 없다는 것, 아니 그렇게 살기를 원하지만 나 자신이 그렇게 살지는 않을 것을 알기 때문입니다.

전 '집'이 뭔지 모르겠어요. 전 아빠가 '사랑'으로 '나'와 결합됐다는 걸 믿을 수 없습니다. 전 아마 아빠가 원하시는 대로 살아가겠지만, 늙어서 언젠가 지금 이 순간들이 제 생애에서 가장 행복했었다고 누군가에게 고백할 거예요. 틀림없이.

그때 아주 자신 있게 선생님께선 제 영웅이셨고 저는 바로 ⟨당신⟩이었다는 것을 말할 수 있었으면 좋겠습니다. 진심으로 말이에요.

↗ 3인칭 극존칭

아빠는 너무 위대하고 저는 그분의 딸로는 부적당하다는 것을 알았어요. 그걸 깨닫는 데 15년이 겨우 걸리다니.

제가 누구누구처럼 공부를 그렇게 잘하는 것도 아니고 그렇다고 다른 재주가 있는 것도 아닌데, 괜히 저는 다른 사람과 다르게 살고 싶어해요. 그럴 자격도 없는데 말입니다.

오늘같이 쓸쓸한 날 선생님께선 어떤 생각들을 하시는지 모르겠어요.

제가 누군지 모르시죠?

여우가 포도를 못 먹고 돌아서서 "저건 신포도야" 하던 얘기가 생각납니다. 결국 나무에 오를 수 있게 된 여우는 포도를 먹었는데 진짜 공교롭게도 신포도였어요. 여우는 그래도 계속 신포도를 먹어가며 자신의 성공을 확인하다가 위궤양에 걸려 죽었어요.

그 여우가 바로 접니다.

1986년 4월 30일
어느 학생

서울시 강남구 서초동 712 서초고등학교
제자 올림

서울시 강남구 서초동 712 서초고등학교
污息先선생님께

Austria 선생님께

안녕하셨냐는 인사는 너무 형식적이고 흔하기 때문에 하지 않겠습니다. 그렇다고 해서 괘씸하다거나 건방지다고 생각진 마십시오. 사실이 그렇다고 해도 전 누구보다도 선생님을 생각하는 충성스러운 제자입니다. 오늘로써 시험 기간이 1/2이 지났는데 정말 끔찍할 정도입니다. 공부를 질리도록 안 한 건 사실이지만 과거의 그 때리던 솜씨는 다어디로 갔단 말입니까. 전 여태까지 공부 안 했어도 남들 열심히 한 만큼보다 더 결과가 잘 나오고 또 그것이 당연하다는 자만심 내지는 中華사상에 빠졌었는데 속히 그것에서 벗어나야겠다는 생각은 매일 하면서도 잘 되지 않습니다. 더 이상 처지기 전에 빨리 저의 위치로 와야겠는데 미치겠습니다. 차라리 미쳐버리고 싶습니다. 이런 소리 주절주절 늘어나 봐야 제가 느끼지 않는 한 어쩔 수 없지만 하소연할 데가 없어 그럽니다. 애들은 이런 얘기를 진정으로 받아들이지 않고—그러고 보면 전 친구도 없는 것 같습니다—엄마, 아빠껜 하고 싶지도 않고 만만한 게 선생님입니다. 세상에서 가장 좋은 사람이 누구냐고 묻는다면 선생님이라고 자신 있게 말할 수 있습니다. 혈육은 떠나서 따져야겠죠.

저 요즘 상사병 걸릴 지경입니다. 과거에 이 영화 보면 이 사람 좋고 저 영화 보면 저 사람 좋고 하는 것과는 다른 성격의 것으로 알 파치노를 무지무지 좋아하게 됐습니다. 수업 시간 (대부분의) 내내 그 생각만 합니다. 30살 차이는 아무것도 아니라고 말하고 다니는 실정입니다. 정말 일났어요. 외교관 부인 자리가 흔들릴 지경이라니까요. 안녕히 계시라는 소릴 기대하진 물론 않으셨겠죠.

1986년 5월 12일 수요일 Mrs. Pacino 올림

※ 추신: 알 파치노는 제 겁니다.

서울 관악구 봉천본동
907-35, 8통 4반
윤성원

서울 강남구 서초1동 1504번지
서초고등학교
오태선 선생님 귀하

지리 선생님께.

선생님! 인사보다 먼저 항의부터 해야겠어요.

어쩜 그러실 수가 있으세요? 7시까지 돌아올 수도 없는 사지로 보내실 수 있으신 거예요?

무슨 말일지 모르시겠다구요? 그럼 제가 차근차근 경위를 설명해 드릴게요.

먼저 안녕하세요? 저예요. 왜 그 키 크고 누런 애 있잖아요. 구렁이 말구요(← 정글북).

방학식 날 난희와 시연이(선생님께 겨울 바다가 보고 싶다고 장소를 물으러 갔던 애들이요)가 좋은 장소—지리 선생님께서 풍경이 좋다고 하신—가 있다며 보러 가자는 거였어요. 그래서 야, 그렇다면 이건 보증수표다, 하고 그래 가자 했죠.

저희 8시에 봉천역에서 만나 우선 신도림으로 갔어요. 그리고 인천행 국철표를 끊으려다 인천에 살았던 난희가 「송도」역에 가려면 「주안」이 더 가깝다길래 주안행 표를 끊었지요(320원). 어떤 아저씨한테 물어봤더니 송도역까지 택시를 타라기에 택시를 타고(1,350원) 송도역에 내렸는데, 우와 — 이건 빨간 머리 앤에 나오는 역같이 생겼더군요. 글쎄 차표 파는 사람이 아직 나오지도 않은 거였어요. 그 역에서 기다릴 수도 없고 배도 고파 그곳을 쭉 돌아보는데 전부 교회를 갔는지 아니면 아직도 자는지(10시 전이었다구요) 간신히 찾은 중국집인지 음식점(아! 중국집도 음식점이지. 취소)에 들어가 짜장면을 시키고 기다리는데 이게 안 나오는 거예요. 그래서 둘은 남고 저랑 호정이랑 둘이서(가위바위보에서 졌어요) 표를 사가지고 돌아왔는데도 음식이 안 나와서 굶어 죽어요 등 엄살을 피웠었죠. 그런데도 음식이 우리보다 나중 온 손님들에게 먼저 가지 뭐예요. 수적 열세의 슬픔인지 장유유서의 미덕인지, 40분이 넘고 50분이 다 되어서야 나왔어요. 고잔행은 11시에 출발인데 5분 만에 다 먹었(을 거예요)죠 머. 막 뛰어가 탔는데 히, 무슨 기차가 그리 작아요. 레일도 좁고 칸도 2칸뿐이고.

자 — 드디어 출발했어요. 바다를 볼 수 있다는 기쁨을 품고.

저흰 둘씩 둘씩 재잘거렸지요. 그런데 한눈에도 그곳이 초행인 것처럼 보였나 보지요. 저희 앞에 앉으신 아주머니께서 설명을 해주셨어요.

시커먼 목조건물은 일제시대 때 만든 소금 창고래요. 바깥 풍경은 갯벌과 논과 잡초의 연속이었지요. 저 멀리 보이는 곳이 염전이래요. 저멀리 갯벌과 논과 잡초의 연속이었지요. 저 멀리 지평선 있는 곳이 바다가 아닐까 하는 생각에 우린 들떴지요. 소래역엔 저수지가 있었지요. 그곳은 글쎄 망둥이 낚시가 잘된대요. 우리 친구 별명이 망둥이라 우린 한참 웃었지요. 그 아줌마께선 이상하게 생각하셨을 거예요.

소래다리라는 다리를 건넜는데 우와 다리는 안 보이고 기차는 좌우로 흔들리고. 좀 더 가니 철길을 따라 철조망이 쳐져 있더군요. 간첩이 자주 출몰한다나요. 갯벌을 파면 조개가 손에 잡힌대요. 왼쪽(기차의)에는 초가집도 있었어요. 새마을운동으로 모두 철거된 줄 알았는데 그 집에 사람이 살까요?

군자역. 선생님께서 처음엔 「군자」로 가라셨다죠? 그곳엔 소금 창고가 많았어요. 그리고 이 기차 레일보다 더 좁아 보이는 레일이 많이 있길래 뭔지 그 아줌마께 여쭤보았지요. 그랬더니 그분 말씀이 소금을 운반하는 기차 레일이래요.

←요렇게 생긴 기차요.

전 그림을 잘 그리지만(헤헤) 자세히 생각이 안 나요. 단지 장난감같이 생긴 조그만 기차였고 하얀 소금 자루를 싣고선 정말 장난감 기차처럼 달리던 것만 생각나요.

그런데요, 염전 소금 창고 따위가 있는데 어떻게 그 근처서 농사를 지어요? 소금을 잔뜩 쌓아놓으면 「간수」라는 물이 생기잖아요. 그 정도는 괜찮은가 보죠?

좀 더 가니 온천을 팠던 자리도 있더군요. 그때부터 차가 신나게 흔들리기 시작하는데 가만히 서 있으면 저절로 트위스트가 추어지더군요.

그런데 내릴 때는 다 되어 가는데 밖을 아무리 노려봐도 바다는커녕 강물도 없을 것 같았어요. 엉뚱하게도 지하철인지 고가도로인지 뭔가 공사가 한창이었다 이겁니다. 짠— 내렸지요. 실망 실망. 기차역은 송도역보다도 작고 보이는 거라곤 횟집과 찻집뿐이에요. 횟집도 아니고 랑 낙지랑 멍게, 게 같은 거만 팔더군요. 글쎄 아나고가 털보래요. 그래서 정말인가 봤더니 털이 안 났던데요. (당연하죠. 아나고는 어류인걸요!)

아— 횟집은 있건만 바다는 어디 있을까. 그래서 아무 집이나 들어가 아줌마! 이 물고기 어디서 잡았어요? 했죠, 뭐. 어떤 분이 이렇게 저렇게 그렇게 조렇게 가면 바다로 나간다길래 도— 저희 모르겠어서 또 다른 분에게 여쭤봤죠. 그랬더니 찻집을 돌아 쭈—욱 가면 바다가 나온대요. 그래서 속는 셈 치고 갔어요.

한참 가는데 아무래도 수상해서 어떤 할아버지께 여쭤봤죠. 할아버지, 이 길로 쭉 가면 어디 나와요? 아무것도 없어. 바다밖에. 그래서 쭉 가다 보니 이 무슨 운명의 장난일까, 갈림길, 운명의 기로에 섰어요. 거기서 놀고 있는 꼬마 계집애한테 어느 쪽으로 가면 바다가 나오냐니까 둘 다 나온대요. 전 왼쪽 길로 가자 했지만(전 왼쪽이 좋아요) 오른쪽으로 가게 되었지요. 한참 가는데 난희가 볼일 보자 해서 뉘 집 뒷간을 실례하는 걸 사진도 찍으며 과자도 먹어가며 가는데, 어라 —경고— 군사지역이라 출입증 없이 출입하면 안 되고 사진을 찍어도 안 되고 이를 위반하면 경고 없이 발포한다는 거예요. 선생님! 저희를 정말로 정말로 그런 死地로 보낼 수 있으신 거예요? 저희는 지리 수업도 열심히 들었다구요. 저희의 어디가 그리고 미우셨나요? 아무리 시험을 못 봤다고 해도.

그런다고 저희가 중단을 하겠어요? 한번 뺀 칼을! 그래서 계속 갔죠. 경고문을 세 번 지나고 다정한 두 연인을 만났어요. 이 길로 쭉 가면 바다가 나오나요? 그 두 연인 말이 갯벌밖에 없대요. 금방 그곳에서 왔는데 물이 다 빠졌나 보대요. 저희가 물 구경도 못 하고 억울하다! 하니까 저수지에 물이 있대요. 그래서 결국 저수지서 사진 찍고 어쩔까 하다 송도행 기차가 2시 13분 아니면 7시. 2시 차를 놓치면 7시까지 돌아갈 수가 없다! 부랴부랴 돌아갔죠. 그런데 돌아가는 길에 수상한 사람을 봤어요. 저수지가 곧 낚시터인데 작은 개울(?)서 낚시하는. 혹시 간첩이 아닐까? 하는 의심을 품으며 돌아돌아 왔죠.

때는 1시 30분. 아침을 늦게 먹긴 했지만 오랫동안 걸어 다녔더니 배가 너무 고파 고잔역 안에 들어가 처량하게도 도시락을 먹었어요. 과자도 먹고 콜라도 먹고. 드디어 기차가 왔는데 시연이와 난희 참 잽싸데요. 노약자 보호석에 잽싸게 앉았어요. 호경이와 둘이 야유하다 타협을 봤죠. 한 명씩 교대로 앉기로.

제일 뒤칸이었는데 창문으로 뒤를 내다보니 꼭 기차는 가만히 아니 좌우로 흔들리기만 하고 레일과 좌우 풍경만 뒤로 달아나는 것 같았어요.

자꾸자꾸 달아나는 레일을 보다 앉았다 보다 앉았다. 차가 덜컹하여 시연이가 남의 팔 자루에 주저앉기도 하고 기찻길 옆 오막살이 노래도 하며 신나게 오던 길 고대로 돌아갔어요. 「주안」역에서 최루탄 가스 때문에 재채기한 것 빼곤요.

아— 21日 하루는 1人당 1,700원씩 고생을 사서 했어요. 바다도 못 보고요. 선생님은 가계수표였어요!!! 여태껏 받은 수업은 믿어도 될까? (농담이에요.) 고생은 했지만 재미있었어요. 바람은 차고 감기는 걸렸지만 정말 그 기차는 재미있었지요. 하지만 선생님 다음에는 기차만이 아닌 다른 재미도 볼 수 있는 곳을 가르쳐주세요. 아, 바다는 관두겠어요. 어차피 전 회도 안 먹고 술도 안 마시니까요.

아이고 글씨가 점점 작아지는군요. 4장째 쓸까말까 생각 중이에요.

하! 여자란 역시 말이 많군요. 하지만 여자만 말이 많은 건 아니에요. 저 TV에서 떠드는 아나운서도 얼마나 말이 많아요.

더 말 많다는 소리 듣기 전에 그만 쓸래요. (사실은 쉬지 않고 썼더니 팔이 아파서요.)

선생님께서 궁금해하실까 봐(설마 까맣게 잊진 않으셨겠죠? 저희를 사지로 보내놓으시곤) 썼지만 4장씩이나 재미없는 말 늘어놓으면 선생님 지겨우실 거 아니에요.

한심한 겨울에 감기 안 걸리도록 조심하시고 개학 날까지 부디 건재 (?)하시길.

윤성원 올림

서울시 성동구 자양2동 649-27
전경수

서울시 강남구 개포동 공무원APT
805동 1110호
吳台湧 貴下

선생님 안녕하세요?

올여름은 예년에 비해서 평균 2~3℃가량 낮다고 해요.

오호츠크 기단의 세력이 강해서 서늘한 날씨가 계속되고 장마가 길다고요.

저는 서울 한복판에 있으면서도 런던에 있는 기분이에요. 서안 해양성 기후는 늘 이렇게 축축하고 기분 나쁠까요? 습기 찬 방이 기분 좋지는 않지만 덥지 않아서 좋아요.

그래도 덥긴 더워요. 아무래도 여름인데 춥기야 하겠어요?

특히나 독서실의 꽉 막힌 책상과 형광등 불빛은 더욱 더운 것 같아요. 뒤에 앉은 아이 등에서도 열이 풀풀 나는 것 같아요. 그건 등에서 나온 체온이 아니고 영혼에서 나는 열기일까요?

말소리도 없고, 책장 넘기는 소리와 선풍기 도는 소리밖에 없는데 독서실이 소란하다는 기분마저 들어요. 조그만 여학생실에 열기가 대단해요. 옆에 남학생실은 더하겠죠? 제 상대는 이 방에 있는 여자애들이 아니고, 머리 깎고 덤비는 머슴아들이에요. 전 뒤통수가 워낙 못나서 머리를 밀어버릴 수는 없지만 고무줄로 묶어버릴 수는 있어요.

지난 월요일에는 시립대학 도서관에 갔었어요. 별로 수준 높은 학교는 아니지만 그래도 대학생답게 공부하던걸요. 뭐가 다른지는 모르겠지만 고등학생과는 달랐어요. 저보다 늦게 와서 나쁜 자리를 차지한 사람들이 훨씬 많았는데도 그들 대부분 저보다 공부 많이 하고 갔을 거예요. 그 다음날엔, 시립대에서 커피를 사주는 대학생 아저씨 때문에 다시 못 가고 건국대학교를 갔는데 곧 쫓겨나고 말았어요.

저를 쫓아낸 수위아저씨가 미워서라도 건국대 학생이 되지는 않기로 했어요.

제가 4년 동안 다닐 학교(4년보다 오래 남을 학교)는 어디가 좋겠어요?

전 꿈이 대단해요.

제가 하는 공부가 남들과는 좀 다르다는 생각 때문에 조금은 자랑스러워요. 하지만 그 자랑스러운 기분이 좀 불안해요. 좀더 적나라하게 표현하면 좌절감과 기대감이 서로 팽팽하게 맞서기 때문에 어느 쪽으로 기울지 저도 불안해요.

가끔은 대학이라는 게 학력을 얻는 것밖엔 아무 의미가 없다는 생각이 들어요. 하지만 대학에 안 가면 제가 어른이 되었을 때 후회하리라는 생각 때문에 쉽게 포기하지 못하고 우유부단한 자세였어요. 그러다가도 좀 용기가 나면 저도 대학생이 되리라는 기분에 부풀어요. 남들처럼 엄마가 공부하는 책상머리 지켜주고, 책 사주고, 밀어 넣어주는 대학이 아니고, 저 스스로 공부하고, 제가 책을 사고, 저 스스로 어려운 길을 다듬으며 가는 대학이기 때문에 꼭 가야겠다는 생각이 굴뚝같아요.

이 세상 누구도 어떤 것도 제 기대를 꺾어버릴 수는 없어요. 그런 만큼 제가 좌절감에 빠졌을 때 저를 격려해주는 사람도 많지는 않아요.

꼭 격려받아야 할 사람한테 격려받지 못한다는 생각은 저를 더욱 비참하게 만들어요. 격려하지 못한다는 것이 아니고, 오히려 저를 방해하고 있다는 생각마저 들 때가 있어요. 지금 제게 가장 큰 문제는 이런 잡념을 이겨내는 거예요. 벌써 끝났어야 할 고민인데도 너무나 오랫동안 계속되고 있어요.

언젠가 선생님께서 말씀하셨죠.

내 인생은 내 자신에게 책임이 있는 것이지 어느 누구에게도 있지 않다고요. 그 말씀이 옳아요. 언제까지나 남의 도움만을 바랄 수는 없어요. 제 일은 제가 하겠어요. 지금은 자신이 없고 부끄러운, 선생님을 잘 따르는 제자이지만요. 훗날 (멀지 않은 날) 제 인생을 제가 책임진다는 자신이 섰을 때, 그때는 선생님 앞에서 감히 자랑할 수 있는 어른이 되겠어요.

선생님도 제가 꼭 할 수 있다고 믿어주세요.

여름방학이 끝나면 제가 좀더 클 것 같다는 기분이 들어요. 오늘은 어쩐지 기분이 좋은걸요. 영근이한테 안부 전해주세요.

안녕히 계세요.

1986. 7. 26.

전경수 올림

서울에서 한 여인이

서울시 강남구 개포동
공무원아파트 805동 1110호
오태선 선생님께

우리 슈퍼맨 선생님께.

지금은 아침 자습 시간이에요. 입학하고 처음으로 나와 예화는 이렇게 조용히 앉아 자습이라는 것을 하고 있다가 웬일로 호랭이 담임선생님이 나가시는 틈을 타서 펜을 들었어요.

숨이 막힐 것 같은 분위기 속에서 기침도 하기 무서워요. 하지만 이런 곳에 적응을 하도록 노력해야겠지요.

민정이와 예화는 매일 선생님과 열반을 그리워해요. 요즈음처럼 하루가 일찍 지나가면 곧 할머니가 될 것 같은 느낌이에요. 하지만 우리 열반의 긍지를 가지고 하루하루 생활하겠어요.

접니다.

죽을 지경입니다. 미치겠어요. 나오느니 한숨뿐입니다.

어이구, 내 신세야. 내가 전생에 뭔 죄를 졌기에 앞으론 양말도 더 깨끗이 빨아야 할 지경입니다.

아침 자습 시간에 공부는 웬 말이며 청소 시간에 걸레질은 어인 일입니까? 아무래도 전 이런 환경에 영원히 적응 못 할 듯싶습니다. 딴 애들은 아무렇지도 않은가 봐요.

저희(민정이와 저) 지금 담임 선생을 추적하는 기계 및 경보장치의 발명에 관한 연구와

내년에 만약 오태선 선생님께서 저희(특히 나) 담임 안 될 경우의 사태에 대비한 연구로

(말이 되게 이상하다) 시간을 보내고 있습니다.

명복을 빌어주십시오. 안녕히 계시고요.

1986. 3. 6. 예화, 민정 올림

제가 선생님 대학원 시험에서 떨어지길 바란 것은 일종의 질투심—
저 사람은 다 늙어서도 무언가를 하고 싶어 하고, 또 잘하는데 왜 나는
못 하나, 뭐 그런 등등—에서 비롯된 것이라 할 수 있지, 전혀 신경을 2
중으로 쓸까 봐, 또는 우리에게 무관심해질까 해서 그런 것이 아니라는
사실을 선생님께서 알고 계시리라 생각하지만 혹시나 오해라도 했으
면 어쩌나 해서(해도 상관없지만 그리고 정말로 그런 생각하고 있을 수도 있겠죠?
애가 참 '병신' 같지요?) 또 주절주절 씁니다.

1986. 6. 29. 월요일 예화 올림

※ 추신: 선생님 혹시 Gypsi 음악이나 Latin 음악 종류 좋아하시나요?

만약 안 그렇다면 들어보세요. 정말 좋아요.

Bach의 Suite No 2번도 아주 좋아요.

들어보시면 마음이 편해지실 거예요.

예화는 너무 착해요.

희정이도 착한 편이에요.

그리고 Mozart의 Requiem K. 626도요.

또 Rimsky의 Scheherazade도요(특히 3악장).

며칠 전에 '기적'을 봤는데—요즘엔 영화를 거의 안 보니까 하나 본 것이 화젯거리가 되고 있구먼요—그건 기적이 아니라 완전 허무맹랑이더라구요. 기대를 꽤나 했었는데.

↑ 너무 자기 주관적인 생각이지요.

예화는 그 영화에 Al Pacino가 나오지 않아서 그렇대요.

→ 그리고 로저 무어말이에요. 늙었을 때가 확실히 나아요. 모든 배우가 그렇듯이.

전요, 제임스 본드 역엔 숀 코넬리가 더 좋아요. ← 예화는 박사예요. 만물박사, 걸어다니는 사전. → 맞아요!(자기한테 지금 홀렸어요—선생님 제발 이해해주세요.) ⌒ 그래요. 전 미쳤나 봐요.) → 슬퍼해주세요. 불쌍한 예화 → 쯧쯧 → 선생님 예화 좀 많이 혼내주세요. 공부 시간에 필기도 않구요 매일 먹기만 하고 졸기만 하구. 남의 연습장에 매일 낙서만 해요. 지겨워서 죽겠어요. → 전 안 졸아요. 아예 엎어져 자면 잤지. 그리고 희정이 말 곧이곧대로 믿으실 '바보'는 아니시겠죠, 예? → 오늘도 세계사 책 빌려 갔어요. 자는 날도 하루 이틀이지, 일 년 내내 자기만 해요. 선생님의 현명한 지각력을 저는 믿습니다. [한 편지지에 예화와 희정이 주고받으며 편지를 이어 썼다.]

오태선 선생님께.

바쁘신 분께서 이런 하잘것없는 편지 따위 읽어보실 시간이 있는지는 모르겠지만, 하여튼 안녕하신가요.

밉다밉다 해도 사람 마음이란 게 생각하는 대로 쉽게 움직여지는 게 아니더구만요.

비록 진심이긴 해도 이렇게 시작하고 보니 괜히 어색하고 기분도 안 좋아 진심 속의 진심에서 떠들어대기로 하지요. 계집애들은 할 수 없으며, 확실히 속이 좁다고 생각하실 것이고 물론 저도 그렇게 생각은 하지만 여자란 게 원래 그런 겁니다.

이 여름이 가기 전에 해놓아야 할 일을 생각하면 끔찍하고 해서 그런 생각하면 할수록 모든 것이 귀찮아져서 더욱 나태해지고 있는 중입니다.

실행도 못 할 주제에 여차하면 죽어버리면 그만이라는 생각은 날이 갈수록 더하고 만날 헛된 공상이나 하고 먹는 것만 열심히 챙겨 먹고 놀 궁리만 하고 미치겠습니다. 방학 때마저 이러한 일로 신경 쓰이게 (전혀 안 그런지도 모르지만) 해서 좀 그렇지만 선생님만큼 만만한 사람도 없다는 건 선생님 자신이 더 잘 아실 겁니다. 그냥 무심히 넘겨버리시어요. 그래야 제가 편할 것 같다구요.

시간이 난다면 (저희가) 한 번 놀러가도 되겠지요. 작년의 애들과 한번 가보도록 하겠습니다.

때가 때이니 만큼 저같이 놀 궁리하고 딴데 신경쓰는 애들은 제 주변에선 거의 없어요. 그래서 더더욱 여기 붙었다, 저기 붙었다 하나봐요.

뭣 땜에 그렇게 치열하게 공부하는지 모르겠어요. 왜 사는지도 모르겠구요.

선생님 아들에게 왜 사냐고 물어보세요. 참고 좀 하게요. 그리고 너무 궁금한 게 많아서 자꾸만 생각하다 보면 나중엔 머리가 돌 지경이라구요. 왜 그렇게 알고 싶은 게 많은가 모르겠어요. 모르는 건 또 왜 그리 많은지.

제 소원 중의 하나가요, 제가 죽은 뒤에―언제, 어떻게 죽든 간―화장을 해서 그 뼛가루를 조금씩 나눠서 전 세계에 골고루 뿌리는 거예요. 농담이 절대 아니에요. 정말 죽을 때 잘 죽어야 한다고 생각지 않으시나요?

저의 뇌는 점점 썩어가고 있습니다.

안녕히 계십시오.

1986. 7. 28. 월요일 안예화 올림

from: won Sup Shim (Philip Devine)
American Embassy (ECON)3001
Bern Switzerland

To: 오태선 선생님 귀하
서울시 강남구 서초동 서초고등학교
Seoul KOREA

선생님께

안녕하셨어요? 떠날 때 인사드리지 못해서 죄송합니다. 또 반 친구들에게도 미안하다고 말해주세요. 저는 지금 스위스 본(Bern)에서 몸 건강히 잘 지내고 있습니다.

여기 와서 무척 많이 한국 생각을 하고 있습니다. 서초고교에 입학해서 학업에 충실히 임하지 못한 점이 무척 후회가 돼요. 또 선생님께서도 저 때문에 속 많이 상하셨지요. 처음에는 낯선 땅에서 무척 외롭고 쓸쓸했어요. 하루 가는 것이 꼭 한 달 가는 것처럼 잠도 오질 않고 지루하고 심심했지만, 지금은 어느 정도 시간이 흐르고 또 이곳 지리도 알고 나니 조금씩 지루함이 없어져 가요. 저는 지금 이곳 Bern에 있는 인터내셔날 school에 다니고 있습니다.

여러 나라 친구들이 모여서 그런지 저희 반 학생 수가 10명뿐. 또 국민학교부터 고등학교까지 총 학생 수가 140명 남짓 해요. 학교는 아담하고 작지만 시설면, 운영면에서는 최상인 것 같아요. 우리나라도 이렇게 된다면 선생님께서는 무척 편하시겠지요. 지금 한국은 가을 냄새가 무성하겠지요. 여기는 가을바람이 불고 있습니다. 기후 차가 너무 심해

지금도 눈이 오는 곳이 많아요.

　너무나 아름답고 조용한 나라인 것 같아요. 제가 일본과 미국을 거쳐 올 때 느낀 바가 많았어요. 일본은 조그마한 나라이지만 어딘가 빈틈없어 보였고 또 모든 사람이 각자 책임 맡은 바를 충실히 해내는 것 같더군요. 일본 엔화가 올라서 그런지 음료수 사 먹기도 겁이 나더군요. 그리고 미국은 넓고 넓은 곳이었어요.

　처음 미국 땅을 디딘 것이 하와이였어요. 거기서의 2주간은 너무 빨리 흘러 더 있고 싶은 아쉬움뿐이었어요. LA의 코리아타운은 꼭 한국에 있는 기분이 들고, 뉴욕은 너무나 복잡하고 번잡한 곳이었어요. 엠파이어스테이트 빌딩을 비롯한 모든 빌딩이 하늘 높은 줄 모르고 서 있고 가지각색의 차림의 사람들은 그저 신기하게만 보이더군요. 모든 경제권이 이곳 뉴욕에서 이루어지고 있어요. 하지만 밤거리의 뉴욕은 무섭고 너무나 위험한 곳이었어요.

　반면 워싱턴 D.C.는 조용하고 한적한 곳이었어요.

　뉴욕과는 달리 워싱턴 D.C.는 정치 중심지고 워싱턴 중앙에 서 있는 워싱턴 기념비는 시가를 한눈에 내려다볼 수 있었고, 링컨기념관, 의사당, 국회도서관은 모두 세계 제일을 자랑하고 있었어요.

　하지만 이곳 스위스는 그 외 바쁜 것을 보지 못해요.

　거리마다 곡예사들과 화가들, 노래하는 집시들이 서 있고 식사하는 데만 2~3시간씩 걸려요. 참 사람들이 여유가 있고, 행복해 보여요. 지금은 짧은 영어지만 어느 정도 의사가 통해요. 스위스 인구 70%가 독일어도 쓰고 있어요.

　어떻게 지내시는지 궁금해요. 또 반 친구들 모두 잘 있지요? 모두가 잘 있길 빌겠어요. 친구들 주소를 몰라 편지를 못 쓰고 있어요. 모두가 보고 싶어요. 특히 창근이, 진혁이는 더욱 궁금해요. 제일 친했거든요.
이곳 저희 반 애들에게도 한국 자랑을 많이 해요. 꼭 가보고 싶대요.

  지금 저희 가족은 집을 구하지 못해 미국 대사관에서 내준 호텔을 쓰
고 있어요. 여기는 한국처럼 아무 날 이사를 하면 벌금을 낸다나요. 7
월 1일, 11월 1일, 12월 1일 이 날만 이사를 할 수 있대요.

  선생님 제가 내년 여름방학 때 한국에 가게 될 것 같습니다.

  그때 찾아뵙고 인사드릴게요. 또 편지 자주 드릴게요.

  선생님이 뵙고 싶어 죽겠지만 꾹 참고 열심히 학업에 임하겠습니다.

  이 주소로 답장해주세요. 학교 소식이 궁금해 죽겠어요. 기다릴 겁니
다. 반 친구들에게도 이 주소로 편지하라고 말해주세요.

address: won sup SHim (PhiLip Devine) - 미국 이름
American Enbassy (ECON)
3001 Bern switzerland

그럼 안녕히 계세요. 반 친구들에게 안부 전해주세요.
교장선생님께는 따로 편지 올렸어요.
꼭 답장해주셔야 합니다.
그럼 이만 줄이겠습니다.

1986. 9. 13.
Swiss Bern에서
심원섭 올림

김기정 올림

서울시 강남구 서초동 서초고등학교
오태선 선생님께

선생님께.

한밤중을 넘어서 아침을 향해 치닫고 있는 새벽녘입니다. 3시 37분이에요.

이 시간에 깨어 있을 날도 한 달 남짓 남았습니다. 요즈음 하루하루는 1년, 2년만큼이나 의미 있는 나날입니다. 며칠 뒤, 국민학교, 중학교, 고등학교 제 모든 학창 시절을 판가름해야 한다고 생각하면 심장 박동수가 늘어나고 입술에 침이 마르도록 초조해집니다.

대학이라는 것이 제 10여 년간의 학창 시절의 승패를 판가름함으로 가치 있는 것일까요.

대학 진학 후에 방황하게 될까 봐서 두렵습니다.

하지만 전 맹세했어요. 절대 방황하지 않기로요.

대학은 제 인생의 한 부분, 제 꿈을 이루기 위한 하나의 과정일 뿐이라고 생각할 거예요.

어느 대학엘 가도 제 능력의 한계라 생각하고 절대 좌절하지 않을 것입니다.

전 남들보다 일찍 사회에 뛰어들 생각이에요. 그래서 제 재산을 많이 쌓을 거예요.

그렇게 된 후에 새롭게 시작해야 할 제 공부가 있습니다. 그것을 이룩하기 위해 오늘의 내가 있고 그 꿈을 져버리는 순간부터 '나'라는 존재는 존재의 의미를 잃어버릴 거예요.

30년쯤 지난 후, 뭔가 이룩해놓았다고 말할 수 있을 만큼 열심히 살 거예요.

전 여인의 진짜 아름다움은 50대에 나타난다고 생각해요.

빨리 세월이 흘러 뭔가 제 손에 잡히는 것이 있었으면 좋겠어요.

선생님께서도 최선을 다했노라고 말씀하실 수 있게 되시면 좋겠어요.

언제까지 가슴이 탁 트이는, 비밀 없는 선생님으로 남으셔서 제 후배들도 선생님의 강의 아니, 선생님만의 강의를 꼬옥 듣게 되었으면 좋겠어요.

요즈음 몸살 때문에 많이 불편해하시는 것 같은데 빨리 건강 회복하시기를 바랍니다.

이건 저만의(제가 특허 낸) 방법인데요. 몸이 안 좋을 땐요. 달이 뜨는 밤, 양말을 벗고 웃옷도 벗구요, 마당에 나가서 동쪽을 향해 절을 세 번 하고 서쪽을 향해 윙크 한 번, 남쪽을 향해 하품 한 번만 해보세요. 씻은 듯이 몸이 나으실 거예요. 정말이에요. 편지 쓰는 동안 어느덧 4시가 넘었습니다. 저도 이제 그만 펜을 놓아야 하겠습니다. 안녕히 주무세요. 좋은 꿈 꾸시구요. 안녕히….

86年 10月
김기정 올림

추신: 우간다는 어떤 나라죠? 정말 그렇게 더울까요?

서울 관악구 봉천본동
907-35 8/4
윤성원 감히 올림~♥

서울특별시 강남구 서초동 1504
서초고등학교
오태선 선생님 귀하

오태선 선생님께.

선생님, 안녕하세요? 또 바쁠 때 편지하지요?

얄미운 후배들은 이쪽저쪽 반으로 쪽지가 날라다니고 희희낙락하고 있겠죠.

女子 학교만 교묘히 찾아다니는 선배들을 두고서….

도대체 누구예요, 누구. 고등학교만 졸업하면 대학은 장밋빛 인생이 어쩌구….

악몽(?) 같은 지난 일주일의 시작은 입학식 직후였어요. 입학하고 한 주는 그냥 논다더라, 입학식 날 무슨 수업을 하랴, 유유히 사진 찍고 생물학과 사무실에 갔더니 오늘 수업이 있다는 거예요. 그때 시각 10시 11분. 수업은 10시 10분 그것도 지도교수님 시간이었지요. 첫 시간부터 된통 혼나고 한심하더라구요. 오전 10시 10분 미적분 수업 1시간을 위해 졸린 눈을 비비며 등교하면서 시간표 짠 사람 원망, 그도 그럴 것이 토요일도 미적분 1시간만 있고 월, 수, 금은 아침 8시 10분부터 수업이지 뭐예요! 아— 수요일 그날로부터 무시무시한 숙제의 공포에 떨기 시작했습니다.~

1. 영어 해석해오기(시킨대요. 우리 존경해 마지않는 송태훈 선생님께선 한 번도 그런 무모하고도 잔인한 행위를 하시지 않으셨다구요).

2. 국어 4月 3日까지 총 11권의 책을 잃고 대학 생활의 자아실현 어쩌구에 대한 글 15매(논술공부 해둘걸) + 삼국유사 단군신화 번역, 구비문학 개론 분류.

3. 불어 예습해오기.

4. 화학 연습문제 풀어오기(유효숫자 속을 헤매며 나의 산수 실력을 한탄했죠).

5. 생물 원서 읽어오란 것 안 읽어왔더니 Chapter 1을 요약, 정리해오래요. 셀프 모 어쩌구가 안 되니 강압적으로 나가겠대요.

6. 생물 실습 현미경의 확대 원리 조사.

수학선생님(교수님)이 제일 맘에 들어요. 숙제를 안 내주시니까요.^^

그런데 더더욱 비극적인 사실은 8시 10분부터 영어 1교시, 국어 2교시, 불어 3교시 이렇게 연결되어 있다는 거예요. 신나게 졸다 애들 나가면 따라가 다음 교실서 또 졸고 그러다 또 다른 강의실 가 졸고 그러다 다른 강의실에 따라 들어갈지도 모르겠군요(농담). 담임 선, 아니지 송태훈 선생님께 이르지 마세요. 영어 시간에 존다고. 사실은 안 졸려고 노력하는데… 졸까요? 안 졸까요? 신춘퀴즈.

선생님! 무슨 대학 생활이 이래요! 배우는 것도 제목만 거창하게 교양… 일반… 미적분학이지 내용을 똑같잖아요.

게다가 말이에요, 1주일이 지난 지금까지 과대표도 안 뽑았죠, 생물학회장도 없죠, 자연과학대학 학생회장도 없죠. 다른 과는 M.T다 신입생환영회다 동문회다 바쁜데 유독 불쌍하고 가련한 생물과는 벽보 한 번 붙여보지도 못하고. 서초고등학교 교문은 남향이라 동문회가 없다쳐도 생물학과 언니들은 후배 안 받을 생각인지 원. 사실은 미팅하고 싶어 늘어논 푸념(농담 – 버릇이에요. 죄송합니다. 이 정도 농담은 다 아실 수 있을 렌데).

어제는요. 졸업앨범을 쭉 훑어봤어요.

거기에는 보고 싶은 많은 선생님들께서 계셨어요. (누구누구 빼고~)

타고 친구들에겐 항상 선생님들 자랑을 한답니다. 그만큼 아름답고 즐거웠던 추억들이 모락모락 끝없이 피어오른답니다. (유치한 문학소녀 병이 도지는군요. 역시 편지는 낮에 써야겠어요.)

그런데 선생님. 꼭 물어보고 싶은 게 있어요. (선생님 손가락!)

선생님 동네에 어떤 미남이 그렇게 양미간을 찡그리고 다녀요? 아냐. 선생님께서 찡그리고 다니시면 이제 모든 남자가 다 찡그리고 다닐 거야. 그—쵸오~?

헤헤(바보스런 웃음) 졸업앨범을 보고 그냥 해본 소리예요.

밤이 깊었어요.

별 하나에 추억과

별 하나에 사랑과

별 하나에 쓸쓸함과

별 하나에 동경과

별 하나에 시와

별 하나에 어머니, 어머니

1987. 3. 9.

윤성원 드림

별 하나에 추억과
별 하나에 생물과
별 하나에 화학과
별 하나에 국어와
별 하나에 영어와
별 하나에 지리, 지리…

이것은 두 번째 편지랍니다.
[편지봉투 없는 편지]

선생님 안녕하세요?

안녕치 못하실지도 모르겠군요. 며칠 전 개포동 공무원아파트가 '펑' 터졌을 때 선생님 댁은 무사하셨기를 빌고 빌었어요. (아부?)

입학한 지 한 달이나 지났어요. 차츰 숙제도 적어지고 서클에도 가입하니 학교생활에 재미가 붙어요. 무슨 서클인지 궁금하시죠? 야생조류연구회예요. 여러 곳을 여행하며 새를 관찰하는 거예요. 역마살이랄까 돌아다니기 좋아하는데, 아주 제게 적합한 서클이죠. 야조인들은 모두 역마살이 끼었다나요. 우릴 도와주시는 분이 계신데 그분께서 자기 입으로 말씀하신 거예요. 단순한 여행보다 새를 보며 한다는 게 더 멋있지 않아요? 생각엔 야생식물연구회도 있으면 좋겠어요. 야생동물연구회도 있으면 좋겠고요.

지난 토요일 field-scope 구입비 모으기 위한 일일찻집을 하고 밤에 광릉으로 MT를 떠났어요. 그믐이었는지는 잘 모르겠지만 달 대신 북두칠성과 거의 기울어가는 오리온자리를 보아가며 밤길을 걸어 숙소에 도착하니 얼마나 피곤한지. 언니들의 life story 듣다 잠들었어요. 아! 일요일은 정말 화창한 날씨였어요.

우리가 얼마나 많은 새를 보았는지 아세요? 참 선생님은 참새와 박새를 구분하실 수 있으신지요? 자 보세요. 참새, 까치, 찌르레기, 오리 무리, 알락할미새, 노랑턱멧새, 동고비, 쇠박새, 진박새, 박새, 멧새, 상모솔새, 쇠딱따구리, 원앙이, 쑥새, 직박구리, 멋쟁이새, 노랑할미새, 까마귀, 후투티, 되새, 붉은머리오목눈이, 콩새, 곤줄박이, 왜가리. 참새보다 동고비와 박새가 더 흔하더라구요. 그리고 전 딱따구리는 빨간색인 줄 알았거든요. 그런데 까만색에 흰 점박이지 뭐예요. 멋쟁이새는 2~3년 만에 와서 이젠 떠날 때인데 운이 좋게도 볼 수가 있었지요. 노랑턱멧새를 처음엔 노랑눈썹멧새라고 막 우겼는데 그 새는 우리나라에 없다지 뭐예요.

언니들이 우리에게 왜 그렇게 운이 좋냐던데요. 언니들은 첫 탐조 때 박새만 보고 왔다는 거예요. 서울대 팀이 광릉에서 35종을 본 적 있다는데 우린 겨우 반나절 동안에 26종을 본 거예요. 너무너무 신나지 뭐예요. 체해서 배를 잡고 인상 팍 쓰고 걷다가도 '새다!' 소리만 들리면 언제 배가 아팠냐는 듯 이리저리 뛰어다녔어요.

참! 청설모도 봤지 뭐여요. 청설모 구경하다 콩새는 놓치고요. 빨리 내달이 오면 좋겠어요. 또 탐조 나가게요. 방학 땐 집 밖에서 산다지 뭐예요. 오늘 오후에 써클 모임이 있어요. 언니들 만나 탐조 얘기하고 싶어요. 선생님 다시 편지할게요. 사실은 지금 화학시간이거든요. 수업시간이 다 끝나가지 뭐예요. 걱정 마세요. 화학은 잘하니까. 화학 리포트 9.3(좀 못했죠) 받았어요. 고등학교 때 배운 거랑 거의 같은데요 머. 선생님 안녕히 계세요.

3月 31日

성원 올림

[발신자 표시 없음]

서울시 강남구 서초동 서초고등학교
오태선 선생님

† 찬미 예수.

오태선 선생님.

선생님, 그간 안녕하셨어요?

찾아뵙지도 못하고 정말 죄송해요.

입학 후 신입생 환영회다, 써클 오리엔테이션이다…

조금은 정신이 없었어요.

갑자기 너무나 풍족해진 시간적인 여유가 저를 더욱더 알차게 해주는 것이 아니라 나태해지게만 하는 것 같아 두려워지기까지 해요.

요번 주는 남학생들의 문무대 때문에 시간 여유가 더 생겨요. 아마 선생님 찾아뵈러 갈 거예요.

선생님께서도 고3 말으셔서 바쁘시죠?

고3이라는 과정이 어떻게 보면 행복한 순간일 수도 있다고 봐요.

한 가지 목표만 가지고 살아갈 수 있었다는 것이 행복했다는 것. (어쩌면 배부른 소리라고 할지 모르지만.)

그래도 고3을 통해 그런 행복(?)감을 느낀 것 다행으로 생각하고 있어요.

요즈음 저는 같은 과 친구들도 얼굴을 익힌 편이고 과 선배 및 써클 (제가 지금 확실히 가입한 것은 아니에요) 선배들과도 조금은 친숙해지고 있어요.

헌데 어떤 4학년 선배께서 저보고 사람을 어려워하고 수줍음을 잘 탄대요. 친구들에게 그 얘기 전했더니 막 웃으면서 몇 달만 지나 보면 그 소리 한 것 후회할 거라고 얘기하지 뭐예요.

선생님 제가 정말 계속 얌전 좀 빼볼까요? (불가능이라는 주위의 여론이 너무 강해서 오기(?)가 나요.)

선생님, 서초에서 서울大에 간 10명이 14日날 동곡고교에서 서울에 온 13명(참석은 11명 했어요)과 동문회 비슷하게 합동을 모였었는데 그 당곡은 1회라는데 저희처럼 지금 고3부터 남녀공학이래요. 어떻게 저희 학교도 그렇다는 것을 알았는지 한국사 강의 듣기 약 3분 전에 어떤 남학생이 강의실로 들어오더니 "87학번 이수진 학생 있어요?" 하지 않겠어요. 주위의 시선이 모두 저에게 쏠렸어요. (그 시간에 저희 과뿐만 아니라 3학년 오빠, 언니들도 있었어요.)

어휴 그때 전 무슨 죄를 지었나 하고 가슴이 철렁했어요. (확실히 사람은 착하게 살아야 하나 봐요.)

나갔더니 그 동문회(?) 얘기를 하는 것이었어요. 그래서 애들의 의견을 묻겠다고 하고 의견을 종합해서 나중에 알려주었더니 그렇게 저렇게 동문회 비슷한 것이 열리게 되었어요.

매우 어색해서 아이들이 잘 못 사귀고 서로 인상만 나빠지지 않을까 걱정했는데 너무나 쉽게 친해지더군요.

그래서 즐겁게 놀로 남자아이들이 더 놀자는 것을 뿌리치고(이 점을 눈여겨 읽어주세요. 후후~) 집으로 돌아왔어요.

선생님.

수요일에 전 수업이 거의 없어요. 1시간밖에요. 그래서 심심하면 학교에 갈 거예요.

매일 서초역을 지나면서 내리고 싶은 충동을 억제하고 있어요. 만약 내려서 학교로 갔다면 전 영락없이 지각이거든요.

선생님.

자꾸 여러 선생님들이 그리워져요.

고등학교 선생님이 그립다는 아이들이 저뿐만 아니라 다른 아이들도(다른 학교 출신의 아이들, 저희 학교 출신의 아이들) 많아요. 새삼 사랑받는 제자 노릇도 제대로 못 하고 3년을 보낸 것 같아 후회스럽기만 해요.

전 요즈음 '한국사' 강의를 듣는데 들을 때마다 김성동 선생님이 존경스러워지고 그리워져요. 2시간을 강의하시는 교수님이 하시는 말씀이 무엇인지 요지조차 알아낼 수가 없고 말씀까지 더듬으셔서 정신만 산만해져요.

그래서 설명을 받아쓰다 보면 횡설수설이에요.

첫날 한국사 수강생이 100명에 가까웠는데 다음 시간엔 거의 60% 정도밖에 안 나왔어요. 모두 그 강의를 들을 때는 시계를 보거나 졸아요(몇몇 소수를 제외하고).

정말 이러다가는 학점을 어떻게 딸까 하는 걱정이 생기고, 한국사에 대한 흥미마저 잃을까 겁이 나요.

선생님 갑자기 쏟아지듯이 풀어 놓인 저 자신이 과연 自律的인 삶을 살아갈 수 있을지 조금씩 두려워집니다.

선생님, 만약에 제가 나태해지거나 안일해지면 일깨워주세요.

자유를 누린다는 것이 얼마나 무거운 책임을 수반해야 하는가를 조금씩 느껴가고 있어요.

"항상 선생님들께 응석만 부리던 어린 여고생이 더 큰 대학이라는 사회에 뛰어들고 보니 너무나 미진한 존재에 불과하다는 것을 느끼게 된다"고 누군가 충고를 해주셨는데 옳은 말씀인 것 같아요.

처음에 혼자 강의실, 식당을 다닐 때 느꼈던 외로움은 저를 조금은 자라게 해줄 수 있을까요.

선생님, 항상 선생님은 그대로 계셔주세요. (지금의 선생님 모습이 최고거든요.)

제가 이렇게 선생님께 글로 두서없이 수다를 떨고 있을 수 있는 것이 얼마나 행복한지 몰라요. 자랑스럽게 "난 고등학교 시절에 얼마나 좋은 선생님들을 많이 뵈었는가" 하고 외칠 수 있다는 것. 정말 큰 행운이라고 느껴져요.

선생님 장장 4장의 편지를 끝까지 읽어주셔서 감사합니다. 나중에 찾아뵙고 더 자세히 말씀드릴게요. 선생님 건강 주의하세요. 안녕히 계세요.

87. 3. 16.
이수진 올림

P.S¹ 학교가 너무 추워요. 봄이 왔다고 하는데 도저히 믿을 수가 없을 정도예요.

P.S² 어떤 선배가 저에게 일기예보를 들을 때는 중부 서울 지방의 것을 듣지 말고 중부 산악지대의 것을 들으라고 말해주었어요. 정말 그 말이 맞는 것 같아요.

P.S² 요즈음 회장 선거로 유세 열기가 대단해요. 전 흥미롭고 재미있어요. 저렇게 적극적으로 회장을 하고자 하는 선배들 보니까 어떤 면에서 존경스럽기까지 해요.

P.S³ 선생님, 희경이에게 비밀 지키라고 하셔서 저는 꼭 입 다물고 있었는데 제가 말하지 않았느냐고 그러셨다면서요? 잉 — 정말 섭섭해요. 전 정말 열심히 지켰는데.

서초 졸업생
김성혜 드림

강남구 개포동 공무원APT 805-1110
오태선 선생님

선생님.

안녕하셨어요. 지난번 그런 자리를 마련해주셔서 감사합니다. 박향숙 선생님과 김성동 선생님께도요. 저희는 뜻밖이었거든요. 그래도, 참 즐거운 시간이었어요.

오늘 저희 식생활학과는 수업 거부를 했어요. 저희 과뿐만이 아니라 87학번 대부분 과가 단식 중 연행된 학우의 석방을 위해 수업 거부를 하고 있어요. 어제는 저희 과 내에서 수업 거부에 대한 토론 결과 23:15로 수업 거부를 하자는 의견이 나왔어요. 저는 수업을 계속 하자는 의견이었거든요. 제 의견이 옳다 옳지 않다는 것을 떠나서 연행 학우를 위해 할 수 있는 일이 수업 거부뿐인지, 다수결이라는 美名 아래 15명의 의견은 무시되어야만 하는지, 다수결이 이런 때도 적용되어야만 하는지, 수업 거부란 것이 진정 우리의 뜻인지, 모든 것이 저의 가치 판단의 범위를 넘어서고 있어요.

국민학교 때부터 '정치'라면 어른들의 소곤거림 속에서만 논의되고 우리는 알아서는 안 된다고 했거든요. 조금 지나서는 지금 세상이 나쁘고, 안 된 세상이라고 남들이 하니까 저도 그냥 '왜' 그런지도 모르고 나쁘다고 한 것이 아닌가 싶어요. 제가 가정대를 다니고, 관심이 없어서일지도 모르지만, 다른 과의 87학번들이 이 세상 돌아가는 이야기를 아주 자신 있게 말할 때면 '저 아이가 정말 자신의 판단으로 나온 생각인지 선배나 다른 사람의 강요된 생각인지', 구분이 안 갈 때가 많아요. 세상 돌아가는 것을 잘 모르고(저만 해도요) 그냥 대학이라고 입학한 저희에게, 개헌이다, 호헌이다, 광주사태다, 어렴풋이 알고 있는 저희에게, 선배들은 가치 판단을 바로 할 수 있도록 길 안내를 하는 것이 아니라 자신의 생각이나 떠도는 말을 강요하는 것은 아닌가 싶어요. 대학들어와서 석 달째인데요. 아직 저에 대해 결단(?) 목표도 하나 제대로 못 세우고 그냥 떠도는 것만 같구요. 요 며칠 사이의 일은 더욱더 힘들게 만들어요.

하지만, 최루 가스 속에서도 저는 빨리 커야죠. 모든 일에 열심히 하고, 곧 저 나름대로 판단할 수 있는 힘도 길러야죠. 지금은 조금은 끌려다니는 느낌이지만 빠른 시일 내에 스스로 힘으로, 뜻으로 모든 것을 할 거예요. 지금은 힘들고 복잡하고 뭐가 뭔지 모르고 저 자신마저 잘 모르겠지만 곧 모든 것을 알겠죠. 선생님 건강하시고 안녕히 계세요.

김성혜 올림

[소인 날짜: 87. 5. 21.]

한낮의 열기와 하나씩 종강이 되면서 시작되는 기말고사로 이제는 '여림'이라 불러도 좋을 만합니다. 꽃동네에도 여름이 와 주홍의 장미가 빈약한 화단을 메우겠지요?

선생님 안녕하세요? 어쩌면 선생님이 저라는 존재를 잊으셨을지도 모르는 불안감과 혹시나 하는 기대감으로 용기를 냈습니다.

'대학인'이라는 이름이 붙고 나서 3개월 동안 너무나도 바쁜 생활을 했어요. 남들 만큼 써클 활동도 못 하고, 책도 많이 못 읽고, 그렇다고 사회과학을 공부한 것도 아닌데 놓쳐버린 한 학기가 아까워요.

하긴 3개월 동안 휴강도 몇 번 하고, M.T.도 몇 번 가고, 중간고사·기말고사를 치르려면 번갯불처럼 뛰어다녀야겠죠. 게다가 저는 그 알량한 "아르바이트" 때문에 숨도 못 쉬겠어요.

그 바쁜 와중에도 일주일 내내 아르바이트로 돌아다니면서 주말에 시간을 내어 1학년 M.T.에 참석했어요. 지난번 수학교육과 전체 M.T.도 못 가본 데다 대학생활을 하면서 다 함께 어울려 하는 행사에 참가할 기회가 별로 없었기 때문에 꼭 가보고 싶었어요. 저희 과는 모이면 늘 막걸리와 노래였는데, 이번 M.T.는 남는 것이 많았어요. 대성리 샛터로 갔는데 우선 경치부터 맘에 들었고, 특히 제가 늘 가보고 싶어 했던 북한강이었다는 게 좋았어요.

모닥불 가에 둘러앉아서 밤새도록 얘기를 했어요. 꺼져가는 불씨에 밤이슬의 추리를 잊으며 아침까지 사회에 대해서 이야기하고, 사랑과 인생과 고독에 대해서 얘기했어요. 새벽에는 강물에서 피어오르는 안개를 보며, 이슬을 밟으며 거닐기도 했구요. 아주 많은 생각을 했어요.

저는 강을 사랑해요. 그리고 산과 하늘을 사랑해요. 그리고 생각하는 것을 좋아하고요.

그럼 안녕히 계세요.

1987. 6. 4.

전경수 드림

추신: 고대 신문이 한동안 발포 금지되었던 것 아시죠?

귀한 거라서 보내드립니다.

서울시 관악구 봉천2동 38-245
권지영 올림

서울시 강남구 개포동
공무원APT 805-1110
오태선 선생님

선생님 안녕하세요.

갑작스럽게 편지를 받아, 얼마나 기쁜지 모르겠어요.

역시. 답장은 약간의 시간을 두고 하는 것이 기다리는 맛이 있어서 좋다는 것을 배웠어요.

그것도 선생님의 편지를 일착으로 제가 받는다니까, 고맙고 감사해요.

그런데, 선생님. 앨범 사진을 보시다뇨!

아, 이 비극! 이틀 동안 책상에 앉아서 얼마나 웃었는지 몰라요.

선생님께서 앨범 속의 저를 보시는 그 표정을 상상해내고는 저 자신이 우스워서 견딜 수가 없었어요. 처음 그 사진이 나왔을 때(증명사진용) 저 혼자 바라보고는 사람이 이렇게도 생길 수 있는 것이구나 하고 탄식을 했었어요. 작년 어느 때쯤인가, 오성록 선생님께서 사진이 정 안 나온 아이들은 바꾸라고 방송으로 말씀하셨어요. 아이들이 꽤 교무실로 가더군요. 그러나 저는 학교에 오면 큰일이 일어나기 전에는 절대 의자에서 잘 일어나지 않는 게으름쟁이라, 「마음을 잠잠하게 하는 자는 귀와 눈이 누가 되지 않고 귀와 눈만을 믿는 자는 보고 듣는 것이 더욱 밝아져서 마음의 큰 병이 된다」(박지원 '물' 고3 국어교과서)라는 구절을 읽으면서, 게으름과 동조. 사진을 바꾸지 않았죠.

그런데 드디어 졸업식날. 하얀 표지의 졸업앨범이 나오고 1반, 2반을 훑어가면서 참 아이들 인물보다는 잘 나왔다라고 중얼거리다가, 12반 3번 권지영의 얼굴을 보았을 때, 아무리 얼굴이나 외모에 신경 안 쓰기로 정평이 나 있는 저였지만, 정말 참을 수 없던데요. 그러나 이미 엎질러진 물!

720명 속의 손에 쥐어진 앨범 속의 나, 끔찍했어요. 그래서 붓에다 먹물을 흠뻑 먹혀가지고 아이들 손에 있는 앨범을 열어서 쫙쫙 긋고 싶었다구요.

그래도 서초 아이들은 사진 속의 얼굴이 얼마나 강하게 인상에 남겠어요.

저를 아는 아이들은 사진을 보며 한 번씩 웃어줄 테고, 얘가 그래도 사진보다는 쬐끔 낫지라고 이야기들 할 거구요.

학원 생활은 학교생활만큼 정이 가지는 않지만, 그런대로 괜찮아요.

처음에는 적응하기 힘들었어요. 단과반이라 선생님들 간의 경쟁은 대단해서 "내 강의를 안 들으면 대학을 못 간다"라고 말씀하시고, 어떤 분은 다른 선생님의 강의를 깎아내리시는 분도 계셔서 앉아 있는 제가 얼마나 서글퍼졌다구요. 이제는 만성이 되어서 이상한 소리가 나올 때쯤이면, 눈을 칠판에서 떼어놓고, 책만 뒤적거려요. 그분들은 그들 스스로 강사만으로 만족하시나 봐요.

재수는 공부 자체는 힘 안 들어요. 그런데 제 사고는 긍정적, 적극적이라면서 집안을 휘저으며 다닌 제가 5월에는 좀 비실했거든요.

역시, 건강한 정신이 중요하다는 것을 깨달았어요.

저는 다시 제 동생(중3)에게 적극적, 긍정적 사고를 가지라고 강연하면서 절 다진답니다.

선생님과 서초의 선생님들 서초의 고3들 그리고 저를 비롯한 서초의 4학년들

올해가 끝날 때까지 건강했음 좋겠어요.

그리고 답장 다시 감사드립니다.

안녕히 계셔요.

제자 권지영 올림

1987. 7. 6.

오지리 선생님께.

오리지 <u>싸부님</u> 그간 안녕하셨습니까?

이렇게 친근하게 부르기엔 좀 뭣하지만 한번

해봤는데 기분 안 나쁘신지요?

우연히 졸업앨범을 (처음으로 구경했습니다) 보다가 뒤쪽을 보니 선생님들의 주소란이 있길래 문득 오 선생님의 모습이 떠올라서 글을 띄웁니다.

지난해 저희 3학년(이었던) 학생들과 인연을 맺으시고 비록 아버지를 통해 우연히 만나뵙게 되었지마는 수업 시간에 늘 인간답게 느껴지는, (절묘한 테크닉을 겸비한(?)) 수업으로, 또한 선생님의 호의적인 관심이 무척 감사했기에 마음 한구석엔 늘 선생님의 이런 모습이 자리 잡고 있었습니다.

중학교 3학년 때부터인가, 그 무렵을 시초로 특히 재작년 겨울부터
는 소위 Rock 음악이라 불리는 음악과 공부와, 그리하여 빚어진 부모
님과 저와 그리고 정신 분열이란 소릴 들었던 제 스스로와의 갈등 때문
에 여러 가지 보기 좋지 않던 점들이 있었음을 기억하시는지요? 결국
엔 제대로 준비조차 안 하였고 (물론 大學에도 떨어지고) 이젠 20살의 나이
에 접어들고 말았습니다.

이곳에서 해결하지 못하는 일을 다른 곳이라고 해결할 수 있겠느냐
는 말이 있긴 하지만 졸업식 이후 5개월 반을 출가(거꾸로 읽어도 무방)하
여 돌아다닌 끝에 서울엘 다시 왔습니다. 이제 남은 기간이 얼마 되지
는 않더라도 전심전력으로 공부하여 시험을 보고 싶습니다. 부모님께
도 먼저 시험을 보고 나서 연락을 드릴까 하고 생각 중이니 조그맣고
모자라고 불효한 애라고 생각드시겠지만 과히 염려치 마세요.

아버지께서 교직에 계셨기에 그랬는지 집안에 선생님들이 많아서
그랬는지 국민학교 때부터 선생님이란 단어 자체부터 거부감을 느꼈
었습니다. 그런데 고등학교에 들어오고 나서 오 선생님을 비롯하여, 빨
간 파리채를 휘두르며 우리 우글우글 모이는 파리들을 때리고 다니시
던, 수학여행에선 디스코 DJ를 맡으셨던 前 교감선생님, 성실하시고 상
냥하시고 진실함의 일관된 모습으로 학생들을 지도하셨던 1학년 때의
담임이시던 홍희일 선생님, 어딘지 모르게 좋은 사람 같아 보이는 까맣
고, 대머리이시고, 젊고, 제주도가 고향이신 (이름이 기억이 잘 안납니다) 윤
리 선생님, 갓 졸업하고 첫 사회의 발을 서초로 디디신 젊음과 의욕이
있는 언니 같은 채경숙 선생님, 냉정하고 엄격하고 실력파이신 그러나
차라리 무릉도원에 앉아 술 마시고 노래 부르며 웃는 것이 어울리실 것
같던 이재국 선생님 등등 많은 선생님이 비로소 같은 한 인간으로서 느

껴졌다는 것은 제가 너무 늦게 철이 들었기 때문인 것 같습니다.

끝으로 동봉하는 디스크는 음악을 사랑하는 제자가 (최고의(?) 좋은 음악을) 올리는 작은 선물이에요. 한 번쯤은 진지하게 들어볼 만한 음악이고요.

그럼 앞으로도 언제까지나 변치 않는 모습으로 계시길 바라며 아울러 하시는 모든 일이 잘되기를 바라며 인사올립니다.

안녕히 계십시오.

P.S 출가(?) 사실을 선생님들끼리의 좌석에서 이야기할 일은 없겠지요?
— 왜냐면 동생 혜정이 또한 서초에 있기에….

P.S 답장을 받는다면 굉장히 기쁘겠지만 워낙 신중현 씨를 존경하는
신중국민학교 졸업생다운 신중함이 주소(하숙)를 쓰는 데 꺼림직하게
만듭니다. 혹시라도 父親과의 communication이 열릴 위험도 있고….

1987. 8. 2. 12:00 Pm → Am

이혜순 올림
320 W. Vermont #204
Anaheim CA. 92805
U.S.A.

오태선 선생님 귀하
강남구 서초동 서초고등학교 3-10 담임선생님
Seoul Korea

선생님.

선생님 ~~~

죄송해요. 제가 너무 늦게 서신을 올립니다.

해야지 해야지 하면서도 별것도 아닌 이곳에 적응한다고 하는 일 없이 바빴어요.

정말 선생님께만은 빨리 글을 올렸어야 했는데

죄송하다는 말씀밖에 올릴 말이 없군요.

선생님 ~~~

건강은 어떠신지요? 여전히 좋아하시는 것 많이 드시나요?

건강도 생각하시며 드세요.

제가 언젠가 한국에 나갔을 때 예전 그 모습으로, 그 건강으로 계셔야지요.

선생님껜 정말 많은 은혜 입었어요.

감사합니다.

전 어제(8. 7) 여름 학교를 끝마쳤어요. 저 A 맞았어요. 열심히 하거든요.

E.S.L이라고 English of Second Language라는 반이에요.

그러니까 제2외국어가 영어인 학생 즉 외국인 학생을 위해 마련돼 있는 미국 고등학교의 한 class예요.

9月부터 11학년 즉 고2로 들어가게 돼요.

12학년으로 들어가도 되지만 일부러 1년을 낮추어서 들어가요.

여기서 사신 분들이 고등학교 때 배운 영어가 거의 다라고 하더군요. 그래서 1년이나마 더 배울까 하는 마음에서요.

요새 노고가 심하시겠군요.

선생님께서 직접 1학년 때부터 끌어오신 저희를 이제 제일 큰 관문에 무사히 통과시키시느라고요.

예상 성적은 괜찮겠나요?

미정이, 원주, 예화, 숙연이… 모두 잘하고 있나요?

미정이는 공부에 취미를 붙인 것 같나요?

미정이는 공부하려고 해도 너무나 많은 것에 부딪힌다고 걱정하더군요.

선생님 〰〰〰〰

미정이 잘 돌봐주세요.

제가 제일 사랑하는 친구 중 한 명이거든요.

원주가 혹시 제가 나쁘다고 하지 않던가요. 편지 한 장 없다고요.

혹시 또 그러면 제가 곧 띄우겠다고 그렇게 말했다고 전해주세요.

친구들한테도 도움만 받고 훌쩍 없어져버린 친구로 남긴 싫거든요.

아 〰〰〰〰

요새 보충수업이 있겠군요.

더운데.

참 ∿⟶

삼국유사(삼국사기였나?) 선생님들께서도 물론 편안하시겠죠?

채경숙 선생님, 박기호 선생님, 서계현 선생님….

제 안부 전해주세요.

요새도 서계현 선생님 오시나요.

서계현 선생님을 좋아한다고 안달하고 까불던 것이 모두 이곳에 오니 꿈 같아요.

모두 추억 속으로 잠겼어요.

선생님 ∿⟶

저희 집안이 지금 뿔뿔이 헤어져 있으나 곧 만날 수 있겠죠?

저의 아버지는 paint를 하신답니다.

저의 아버지를 보면 딸인 저도 놀랍답니다.

어떻게 편안한 생활만 하신 분이 말없이, 아무 불평 없이, 한마디 신세 한탄 없이 젊은 사람도 하기 힘든 노동 중에 노동인 일을 하실까 하고요.

그래서 저도 수업없는 날이면 아빠를 도와 일하러 다니며 로울러질도 하고 잔심부름도 한답니다.

아빠 늘 그러세요. 옛날 편안하고 호화로웠던 생활을 생각하면 어쩌겠냐고.

그걸 생각하면 아무 일도 못 한다고요.

그래서 저도 되도록 생각을 안 하려고 해요. 하지만 간간이 생각이 나면 눈물이 정말 앞을 가린답니다.

선생님, 저 장하죠?
나중에 선생님을 뵙게 돼도 부끄럼 없는 제자가 되겠어요.
그리고 제가 공부 안 한 것을 여기서 처음부터 다시 시작하겠어요.
이번 집안일로 어른이 된 것 같아요.
생각하는 거나 모든 것이.

선생님 ∼∼→
멀리서나마 저를 생각해주시고 제가 늘 잘 되기를 빌어주세요.
그러면 힘이 될 것 같아요.
여기 와서 부딪히는 장벽이 무척 많아요.
그중 제일 힘든 것이 언어였어요.
선생님 제 영어성적 아시잖아요.
단어가 짧아서, 그래도 틀리나 마나 막 떠들고 다녀요.

선생님 ∼∼→
가까운 시일에 또 편지 드릴게요.
그때까지 건강하세요.
선생님 무척 보고(아고, 만나 뵙고) 싶어요.
그럼 이만.

1987. 8. 7.

이혜순 올림

고성민 올림

서울시 서초구 서초동 1504번지
서초고등학교
오태선 선생님

선생님께.

선생님 그동안 안녕하셨어요? 저도 그럭저럭 잘 지냅니다.

보내주신 시험지 정말 감사히 받았습니다. 학원의 뭇 아이들이 많이
부러워한답니다. 그래서 감사의 전화라도 드릴까 하다가 마땅치 않아
서 토요일인 오늘 점심 먹고 공부 시작하기 전 잠시 시간을 내서 몇 자
적습니다. 전화보다 편지를 좋아해서기도 하지만 집에는 늦은 밤에야
가니까 전화드리기 곤란합니다.

요즈음, 딱딱하고도 인체 구조에 최대한으로 어긋나게 만들어진 의
자와 책상에도 많이 익숙해졌습니다. 남들은 5월을 조심해야 한다고들
하지만 제가 무뎌서인지 공부도 잘되고 별 탈 없이 지냅니다.

그러나, 아주 가끔 몹시 외롭기도 하고 잘 올라주지 않는 성적에 신
물이 나기도 하고 주위에 저보다 더 잘하고 더 열심히 하는 바위 같은
애들에게 뭔지 모를 화가 날 때도 있습니다. 그럴 때면 언제나 학교가,
선생님들이 그리워집니다. 선생님께서 이곳에 오시겠다던 그때쯤이면
어쩌면 그 지긋지긋한 시험을 한 번이나 두 번을 더 봐야 하겠지만 그
래도 좋으니 빨리 그때가 되었으면 좋겠습니다.

송진섭 선생님께선 이곳에 자주 오신다던데 한 번쯤 문과 10반을 찾아주셨으면 한다고 전해주세요. 일요일에도 별일 없으면 저희는 학원에 있거든요. 6월에 저희의 교실은 205호실입니다. 무리한 부탁이 아니길 바랍니다. 다른 선생님들께도 안부 전해주세요. 정말 뵙고 싶다고요. 선생님. 그럼 또 뵐 때까지 안녕히 계세요.

88. 5. 28.

고성민 올림

P.S.: 공부 열심히 하세요.

김진성
[쪽지 형태로 전달된 편지]

오태선 선생님께—

선생님께.

늦게 이렇게 글을 올리게 되어서 죄송합니다. 하지만 쓰지 않고는 배겨낼 수가 없었습니다. 선생님께 많은 이야기를 드리고 싶어요. 진짜루요.

언젠가… 선생님께서 "너를 믿는다" 하신 말씀이 생각납니다.

선생님 무엇 때문에 그런 말씀을 하셨는지 저는 모르겠습니다. 하오나 조금 짐작하는 것은 선생님께서 저에게 신경 써주신다는 것. 그것밖에는요—.

그것만 해도 감사합니다. 제 생각으론 선생님의 관심, 배려받을 가치 없는 아이였으니까요.

지금도 그렇고…… 앞으로도 그럴 것이라 생각하면….

저는 참 피곤한 아이예요. 선생님께서도 느끼실 테지만요.

그래서 다소 두려움이 있었습니다. "혹시나 선생님께서 모른 척하시지나 않을까, 피곤한 아이기 때문에 상종도 해주지 않으실까" 하고요.

작년 "오태선 선생님"께서도 아마 저한테 손드셨을 거예요. 제가 그렇게… 그분을 그렇게 하도록 했으니까요. 그래서 선생님께 이렇게 글

올리게 되는 데는 많은 시간이랄까요, 망설임이 있어야만 했습니다.

그런 존재가 되는 건… 죽기보다 싫거든요. 비단 저뿐만이 아니라 모든 사람이 다 그럴 테지만요.

저를 좀 도와주세요. 제발… 부탁드립니다. 선생님

6月달 내내… 공부한 것이 하나도 없습니다. 거짓말이 아니에요.

단순히 高三이라는 압박감이 아닙니다. '대학' 신경 쓰이지도 않아요.

저 Horn이 없었더라면… 저는 아마 大學이란 데 포기했을 거예요.

언제부턴지는 몰라요. 사는 것… 아니 고통스러웠어요. 모든 것이….

내게 진정한 행복이 없기 때문일까? 내게 진정한 목표가 없기 때문일까?

나 자신을 잃었기 때문일까? 내가 너무 편하게 살기 때문일까? … 하고 생각을 했지만… 그것들은… 모두 아니었습니다.

참으려고… 참으려고… 했습니다. 묵묵히… 밤마다 고통이 찾아와도… 그냥 울기만 했어요. 아니… 하나님을 찾았지만… 그분은 내게 한 치의, 조금의 땅도, 구원의 손길도 주시지 않으셨습니다.

이해해주실 수 있으세요? 선생님… 조금… 아주 조금이라도 제 심정을 알아주십시오. 아무리 생각해도 제 방황엔 이유가 없습니다. 그것이 싫었습니다.

차라리 부모가 죽어서 슬프다든지 죽도록 사랑했던 사람과 이별하여 슬프다든지….

그것이 아니었습니다. 늘 저는 수렁 속에 있었고 그 수렁을 빠져나오려 발버둥 쳤지만… 그것은… 빈 헛손질… 공허 그 자체였습니다.

제가 미치도록 허우적댄 그 발광들… 빠져나오려고… 많은 방법을 찾아봤지만… 그것은… 빈 헛손질… 공허 그 자체였습니다.

제가 미치도록 허우적댄 그 발광들… 빠져나오려고… 많은 방법을 찾아봤지만… 제게는 오르지도 못할, 뚫지도 못할 두껍고 단단한 벽만이… 존재할 뿐이었습니다.

음악… 싫어요. 지능과 자질만 있으면 무얼 해도 거기에 미치지 못하는 이상.

그것은 시간 낭비, 정력 낭비… 그처럼 한심한 게 어디 있어요.

음악… 그것은 대하면 대할수록 더욱더 죽을 것만 같아요. 되질 않습니다.

제가 지금 한다고 하는 그 Horn… 귀도 입술도 혀도 되질 않아요.

그것은… 그것은 쇳덩어리… 악기가 아니에요. 제가 인생을 걸기엔 너무나 멀리 있습니다.

이제는 모든 것에 '무기력'합니다. 어떻게 해야 할지 무엇을 해야 할지.

어떻게 생활해가야 하는지, 탈출구를 찾고 싶지만… 어디가 탈출구인지.

한 줄기의 빛이라도 있었으면 하는 바람… 그러나 그것들은 모두 다 허망한 것들이겠죠.

이렇게 사느니… 죽는 게 낫다고 생각했습니다… 죽음이라는 단어를 아무 데나 갈겨쓰기도 하고… 하나님께 살려달라고 해보았지만… 결국은 아무것도 아니었어요.

나 자신만이 더욱더 추락할 뿐이었습니다.

외람되지만요. 선생님께서 절 어떻게 생각하든 상관은 하지 않아요.

단지, 저를 믿어주시는 선생님. 저도 믿고 싶다는 생각밖에요….

'담배' 피워요. → 이제는 제법….

몇 명의 친구들을 제외하고는… 부모님도, 아무도 몰라요.

이따금 가슴이 아파요. 저놈의 쇳덩어리 불 때는요… 하지만 신경 안 써요.

'수녀'가 되고 싶어요. 아니면 '스님'이 되고 싶어요.

그래서 성당도 가보구요. 거기서 기도도 해보구요. 그래서 '소록도'에 가고 싶어요.

나 하나를 불태워서 그곳에 있는 나병 환자들에게 작은 빛이 되고 싶습니다.

아니면 전쟁이라도 터졌으면 좋겠어요. 그러면 꼭 전투에 참가해서… 싸우고 싶어요. 몸과 마음과 정신을 다 토해낼 거예요. 무언가 절실하게 살려는 의지를 가지고….

선생님…

이해해주실 수 있으신가요. 지금의 저로서는… 아무런 희망, 생각, 의지… 아무것도 없어요. 비단, 저뿐만이 아니라 선생님 '유리아'라는 애 꼭 기억해주세요. 저희 반이에요. 유리아도 저와 같은 입장·처지에 있어요. 그 아인 무척 외롭고 고독한 아이예요.

유리아가 행복할 때가 언젠 줄 아세요? 선생님 시간이래요.

꼭 기억해주세요. 이 아인 저보다 더 심하고 아프거든요.

유리아가 선생님 굉장히 좋아하고 존경한답니다.

너무 버릇없이 횡설수설한 것 같아요. 선생님….

죄송합니다. 하지만 저로서는 마지막 희망이 될 것 같아요. 끝까지 온 것 같아요. 한계까지….

제발… 이 인간의 마지막 희망이 물거품이 되지 않기만을 가슴 속 깊이 빌어보면서 이 글을 마치려 합니다. 선생님….

그럼. 이만 총총….

88. 6. 30(水).

your student 진성 올림

P.S. 선생님! 비밀로 해주세요. 편지 쓴 거요. 네… 누구한테라두요.

애들이 알면… 저는 진짜로 끝장이 날 거예요.

서울 강남구 역삼1동 690-11호
김현정 올림

서울특별시 강남구 개포동
공무원APT 805동 1110호
오태선 선생님께

오태선 선생님께.

——— 선생님 그간 안녕하셨어요? 미지의 제자—접~니다—로부
터 편지를 받으신 기분이 어떠셔요? 궁금하시겠죠? 저는요
서초고등학교 3회 졸업생입니다. 3학년 때 14반이었어요. 이
름은 김현정입니다. 아마 잘 모르실 거여요. 저는 성신여대
한문교육과에 다니고 있어요.

——— 요즘은 선생님 생각이 날 때가 많아요. 왜냐하면 선생님이
고려대학교에서 한문 전공하시잖아요. 또 요즘같이 제 생각
이 어떤 건지조차도 모를 때는 뭔지 모르지만, 뚜렷한 생각
을 가지고 계셨던 선생님 생각이 나요.

——— 요즘은 아침마다 성균관大에 나가서 중국어를 배우고 있어
요. 대학이라는 곳이 좋은 이유 중에 하나는 아마도 방학 중
에 배우고 싶은 것을 배울 수 있다는 점이 아닌가 해요. 오늘
이 중국어 배운 지 꼭 1주일이 되는 날이어요. 아직은 감도
못 잡은 것 같아요.

——— 선생님, 자기 자신의 위치가 어디 있어야 하는지, 두 귀로 서

로 반대되는 말이 들려올 때 자기는 과연 어디에 있어야 하는지, 아니면 그 어느 편에도 속하지 말아야 하는지 결정하기가 힘들어요. 아니 힘드는 것을 지나쳐서 무섭고 책임에 대한 것이 짐스러워요. 이럴 때 선생님은 어떻게 하시겠어요?

●——— 저는 많은 책에서 그것을 발견할 수 있다고 생각했어요. 그런데 (아직 그렇게 많은 책을 읽은 건 아니지만) 책에 쓰여 있는 것과 현실과는 다르다는 생각이 자꾸만 들어요. 그런 근본적인 이유는 사회과학 도서를 기피하는 제 못된 성미 때문이겠지요. 사회과학 도서는 정말 못 읽겠어요.

●——— 그 첫 번째 이유는 제가 읽어야 하는 책이 어떤 건지 모르기 때문이고 그다음 이유는 좀 어려워요. 여태까지 저는 "순수 비판이성", "인간이란 무엇인가?", "꿈의 해석"밖에 못 읽었어요. 그것도 report 때문에 읽은 거구요. 근데 읽었어도 무슨 소린지 잘 모르겠더라구요. 그러다 보니 점점 소설만 읽고… 요새는 "토지" 읽고 있어요. 오늘(6月 30日) 반납해야 하는데 안 갖다 줬어요.

●——— 정말 하는 일 없이 바쁘더라구요. 연극, 영화를 본다, 술집에 간다(저는 술을 안 마시지만) 하며 이리저리 쏘다니다 보면 정말 한 일 없이 바쁘더라구요.

●——— 참 선생님. "간디" 보셨어요? 선생님이 언젠가 말씀하셨던 "인도로 가는 길"을 감독한 사람이 감독한 거죠? (틀렸나?) 저는 명보극장에서 쥐와 같이 봤어요. 참, 그래 아니 끝에 또 극장 쥐라고 마구 돌아다니다가 슬쩍 멈춰서 스크린을 보더

라구요. 아니 이거보다, "간디" 보셨어요?

　보셨으면 → 너무… 뭐라고 표현할 수 없는 기분이더라구요. "미션"과는 다르고 "마지막 황제"와도 다른… 정말 묘한 기분이더라구요.

　안 보셨으면 → 꼭 보셔요!!

• ——— "Rain man"은 보셨어요? 저는 더스틴 호프만을 좋아하기로 맘을 먹었어요. 그 영화를 보니깐 연기자가 돼보고 싶더라구요.

• ——— 선생님. "우리에게 내일은 없다"에서 남자 주인공 역의 배우 이름이 뭐여요?

• ——— 우리는 누구나 연기자 같아요. 싫은 사람에게도 좋은 척해야 하고….

• ——— 안녕히 계셔요.

• ——— 1989. 6. 30.

제자 현정 올림

東京都 江戸川區 中葛西 7-27-4
ユーポ セユー #203
李程珠 올림

오태선 선생님께
서울시 서초구 서초3동 서초고등학교
Seoul, Korea

선생님.

안녕하세요. 더운 날씨에 몸은 건강하신지요.

한국은 지금쯤 장마겠네요. 일본은 며칠 전에 장마가 끝났어요.

저는 이곳 동경의 부모님께 와 있어요.

혼자서 서울에 있는 것도 외롭고, 또 아르바이트도 하려구요.

지난 겨울방학 때도 1개월가량 와 있었는데 그때는 집에만 있었기 때문에 일본어도 못 배우고 마치 한국에 있는 듯했었지만 지금은 안 그래요. 레스토랑에서 아침 8시부터 오후 4시까지 일하게 되었는데요, 말을 잘하지 못하기 때문에 서빙은 안 하고 설거지를 해요. 그 외에 밥도 짓고 음료수도 만들지요. 요리 준비도 거들고요.

말이 레스토랑이지 사실상 대중식당이나 마찬가지예요. 무지 바쁘거든요. 손님을 동시에 60명 수용할 수 있는데 아침 식사(Breakfast time) 때와 Lunch time 때는 정말 눈코 뜰 새 없이 바빠요.

손님 1명당 물컵 1, 음료수 컵 1, 밥 접시, 고기 접시 각 1, 티스푼도 1, 된장국 사발 1개가 나가는 데 놓아도 또 그만큼의 접시와 컵이 산더미같이 앞에 쌓이고 해요. 그리고 밥은 제가 푸거든요. 밥도 푸랴, 설거지도 하랴, 음료수도 몇 종류는 제가 책임이라서 그것을 주문하면 만들어야 하고… 정신없어요.

Morning time과 Lunch time에 대략 300~400명 이상씩이 들락날락해요. 덕분에 트리오 풀어놓은 물속에 하루 종일 손을 담그고 있느라 손에 뭐가 자꾸 나요. 기름기가 잔뜩 있는 음식만 만들기 때문에 트리오도 많이 풀어야 하거든요. 일 끝내고 집에 올 때는 기름 타는 냄새가 온몸에 배어서 머리까지 아파요. 처음엔 하루 종일 일하는 게 몸에 익지 않아서 팔, 허리, 다리가 아파 혼났는데 이젠 괜찮아졌어요.

휴일도 전혀 없이 매일 일해요. 오늘이 20일째예요. 힘들고 고된 일이긴 하지만 학비를 번다는 기쁨에 기분은 좋아요. 나태한 생활보다는 훨씬 즐겁고요. 바쁘다는 건 하늘의 축복 같아요.

지난 겨울방학 때는 하루하루가 지겨워서 몸살이 날 지경이었는데 이번엔 날짜가 어떻게 지나가는지도 모르게 잘 가요. 재미있어요.

제가 일하는 곳은 상당히 번화한 동네거든요. 주위에 회사가 많아서 샐러리맨들도 많이 오지만요. 지하철역이 바로 앞에 있고 큰길가 5층 건물의 2층을 모두 차지하고 있어서 사람들이 늘 끊이질 않아요.

그런데 문제는 일할 사람들이 없다는 거죠. 아르바이트생조차 없어서 몇 명 일하는 사람들이 항상 고생이에요. 사람들이 서빙 최소한 3~4명, 주방 3명은 있어야 하는데 주방에 2명(저까지 합해서요), 서빙이 2명이에요. 일은 산더미 같고… 미치겠어요.

한국도 굉장히 시끄럽겠네요. 임수경 양의 평양학생축전 참가 때문에 말이에요. 저녁마다 열심히 뉴스를 보지만 잘 나오지 않아요. 가끔 나오더라도 짧기 때문에 잘 알 수가 없어요. 한번은 1시간짜리 특집으로 나왔는데 끝나갈 무렵에 봐서 참 안타까웠어요.

일본인들의 우월감은 대단해요. 우리나라가 아주 후진국인 줄로 알아요. 카레라이스는 있느냐, 해수욕장은 있느냐, 심지어는 만화책이 있느냐고까지 물어요. 굉장히 화가 나요. 임수경 양 문제도 그렇고, 우리나라를 상당히 무시해요.

제가 영어과라니까 상당히 존경하더군요. 그때부터 태도가 변했어요. 영어를 잘하는 사람이라면 얼마나 높이 평가하는지… 그들은 화이트 콤플렉스가 심한 것 같아요.

얼마 전에 일어를 전혀 모르는 미국인이 왔었거든요. 주문을 못 받고 헤매더니 저한테 와서 부탁을 하는 거예요. 간단히 몇 마디밖에 안 했을 뿐인데도 주문을 받아왔다는 사실이 희한한지 하루 종일 저에게 말을 시키고… 웃겨서 혼났어요.

왜 영어를 열심히 공부하느냐고 묻는 거예요. 그래서 대답했죠. 나의 자녀들이, 나의 후손들이 영어를 배우지 않아도 되도록 하기 위해서라고 말이에요. 그랬더니 조금 놀라는 것 같았어요.

오늘은 굉장히 화가 났었어요. 그들은 여기서 제가 돈을 벌어가면 한국에 가서 몇 년은 놀고먹어도 되는 줄 알고 있는 거예요. 한국이 그렇게도 후진국이라고 생각하나 봐요. 기가 막혀서…. 그래서, 이렇게 힘들게 벌어 봐야 한 한기 등록금밖에 안 된다고, 내가 여기 온 것은 다만 경험을 쌓고 싶어서였다고, 한국에서 과외를 하면 훨씬 쉽게 이만큼의 돈을 벌 수 있다고 말했어요. 사실이 그렇잖아요. 얼마나 화가 나던지…. 자기 이름도 한자로 못 써서 나에게 오히려 물어보는 사람들이 그저 자기 나라가 강대국이라는 사실 하나의 이유로 근거도 없는 거만을 떨 때는 정말 화가 나요.

피곤하지만 여러 곳을 다녀요. 차비만 달랑 들고 오후 시간에 돌아다녀요. 선진 문물을 봐두는 것이 좋거든요. 아이디어에 많이 도움이 돼요. 정말 감탄의 연발이에요. 일본도 싫고 일본인도 싫지만 그들의 아이디어는 칭찬하고 배우고 있어요.

집에 와서 TV를 열심히 봐요. 주고 광고를 눈여겨보아두고 있어요. 광고 수준이 대단해요. 저는 그쪽으로 가고 싶으니까 아이디어 면을 중점적으로 해서 봐두고 있어요. Program(드라마 등…)을 볼 때는 구성이나 연출법을 보아요. 배울 점이 많아요. 저 하나의 힘은 비록 약하지만 많이 배워가서 적용을 하고 싶어요. 단순한 모방이 아닌, 그것을 응용해 더 발전시키는 것을 말이에요. 너무 욕심만 많죠?

너무 말이 많았네요. 선생님을 뵙고 싶어요. 전근 가시기 전에 찾아 뵈어야 할 텐데. 8월 21일 개학이에요. 그때 귀국할 예정이에요. 귀국하면 전화드리고 학교로 찾아가 뵙겠습니다. 더운 날씨에 부디 건강하세요. 음식도 많이 드시고요.

저는 여기서 김치, 냉면 생각에 입맛을 잃고 밥도 적게 먹느라 몸이 조금 나빠졌거든요. 선생님은 건강하셔야 돼요.

안녕히 계세요.

1989. 7. 23. 日.

정주 올림

서초구 서초3동 1487-39
오정민 올림

서울시 강남구 개포동 공무원아파트
805동 1110호
오태선 선생님

담임선생님께.

긴 겨울날들을 어떻게 보내고 계신지요.

재수할 때엔 일단 대학만 들어가면 시간이 많을 거라고 생각했는데 막상 대학생이 되고 보니 제대로 찾아뵙지도 못해서 죄송스럽습니다.

그래도 어렸을 때에는 (불과 몇 달 전까지만 해도) 선생님께 편지 쓴다는 것을 엄두도 못 낼 만큼 소심했답니다. 지금은 그때에 비해서 약간은 자란 것일까요.

고등학생 때엔 그리고 재수할 때에도 별로 대학 생활을 기대하지 않고 그저 가는 것이려니 했는데 실제로 겪어본 대학 1년 생활은 이제까지의 내 삶과 너무도 달랐습니다. 학과 시간표도 전공 강의가 많아 불어를 조금 더 자주 접할 수 있었고 불문과를 선택하길 잘했다는 생각이 듭니다.

다만 제가 문학의 맛을 아직 잘 몰라서 그 점이 좀 보충되어야 하겠지요.

고3 때랑 재수할 때 선생님께서 제게 많은 것을 주셨지요. 지금 대학생이 되어 제가 가장 아끼는 이들이 많은 곳은 산하사랑이라는 동아리입니다.

경제학과 84학번 오빠들이 작년에 만든 것으로 역사기행을 주된 활동으로 하고 있습니다. 지난 11월에는 동학농민전쟁이 일어났던 황토현을 다녀오고 새해를 맞이해서는 한라산과 제주도를 여행하고 돌아왔답니다. 6일 동안의 긴 여행이었고 주로 걸어다녔기 때문에 힘들고 모든 게 불편했지만 항상 힘든 여행 끝에는 무엇인가가 나 자신이 많이 변하는 것 같아 뿌듯합니다.

참, 또 지난달에는 춘천 청평사에서 4日 동안 합숙 세미나도 했습니다. 풍경이 왠지 눈에 익은 것 같았는데 알고 보니 바로 오보산 밑이었답니다. 그때는 어리벙벙해서 소양강댐 등 경치들이 내겐 참 컸다고 느껴졌는데요. 제가 있는 동아리는 여학생이 적어 술 마실 기회가 무척 많습니다. 가끔 선생님과 고등학교 친구들과 술잔도 나누고 이야기도 했으면 하는 생각이 드는데 그럴 수 있는 기회가 그리 쉽지 않은 것 같아 안타깝군요. 저는 조금만 마셔도 금방 취하는데 일단 취하기 시작하면 맛도 안 보고 계속 들이켠답니다. 하지만 이젠 뒤끝이 너무 고통스러워 과음은 안 하기로 했어요.

제 주위 친한 사람들 중에는 유물론자도 많습니다.

내가 가톨릭 신자인 것을 알고 하느님 신에 대해 공격을 하면 저는 참 곤란해지거든요. 좋은 사람들과 생활하면서 배우는 것이 굉장하지만 그럴 때마다 여러 방면의 공부를 해야겠다는 필요를 절실히 느낀답니다. 또 이제 2학년이 되고 후배가 들어오면 그들에게 무슨 말을 해줘야 할까 걱정이 됩니다. 동기들도, 선배들도 다들 내가 좀더 성숙해야한다고 합니다. 과연 제가 그렇게 어른스럽지 못할까요. 스무 살이 넘은 만큼의 사람 구실을 하려 하는데 정말 나이에 맞는 사람이 될 수 있으면 합니다.

　선생님,

　저는 대학생이 되는 행운을 얻어 하루가 다르게 배우고 즐기는데, 막상 구체적인 목표가 없습니다. 제가 학력고사에서 떨어졌을 때 선생님께서는 인생은 한판 승부라며 선생님이 60세가 될 때를 기대하라고 하셨지요. 하고자 하시는 일이 잘되었으면 합니다.

　안녕히 계셔요.

1990. 1. 12. 금

오정민 올림

오태선 선생님 받으세요.
박소양 (올림)

서울시 강남구 개포동 공무원A.P.T
805-1110
오태선 선생님 귀하

★ 선생님 "고3이 시간도 없을 텐데 편지나
시화를 만들다니…" 하시면서 너무 나무라
지 마세요. 그렇게 시간 많이 빼앗기지 않았
으니 걱정하지 마시구요. 정성인만큼 받아
주시는 거죠?

★ 참, 선생님께
편지 쓸 기회가 생겨서 너무나 기쁘답니다.
전 언제나 편지 쓰는 시간만큼은 즐겁거든
요. 하지만 떠나신다니 이루 말할 수 없이
슬퍼요. (흐흐흐흐) → 울고 있음

 (오태선 선생님께)

먼저, 섭섭한 소양이가 선생님께 문안 인사 올립니다. 물론 안녕하시
죠?

요즈음 교실 분위기는 조금 삭막해요. 저마다 공부하느라고 야단들 이죠.

저에겐 정말 고3이란 시기가 안 올 줄 알았어요. 요즈음 들어 어쩔 땐 고3이 된다는 것이 괜히 즐겁고 가슴이 부풀곤 해요. 긴장되고 걱정되 긴커녕이요. 이젠 정말 진짜진짜 시기가 왔어요. 전 여태껏 무슨 일을 하든지 간에 최선을 다해본 적이 없어요. 그래서 자신감도 없는 것 같 아요. 이번 기회를 놓치지 말아야겠어요. 저는 옛날부터 자신의 음악세 계를 추구하는 가수가 꿈이에요(듣는 이들이 그 노래를 좋아하든 좋아하지 않든 지…). 음악이나 노래에 관심이 많지만 우선은 그것을 접어두고 한곳에 정신을 쏟아야겠어요. 잘될는지….

벌써 고등학교의 2/3가 다 지나고 드디어 와야 할 시간이 왔군요. 지 금 생각해보면 지난 1년간 뭘 했는지 잘 기억나질 않아요. 분명히 제가 모르는 사이에 중요했던 것들이 스쳐 지나갔을 거예요. 전 그것을 하나 도 잡지 못했으니 얼마나 바보 같은지 모르겠어요.

그래도, 고2 때의 지리선생님의 그 수업 시간, 말씀하시는 어투, 그때 의 느낌 등은 제 기억 속에 항상 남을 거예요. 또한, 선생님께선 저에게 3가지 기쁨을 주셨어요.

오태선 선생님이란 분이 서초고등학교에 존재해 계신다는 사실을 안 것이 바로 1학년 때였죠. 담당 선생님이 안 오셔서 선생님께서 대신 보강으로 들어오셨죠. 그때 많은 말씀을 해주셨어요. 전 그 얘기에 푹 빠졌구요. 그리고 2학년 올라와서 첫 지리 시간. 문을 열고 천천히, 그 특유의 발걸음으로 들어오시는 선생님의 얼굴을 보면서 "그 선생님이 시구나!" 하며 미소를 지어 보였죠. 그 이후 쭉 선생님의 많은 말씀들 은 저의 어떤 일반적 생각을 깨뜨려버렸어요. 저는 어른들은 항상 고칠 수 없는 고정관념을 가지고 그것을 그대로 저희에게 주입시키시려고들 한다고 생각해왔답니다. 그런데 선생님의 말씀은 "이럴 수도 있지만 또 이럴 수도 있다"라고 하시면서 결론은 각자 판단에 맡기셨죠. 저는 그 말씀이 오히려 편하게 느껴졌답니다. 그리고 전에 저의 일반적 생각 자체가 또한 고정관념이었다는 것도 알았죠. (and 마음을 넓게 가져야 한다는 것도요….)

선생님, 아주아주 솔직히 말해서요 조금은 부끄러운 이야기지만 다 지난 일이니 말씀드릴게요.

사실, 선생님 뭐하시나 보려고 괜히 핑계 만들어서 교무실에 왔다갔다 했구요, 선생님 댁에 전화 걸어서 친구 이름 팔아 잘못 걸린 전화처럼 했던 적도 있구요, 스승의 날엔 새벽같이 학교 와서 선생님 책상에 꽃을 놨죠. 괜히 장난쳤다고 나무라시지는 않겠죠? 용서해주세요!

♡ 선생님, 피곤하시고 힘드시더라도 선생님 뒤엔 언제나 선생님을 생각하고 위하고 좋아하는 제자의 든든한 Back이 있다는 걸 잊지 마시고 힘내세요.

* 선생님, 저는 이 편지를 쓰면서 선생님께 부담 느끼지 않게 해드리려고 부단히 애를 쓰고 있어요. 하고 싶은 말은 너무 많지만 말이에요. 이렇게 편지 쓰는 것이 힘든지 예전엔 미쳐 몰랐어요.

솔직히 저는 "어린 왕자"란 책을 제대로 읽지도 않고 대강의 이야기만을 알고 있었지요. 그런데 선생님께서 "어린 왕자" 이야기를 하셨을 때 저는 그날 당장 서점에서 그 책을 사가지고 읽었답니다. 역시 그 이야기는 저에게 너무나 좋은 느낌과 생각을 가져다주었어요. 그 이후 저는 그 책을 5번 더 읽었죠. 그때마다 읽는 느낌은 더욱더 새로웠구요. 그리고 우스운 것은 모의고사 영어독해 문제의 본문에 어린 왕자 이야기가 나오더군요. 저는 얼마나 기쁘던지 사막에서 오아시스를 발견한 느낌이었어요. 영어 문제 푸는 것이 괜히 즐겁지 뭐예요?

이렇게 많은 것을 알게 해주신 선생님을 앞으로 못 뵙게 되다니 정말 섭섭해요. 전 정말 운이 없는 아이 같아요. 옛날을 생각해보면 제가 좋아하고 존경하고 했던 선생님들은 항상 금방 떠나셨거든요. 중2 때 물상선생님, 중3 때 담임선생님 그리고 고2 올라와서 마저…. 선생님께서 떠날 거라고 말씀하셔도 저의 마음 한구석엔 3학년 첫 지리 시간에 선생님의 웃으시는 그 모습을 정말 보고 싶을 거예요.

며칠 전, 주민등록증을 찾고서 매우 기뻤어요. (사진이 엉망이라서 조금은 속상했지만… 히히히)

저도 저의 확실한 신분증이 생겼으니 말이에요. 그래서인지 요즈음 같아서는 식당이나 매점에서 뭘 사 먹어도 주민등록증을 제시하고 먹으면 좋겠다는 생각도 들어요. 정말 제 모습이 우습죠?(→ 선생님 여기가 선생님께서 웃으시는 대목이에요. 어서 웃으세요. 하하하하…)?!?!?!

아이쿠, 제가 중간에 주책을 떨었네요. 이해해주세요.

선생님, 이 편지를 선생님께 직접 드릴 것인지 지금 고민이에요. 아마 저는 직접 못 드릴 것 같아요. 그럴 용기가 정말 없어요. 선생님께서 저를 아시는지 모르시는지조차 확실히 잘 모르겠거든요. 하지만 제가 바라는 것은 오랜 시간이 지난 후 제가 어떤 모습이든지 간에, 길거리에서라도 제가 선생님을 알아보고 인사했을 때 반갑게 맞아주시는 거예요.

저는 벌써부터 오태선 선생님의 모습을 영원히 지워지지 않는 만능 맥가이버식 컴퓨터에 입력시켰어요. 정말 ☆몸 건강☆(1. 과로는 피하시고 2. 술은 이젠 그만(잘 될까?) 3. 운동도 열심히 —Dr. Park—)하시고 많은 학생들에게 여전히 존경받는 선생님으로 항상 남아주세요. 그리고 긴 편지 읽으시느라 수고 많이 하셨어요("박수" 짝짝짝).

그럼 펜을 종이 사정상 놓을게요.

198… 아니, 1990年 2月 13日

박소양 (올림)

P.S. 선생님께 드릴 것은 없지만 이 시화 감상하세요. 제가 직접 만든 것이라

　　조금은 서툴지만 그래도 여름엔 부채로, 글씨 쓸 때 받침으로 아주

　　실용적이죠. (참, 글씨가 엉망이라 죄송해요 → 원래 악필)

서울시 서초구 방배동 854-7
박소양 (올림)

서울시 강남구 개포동 공무원A.P.T
805-1110
오태선 선생님 귀하

오태선 선생님께.

선생님 안녕하셨어요? 그동안 물론 잘 지내셨겠죠?

저도 마음 편히 잘 지내고 있답니다. 벌써 5月이라니… 정말 눈 깜짝할 사이에 봄이 지나가고 있어요. 그간에 모의고사는 2번이나 치렀죠. 결과는 제가 생각한 대로 아주 썩 잘 나오지는 않았지만 그래도 희망은 있어요. 참, 저는 11반으로 배정되고 박용수 선생님께서 저희 담임선생님이시지요. 담임선생님께선 맘이 좋으신 분인 것 같아요. 때론, 굉장히 무섭기도 하고요. 기근도 선생님께서는 오리지 선생님께서 떠나가셨기 때문에 짝 잃은 새가 되었다고 말씀하시더군요. 정말 명콤비였는데요…. 이번에 새로 오신 지리 I 선생님께선 자세하게, 열심히, 재미있게 가르쳐주셔서 저희가 아주 잘 따르고 좋아한답니다. 그래서 애들이 하는 말이 서초고등학교 지리선생님들은 대대적으로 Number One!이라고들 하죠.

5月에 접어들고 날씨는 따뜻하고 그래서 그런지 저뿐 아니라 모두 나른해지고 눈꺼풀은 점점 내려가려는 욕망에 가득 차 있고… 이런 풍경들은 저보다 선생님께서 더욱 잘 아실 거예요. 참, 선생님께서 요즘

어떠세요? 물론 그곳에서 역시 학생들에게 좋은 말씀과 사랑을 나눠주셨겠지요. 이렇게 날씨가 화창하고 한가할 때 가만히 앉아 있으면, 교탁 앞에서 열심히 가르치시는 선생님 얼굴이 스쳐간답니다. 요즈음, 자주 아이들이 선생님 이야기를 하죠. 작년에 선생님께서 말씀해주신 재미있던 이야기들…. 그러고 나선 한바탕 웃으면서 생각해요. 정말 이렇게 생각해보면 남에게 좋은 인상을 심어준다는 것은 매우 중요하기도 하고 힘든 것 같아요.

저의 기억 속에 선생님의 모습이 있는 것처럼 저도 누군가에게 좋은 인상과 기억을 심어줄 수 있어야 하는데 그것은 정말 어려운 것 같아요. 서로에게 의미를 준다는 것은 참으로 중요하죠. 또한 선생님에게서 배운 것과 느낌을 저도 다른 이들에게 나눠주고 싶어요.

선생님, 오늘부터 중간고사가 시작되었어요. 수학, 불어, 지리 I을 치렀어요. 이번 중간고사를 잘 해내야 할 텐데 잘 될는지 모르겠어요. 이렇게 틈을 내서 편지를 쓰니 답답한 마음이 풀리는 것 같아서 기뻐요. 이렇게 편지를 쓸 선생님이 계시고 편안한 마음을 갖게 해주신 것. 우선 하나님께 감사드리고 그다음, 편지를 받아주시는 선생님께 감사드립니다.

이제 몇 개월만 있으면 학력고사 그리고 졸업…. 고등학교를 졸업하고 대학교에 진학하면 제가 하나의 인격체로 완전히 있게 되니 약간 두렵기도 하고 또는 오히려 더욱 편할 것 같은 느낌이 서로 엇갈려 있답니다. 책임 있는 행동을 하게 될 것이니 조금 두렵게 돼요. 사회의 냉혹함을 아직 저는 모르거든요. 잘 해나가야 하겠죠.

참, 선생님 요즈음 건강하세요? 너무 무리하지 마세요. 선생님께서도 잘 아시겠지만, 건강이 최고라는 걸 요즈음 저는 절실히 느끼고 있

답니다. ⋯⋯⋯> "우리 모두 시금치를 먹읍시다!" ^_^

　저도 이 편지를 마치고 기지개를 켜고 일어서야겠어요. 그럼, 이만 펜을 놓을게요. 선생님 틈이 나는 대로 편지 올릴게요. 안녕히 계세요.

1990年 5月 10日 (木) (조금 흐림)

박소양 (올림)

강원도 고성군 간성읍 장신리 사서함 15호
1중대 상병 진성무

서울 성동구 덕수상업고등학교
오태선 선생님

선생님

그동안 별고 없으셨는지요. 이제야 편지 쓰게 됐습니다. 제 게으름을 용서해주십시오.

지금도 그곳에 계실 줄 알고 편지를 보냅니다.

건강하시겠지요. 저도 덕분에 잘 있습니다. 입대 전에 한 번 찾아뵈었으면 했는데 너무 갑작스러워서 그럴 여유가 없었습니다. 동창 친구들은 선생님을 찾아뵙는지 모르겠습니다. 얼마 안 있으면 스승의 날인데 작년에도 그랬고 올해도 찾아뵙지 못할 것 같습니다. 하지만 내년 스승의 날엔 친구들과 같이 갈 수 있겠지요.

근사한 카네이션 꽃이 아닌 이런 보잘것없는 편지로 대신함을 용서하시고 멀리서나마 감사의 뜻을 전합니다.

가끔 선생님과 함께 지낸 고등학교 시절이 생각나곤 합니다. 그립기까지 하고요. 저희도 지금은 뿔뿔이 흩어져 서로 다른 생활을 하고 있지만 기다리면 언젠간 좋은 날이 오겠죠. 선생님이 저희에게 보이셨던 그때와 같은 열정으로 지금도 선생님의 제자들에게도 가르쳐주십시오. 아직도 술 많이 하시는지요. 너무 많이 드시지 마시고 항상 건강하십시오. 휴가 때 꼭 찾아뵙겠습니다.

일천구백구십년 오월

성무 드림

편지가 회송되어왔습니다. 그 학교의 어느 분이 선생님 계신 곳을 알려준 것 같습니다.

서초구 서초동 1546-5호
현대 하이츠빌라 나동 103호
황성은 올림

서울특별시 강남구 개포동
공무원APT 805동 1110호
오태선 선생님께

오태선 선생님께.

알지도 못하는 학생의 갑작스런 편지 때문에 놀라셨지요?

하지만 전 선생님께 드리고 싶은 말씀이 너무 많아서 편지를 쓰지 않을 수가 없었어요.

우선 전 서초고등학교 3학년 7반 황성은이에요.

그러니까 작년에 선생님께서 저희 반을 가르치셨어요.

선생님께서 1년밖에 안 가르치시고 가신 게 너무 서운해요.

작년에 선생님께서 해주신 말씀 모두가 제 마음속에 깊이 새겨졌어요. 그 모든 한마디 한마디의 말씀이 다 도움과 감동을 주고 제 마음을 정리할 수 있는 힘이 되어 주었어요. 그리고 그 말씀들은 방황하던 제 소중한 친구를 제가 위로할 수 있도록 도와줬고요.

그 모든 것에 대해 감사하다는 말 한마디도 못 하고 그렇게 가시는 뒷모습만 바라볼 때 너무나도 안타까웠어요. 그리고 더 안타까운 것은 지금 제가 너무나도 선생님이 필요할 때 너무 멀리 계시다는 거예요. 물론 더 많은 학생들에게 좋은 말씀을 해주시고 힘이 되어 주고 있으시겠죠.

학년 끝날 무렵 이런 말씀을 하셨죠?

입시지옥이니 그런 말들은 언론의 폐단일 뿐이라고, 입시는 치러야 할 고난이 아니라 성인이 되기 위한 관문으로 여기라고….

그 말씀을 새기고 열심히 하고 싶었어요. 하지만 선생님, 전 삶의 목표를 갖고 싶어요. 학력고사를 잘 봐야지, 좋은 대학을 가야지 하는 단순한 목표가 아니라 내 인생에 굵은 선을 긋는 그런 목표를, 어떤 유혹이 와도 판단할 수 있는 가치관을 갖고 싶어요.

이건 장래에 뭐가 돼야지 하는 것이 아니라 어떤 상황에서도 하나의 가치관을 위해서만 행동하는 그런 판단 말이에요. 글쎄, 뭐라고 설명하면 좋을지 모르겠어요. 사실 뭐라고 정확히 표현할 말도 없어요. 자꾸 설명하려다 보면 생각은 더 엉망이 되고 내 자신이 모순덩어리처럼 느껴져요. 답답하고 속상하고 그래서 가슴속으로 자꾸 물어보면 생각만 깊어지고 어떤 한 가지 분명한 이유가 있는 건 아니지만 주로 친구들 때문에 이런 갈등을 많이 느껴요. 목표를 갖고 싶다고 느낀 건 2학년 말이었어요. 갑자기 헛소리하고 싱거운 잡담하며 시간 보내고 옷 사고 머리 다듬고 이 모든 행동이 내게 있어서 얼마나 무익하고 한심한 짓인지 느끼기 시작했어요. 그런 식의 교제도 싫고 시간이 너무 아깝게 느껴져서 그때부터 그 친구들과 약간 멀어졌어요. 지금은 물론 잘 지내긴 해요. 하지만 그 친구들과 함께 공부하진 않아요. 어쩌면 노는 친구 따로 공부하는 친구 따로 이렇게 지내는 것 같아 기분이 좋질 않아요. 공부는 날 위해서 하는 건 확실해요. 하지만 그런 생각만으로는 안 해도 내가 잘못되는 거니까 내가 책임지면 되지, 하는 생각이 들더군요.

전 부모님을 사랑해요. 날 위해서 공부하는 것보다 성적이 올라서 기뻐하시는 부모님의 모습을 보는 게 더 기뻐요. 친구와 부모님, 양쪽 다

소중하죠. 공부와 노는 것, 둘 다 좋아요. 하지만 지금은 공부를 하고 싶어요. 너무 하고 싶어서 노는 걸 포기하고 공부하는 걸 택할 때마다 친구를 포기하고 부모님만 택하는 느낌이 들어요.

선생님, 어떤 한 가지 일만으로 고민이 생긴다고 생각하진 않으시죠? 하지만 그 밖의 다른 일은 너무 오래전부터 생겨왔고 잠깐잠깐 생각나곤 하기 때문에 말로 표현할 수가 없어요. 위에서 말한 일도 깊이 생각해보지 못해서 너무 횡설수설이에요.

사실 전 너무 수동적이에요. 전 지금도 제가 이렇게 고백해서 답을 구하기보다는 선생님이 그냥 해주시는 얘길 듣고 싶거든요.

이상하게도 그렇게 하시는 말씀이 생각하는 데 많은 도움을 줬어요.

선생님, 바쁘실 텐데 이런 편지 드려서 너무 죄송해요. 하지만 전 누구에게든지 털어놓지 않으면 견딜 수가 없었어요. 전에 일기에 쓰며 많이 생각하고 답을 구했지만, 마음에 여유가 없어지니까 생각이 잘 되질 않아요. 물론 서초에도 좋은 선생님이 많이 계시지만요, 선생님들의 바쁘신 모습을 직접 보니 차마 찾아갈 수가 없었어요. 그리고 작년에도 많은 도움을 주신 분께 더 의지하고 싶었고요. 어쩐지 지금 마음이 더 편해진 거 같아요. 이런 선배들의 말도 많이 들었어요. 대학을 최상의 목표로 두고 친구도 계속 끊고 공부만 하다가 대학 가서 많은 사회와 부딪히고 친구가 없는 고독을 많이 느꼈다고…. 물론 소수이겠지만 그런 삶은 두려워요. 전 친구와 공부와 또 삶의 균형을 맞출 가치관을 찾고 싶어요. 부모님의 기대도 어기지 않고 모든 사람의 바람을 허물지 않는다는 건 정말 불가능할까요? 남도 위하고 나도 위하는 건 그렇게 힘들 일일까요?

이 사람 저 사람 다 위해주는 건 아무도 위해주지 않는 결과를 갖고 올까요? 전 환경에 너무 민감해요. 내 의지가 아니라 상황이 내 모든 걸 만들어요. 선생님, 전 그게 싫어요. 전 제 삶을 살고 싶어요.

꼭 선생님께 제 고민을 해결해달라는 건 아니에요. 선생님이 들어주신 것만으로도 충분히 기뻐요. 선생님 건강하세요. 첫 인사가 편지라서 너무 죄송해요. 기쁜 마음으로 선생님을 뵐 날이 있기를 바라겠어요.

90. 5. 20.

황성은 올림.

강남구 개포동 공무원A. 805-1110
오태선 선생님께

오태선 선생님께.

선생님, 안녕하세요? 저는 서초고등학교에 재학 중인 3학년 여학생입니다.

알지도 못하는 한 학생으로부터 받은 편지에 놀라실 거여요.

하지만 너무 이상하게 생각지는 마셔요. '누군가와 이야기하고 싶은 게지'라고 생각하셨으면 좋겠네요.

저는 제가 이 세상에 존재한다는 사실 자체가 싫고 어찌할 바를 모르겠어요.

전 원래 이렇게 나약한 존재가 아니었다고 생각합니다.

언제부터 제가 화 잘 내고, 무능력하고, 희망없이 살았는지조차 생각하기가 싫습니다.

앞으로 어떻게 살아야 할지 가슴이 답답해요.

글쎄요, 그렇게 큰 문제가 있는 것도 아닌데….

가장 큰 문제는 제가 살아온 모든 것이 잘못됐다고 생각하는 점이죠.

'이 애가 무슨 소리 하나' 하고 고개를 갸우뚱하시겠죠.

선생님, 제가 지금까지 어떻게 살았나를 말씀드리고 싶어요.

아주 어렸을 때 일은 기억이 잘 나지 않아요.

국민학교에 입학하고 저는 무의식중에 저의 행동에 울타리를 치면서 그 울타리 밖의 일이라고 생각되는 것들은 하지도, 생각지도 않았죠.

전 스스로 우등생, 모범생이 되야 한다고 다짐하면서 제가 친 울타리 안에서만 지냈죠. 그렇게 지내오다 중2 때 전 처음으로 갈등과 혼란 속에 빠지기 시작했지요.

친구들은 팝송도 듣고, 숙제도 학교에서 하고(전 그때까지 숙제는 당연히 집에서 해야 하는 걸로 여겼죠), 심지어는 숙제를 하지 않고 그 공부 시간을 맞이해도 오히려 그것을 아슬아슬한 재미로 생각하기도 하는 거여요. (전 저의 울타리가 필요 없는 것이 아닐까 하고 생각했죠.)

그러면서 전 아이들과 잘 어울리지 못하고 마음속의 외로움을 키웠죠.

중3이 되자 전 결심했어요. 다른 아이들처럼 행동하기로, 그리고 그것을 저 스스로 이상하게 생각하지 말자고. 전 결심한 대로 행동하면서 그것을 즐겼죠.

환경미화하는데 몰래 도망가고 청소도 띵기고(이런 표현 양해해주셔요) 그러면서 아이들과 친해지고.

그때 전 친구 두 명을 만났지요. A는 성격이 좀 외향적이고 자신의 행위의 자신감과 정당성을 다른 이들에게 심어주었죠. 전 그 아이가 몹시 부러웠고 그렇게 행동하지 않으면 안 될 걸로 생각했죠. 그 아이가 담임선생님께 반항하면 저도 그렇게 했죠(그 아이는 반항을 하면서도 저하고는 좀 달랐어요). 그런 행동이 잘못됐다는 것도 인식하지 못한 채 전 그 A 와 B 두 아이가 저와 친해지기를 바라, 저의 원래 모습이 아닌 모습(그들이 좋아할 것처럼 생각되는 모습)으로 행동했죠. 마음속의 약간의 갈등은 있었지만, 그들과 함께 있다는 기쁨으로 그 갈등은 쉽게 잊었죠.

고등학교를 들어와서도 전 중3 때처럼 행동하는 것이 친구들을 사귀는 데 도움이 될 것이라고 생각했지만 사실 그렇게 되지 않더군요. 오히려 저 자신에 대한 자부심만 잃기 시작했죠. 친한 친구, 그런 아이들이 많아야만 한다는 생각과 그렇지 못한 저 자신에 대한 열등감. 이과, 문과를 나누는데 전 저의 적성이나 미래보다도 고등학교 생활을 즐겁게 지내야만 한다는 생각에 친구 B가 이과를 택하자 저도 그렇게 했지요. (그때 이과가 한 반이라는 것이 거의 확정된 사실이었기 때문에 전 안도의 숨을 쉬었죠. 친구 B가 있으므로 또 다른 친구를 사귀는데도, 학교생활을 해나가는 데도 자신이 있을 거라고 믿었지요.)

성적이 좋지 않다는 사실에 공부를 열심히 해야겠다고 생각했지만, 중3 때부터 공부의 습관을 잃기 시작해서 쉽지는 않았죠(중3 때 친구 A로부터 공부를 열심히 하는 것만이 좋은 것은 아니라는 영향을 받았지요).

성적은 뜻대로 나오지 않고, 친구 B와의 불편한 관계(우린 서로 조금씩 멀어지기 시작했죠), 모든 행동에 대한 자학적인 태도, 이런 문제를 안고 생활하면서 결심도 하고 또다시 갈등에 쌓이고….

고2 겨울방학에 전 제가 수학을 못한다는 사실에 문과로 바꿔야 한다는 생각이 들었지만 부질없는 허영심, 자만심에 그대로 이과를 밀고 나가기로 생각했죠(적성도 이과가 아니라고 생각했죠).

고3 첫 모의고사에 너무 놀라 열등감에 싸이고 또다시 결심하고 또다시 열등감에 붙잡히고 하는 패턴의 반복으로 이젠 지치기까지 했죠.

중3 때 저 자신의 모습이 너무 싫어 한밤중에 자살을 하려고 마음먹었죠.

하지만 죽는다는 사실이 무서워서 행동으로 옮기지는 않았어요.

그때부터 자살이란 용어가 뇌리에서 열등감에 빠져 있을 때마다 절부채질했지요. 이젠 '공부를 열심히 하자, 그래서 꼭 좋은 대학에 가자'라고 스스로 격려할 힘도 없다고 말씀드려야겠네요.

불만스러운 성적, 원만하지 못하고 마음에 들지 않는 성격, 어느 것 하나 절 기쁘게 하는 것이라곤 찾을 수도 없어요.

선생님은 '넌 노력을 하지 않았기 때문이야'라고 말씀하시고 싶으시겠죠.

끈기, 인내심의 부족. 전 선생님이 보시기에도 정말 필요 없는 인간이지요.

고3이 이럴 시간이 어디 있냐고 전 자신을 채찍질하고 싶지도 않군요.

모든 걸 포기하고 싶어요.

사람들. 그들 모두가 싫어요. 가장 미운 건 저 자신이죠.

선생님, 전 어떻게 행동해야 하나요?

선생님께서 젊은 날 5년간 방황하셨다고 말씀하신 것이 생각나네요.

선생님이 보시기에 전 아무것도 아닌 것을 괜히 부풀려 생각하는 것일까요?

하지만 지금 이 순간 전······.

선생님을 뵙고 선생님으로부터 충고를, 아니 혼나고 싶지만 전 용기 없는 인간이거든요.

지금 이 순간도 다른 아이들은 눈에 불을 켜고 공부하겠죠.

저도 그러고 싶어요.

선생님, 제가 문장 실력이 없어 선생님께서 저의 편지를 읽으시느라고 힘드시겠어요.

선생님께서 몹시 바쁘시겠지만 가끔 제 편지를 읽어주실 수 있으시나요?

괜찮으시다면 가끔 선생님께 편지를 띄우고 싶어요.

전 선생님을 무척 존경해요.

두서없는 내용으로 선생님을 괴롭힌 것 아닌지 걱정이 앞서네요.

선생님, 더운 여름 건강하세요.

1990. 7. 29.

마음이 혼란한 학생 올림

(추신: 이건 선생님께 부탁인데요. 조금이라도 시간이 나신다면 지금 보충 수업하는 저희에게

도움이 될 만한 말씀을 해주실 수 없나요? 선생님의 말씀을 듣고 싶어요. 작년에 제가

혼란스러울 때마다 선생님께서는 항상 수업 시간에 좋은 이야기를 해주셨지요.)

담임선생님께.

오랜만에 평화로운 오후를 느껴봤어요.

오늘 중간고사가 끝났거든요. 그리구 엄마랑 아빠랑 점심도 먹고요. 그리구 지금은 동네 독서실 제 자리예요. 시험이 끝났지만 진짜 긴장을 풀어선 안 돼죠.

밀린 학습지랑 집에서 보는 신문지랑 또 선생님께서 주시는 밀린 신문지랑(시험 끝나자마자 나누어준다고 갑갑해하긴요! 정말이지 감사할 따름이옵니다!) 또 문제집들….

새로 정리하고 계획도 세우고요, 저는 이런 시간들을 참 좋아해요.

그 전에 잠깐 선생님께 선생님의 수다 못지않은 지현이의 수다를 보여드리려는 것이 제 목적(?)입니다.

일단은 시험이 끝났지요. 세계 지리에 대한 성의만큼이나 다른 과목도 열심히 했는데 정말 맘대로 되지 않았어요. 그게 제일 속상하죠 뭐. 선생님하고 상담(?) 아니 수다하고부터 차곡차곡 준비를 했고 또 잘 되어간다고 느꼈는데 결과는 아니라, 이거죠. 제가 자만했을까요? 자존심도 상하고(저한테요…) 혹시 돌멩이가 아닌가? 하는 생각도 들고요. 심한 배신감에 으흑! 주먹 불끈!

하지만 이대로 실망만 할 순 없죠.

지현이는 젊으니까요!~~♪ 겉으로 보기엔 '쟤가 참 태평해보인다—' 라고 생각되더라도요. 마음만은 다시 다지고 있다는 거 잊지 마세요.

한때는 저도 시험 보는 게 재밌었던 시절이 있었다구요—!

앞으로도 그럴 날이 꼭 돌아오길 바라고요.

국민학교 5학년 때 담임선생님도 '자율성'을 존중해주시던 선생님이셨어요. 지금도 이렇게 힘든데요. 그땐 애들이 얼마나 어리벙벙했겠어요? 그래도 그때가 더 나은 듯싶어요. 우리 반 친구들 다 착하고 좋은데요… 아직 그런 쪽으론 단결이 안 돼요. 저도 많이 모자라구요. 하지만 끝까지 이렇지는 않을 거예요.

마지막으로 학교생활다운 생활을 만들어낼 거라고 저는 믿어요.

요새는 왕공주인 우리 언니가(지난번에 지하철에서 잠깐 인사드렸던 언니요) 발이 아파서 이틀째 회사에 못 갔어요. 그래서 덩달이 시리즈도 해주고 웃기는 얘기 많이 해줬는데 계속 심심하데요. 그래서 새로운 덩달이 시리즈를 만들려고 했는데 그런 쪽으로도 머리가 안 돌고 있어요. 뭐 새로운 거 없을까요?

참 선생님!

부러운 게 있어요. 선생님은 손이 너무 예뻐요!

저는 어려서 별명이 '솥뚜껑'이었어요. 동상에 잘 걸렸었는데 손도 큰 애가 얼마나 흉했겠어요?

요새는 많이 나아졌지만 여전히 넓적한 손이에요.

근데 선생님은 으흑! 너무 예뻐요.

별명은 많았죠(주로 집에서 부르는 거요. 학교에선 워낙 조용한지라 특별히 별명이랄게 없지만요…). 똥개, 똥강아지, 딸딸이(둘째예요).

봄이. 위의 3개는 대충 이해가 가시죠?

└ 이건 제 예명이에요. 한봄.

그러니까 이게 어떻게 된 거냐면요, 지현이는 한문 이름이잖아요(春賢).

근데 이건 한글 이름이에요. 봄에 태어나서 봄이에요.

어렸을 땐 참 많이 불렀었는데―엄마가요―요새는 좀 뜸~해졌거든요, 그래서 며칠 전에 봄이라는 이름이 그리워서 엄마한테 물어봤어요. '엄마' 요새는 왜 봄이라고 안 부르시나요? 했더니요 그렇게 부를 만큼 예쁜 짓을 안 해서 그렇대요.

그래서 제 생각에 제가 고3 티를 팍팍--내고 다녔었나 봐요. 이제부턴 봄이라고 불리는 날이 더 많도록 싹싹하고, 예쁘게 지내야겠어요. 그럼 선생님 다음 기회에 또 수다글을 올릴게요. 아마 선생님을 만난 저는 세상에서 제일 행복한 고3일 거예요.

94. 5. 11.

제자 한봄 드림

부영이가...

오태선 선생님—

오태선 선생님께….

이틀 후면 졸업이네요. 밝아오는 95년….

94년은 저에게 행운의 해라 할 수 있었죠.

처음 7반이 된 것과 선생님을 만난 것… 전 하나님께 감사드려요.

그리고 그다음으로 선생님께 감사드려요. 올 1년 동안 참 속도 많이 썩여드리고 참으로 많은 문제를 지닌 '문제아'였건만 아버지 같은 선생님의 인자하심에 제가 끝까지 나쁜 유혹에 빠지지 않고 견딜 수 있는 '행운아'가 되었지요.

며칠 전 합격이라는 연락이 오고 부모님이 그 소식을 듣고 기뻐하시던 모습이 생생해요. 정말 기뻤어요. 제가 태어나서 처음으로 효도했다는 생각이 들더라구요.

이것이 모두 선생님을 만난 덕택이라고 저도 부모님도 생각하십니다.

올 한 해를 돌아보면 좀 더 잘할 수 있었을 텐데 하는 아쉬움과 1년 동안 악마의 유혹에 빠져 가끔씩 나태해졌던 저 자신을 생각하니 솔직히 좀 후회가 됩니다.

이제 정신을 차리고 되돌아보니 선생님이 종례 시간에 종종 하시던 '삶'에 대한 그리고 '인생'에 대한 주옥같은 말씀이 생각나 가끔씩 늦게서야 이해하게 된 저 자신이 참 한심하게 느껴졌어요. 이제는 저 자신에게 철저해지기로 마음먹었습니다. 이번 시험으로 세상은 참으로 공평하다는 것을 알게 되었죠.

그리고 선생님. 고백할 게 있습니다. 용서해주실거요?

사실은 올 한 해 동안 보충을 안 하고 도망쳐서 선생님을 애먹게 한 장본인 중 하나가 저였어요. 솔직히 툭하면 갔고, 또 막판에는 눈치 보다가 조퇴증도 몰래 끊어 나가곤 했지요. 한두 번 말입니다. 물론 눈치 채셨겠지요?

그러고 나선 그다음 날 선생님께 얼마나 죄송스러웠는지 몰라요.

그리고 제가 지각도 얼마나 많이 했는지… 선생님, 저 참으로 불성실했죠?

그러면서도 눈감아주시는 선생님께 고마움을 느꼈어요.

다른 선생님 같으면 어림도 없었을 텐데 말이죠….

그래서 더욱 전 선생님께 감사해하지 않으면 안 되요.

선생님 정말 전 선생님께 감사해요.

제가 이 편지를 쓰며 고민하던 것이 하나 있는데 선생님께 고마워하는 마음이 어떻게 하면 더욱 진심으로 강렬하게 표현될지는 모르지만 여기까지가 저의 한계인 걸 어쩌겠어요.

학교에 진학하면 놀기보다는 공부를 더욱 철저히 할 계획이에요.

그리고 제 능력이 된다면 편입도 해볼 생각이에요. 그런 생각을 하면 너무나 행복한 거 있죠.

하지만 고3 때 생각은 절대 잊지 않고 두고두고 기억하며 절대 나태해지는 일이 없도록 노력하겠어요. 선생님, 대학교 가도 많이 찾아뵐게요. 그땐 술도 사주시고 남자 제자들도 많이 소개해주세요.

예쁜 요조숙녀가 되어 나타날게요.

그러고 보니 작년 3월 말쯤인가 선배 언니들이 왔었죠. 그리고 실컷 자랑을 하고 간 일이 있었잖아요. 그때 그 언니들 얼마나 미웠는지 몰라요. 사기를 북돋아 주는 게 아니라 순전히 자기네 자랑만 하고 기 팍 죽이고….

그때 생각한 게 '1년 후에 나도 저 자리에 꼭 서서 자랑해야지…' 하는 거였어요. 공부 안 될 때 그런 생각하면서 흐뭇해하고 한편으로 초조해 했었는데 그게 정말 이루어지다니…. 마지막 날 선생님이 서울여대 쓰라고 하신 건 정말 탁월한 선택이었어요. (암만 생각해도 선생님은 미아리에 하나 차리시는 것이…?) 그런 게 정말 하늘의 뜻이라고 하나 봐요.

이렇게 선생님께 은혜를 입을 것을, 왜 그리 속 썩여드렸는지….

솔직한 말로 전 선생님을 선생님보단 아빠 같은 느낌으로 대했지요.

선생님과 대화하면서 선생님의 자상하심에 참 감탄했고, 선생님 딸이 부러울 때도 있었어요. 저번엔 꿈을 꿨는데 제가 선생님 딸이 되어 "아빠" 하고 쫓아다녔지요.

아! 아버지 같은 나의 선생님.

선생님은 제 인생에서 새로운 출발점을 열어주신 분으로 제가 삶을 살아가며 제 정신적인 지주가 될 분이시라는 걸 느낍니다.

선생님,

전 선생님을 선생님으로서 가장 존경하고

아버지 같은 분으로서 가장 사랑해요.

이제 저를 제자라기보단 막내딸 보신 걸로 생각하시고 대해주세요.

참 안타까워요. 선생님 아들이 나이가 조금만 많았어도 시집가는 건데….

선생님, 감사합니다. 1년 농사 풍년은 아니었지만 그래도 괜찮은 종자 하나 얻으셨잖습니까?

1995. 2. 11. 토. 오전 3:15

서울시 도봉구 쌍문3동 388-14호 16/8
보내는 사람: 노은주

서울시 종로구 창신동 쌍룡A 102-301
받는 사람: 오태선 선생님 앞

선생님, 안녕하세요.

졸업한 지도 벌써 한 달하고도 열흘이나 지났습니다.

어떻게 지내시는지 궁금합니다.

제가 이렇게 편지를 쓰는 건 어쩌면 선생님께서도 제가 어떻게 지내는지 궁금해하실지도 모른다는 생각이 들어서입니다.

대학 입시도 실패하고 전문대도 포기하고, 정말 열심히 해서 다시 도전해보리라는 생각이었지만 알아본 학원들마다 수업료만 면제라든지 반만 면제라는 겁니다.

아무리 생각해봐도 안 되겠더군요. 게다가 동생들도 이제 고등학교, 중학교에 진학해서 그것만으로도 저희 집은 벅찬데 저까지 학원에 다닐 수는 없었습니다.

결국 학원은 포기했고 부모님께도 그냥 집에서 해보겠다고 말씀드렸습니다.

처음엔 선생님께 도움을 청할까도 생각해보았지만 면목이 없었습니다. 작년 한 해에도 제게 신경 써주신 일이 너무 많은데 대학 입시도 실패하고 아무런 보답도 못 해드린 것 같습니다. 정말 죄송합니다.

재수가 힘들다는 건 알고 있었지만 정말 어려운 것 같습니다.

학교 다닐 때처럼 규칙적인 생활도 할 수 없고 또 자연히 집에 있는 제가 집안일을 도맡아서 하게 되었습니다. 식구들이 다 나가고 나면 저녁때까지 전 혼자입니다. 자신과의 싸움이 얼마나 어려운 것인지를 깨달았습니다. 또 그럴수록 자꾸 자신이 없어집니다. 공부도 통 되질 않습니다.

정말 이대로 가다가는 전문대라도 진학할 수 있을지 모르겠습니다.

대학 입시까지는 앞으로 8개월이나 남았는데 앞으로 어떻게 보내야 할지 막막하기만 합니다. 하루 종일 방안에서만 있다 보면 이런 생각, 저런 생각이 들어 공부는 안 되고 시간만 갑니다.

저희 외삼촌 한 분이 지하철 역무원이신데 저에게 지하철 공무원 시험을 한번 쳐보라고 하십니다. 그 시험을 준비하려면 수능 공부는 당분간 할 수 없을 텐데 아직 결정을 하지 않았지만 그 길도 생각 중입니다.

전 왜이리 결단력이 없을까요? 이젠 저도 어린 나이가 아니고 무엇이든지 진로에 대해 결정을 내려야 하는데 저에게는 너무나 힘이 듭니다. 열심히 공부하고 있다는 편지를 써야 하는데 선생님께는 정말 죄송합니다.

건강 조심하시고요. 저는 이만 씁니다. 안녕히 계세요.

1995. 3. 24.

제자 은주 올림

P.S. 귀찮으시겠지만 꼭 답장을 보내주셨으면 고맙겠습니다.

지금 저에게는 선생님의 어떤 말씀이라도 힘이 될 수 있을 것 같습니다.

서울시 도봉구(강북구) 수유1동
57-123호 6/6
박희숙 올림

서울시 종로구 창신동 쌍룡A
102동 301호
오태선 선생님께

선생님께.

선생님 안녕하세요. 저 희숙이에요.

제일 먼저 선생님께 죄송하다는 얘기를 해야 할 것 같아요.

선생님 죄송해요. 진작 연락을 드려야 했는데.

선생님 저는 지금 ○○○대학교 공업경영과에 다니고 있어요.

학교 다니는 게 조금 힘들기는 하지만 지금은 숙달돼서 조금 나아졌어요.

선생님 지금도 교편을 잡고 계시겠지요.

지금은 그 모습이 너무도 그립고 보고 싶습니다.

선생님! 선생님이 저 보고 수다 촌장이라고 놀리시던 일, 제 졸업사진 보시고 사탕 물었다고 놀리시던 일… 다 기억하세요?

저는 모두 기억해요.

그 일들은 모두 제 기억 속에 좋은 추억으로 남을 거예요.

아니 좋은 추억이기보다는 소중한 추억이 더 맞을 것 같아요.

선생님! 학교 다닐 때에는 세계 지리가 솔직히 지겨웠는데 이제는 가장 공부하고 싶은 과목이 되어버렸어요.

선생님도 저희 반을 별로 좋아하시지 않으셨죠.

지금 생각해보면 저희를 싫어하신 게 아니라 사랑이 컸기 때문에 기대도 컸고 그만큼 실망도 컸기 때문이었다는 생각이 들어요(→ 그러실 거라고 믿고 싶습니다).

선생님 종종 편지 드릴게요.

다음 편지를 기약하며 이만 마칩니다.

95. 5. 4.

선생님을 존경하는 제자 희숙 올림

오태선 선생님께~~

축하드립니다. 짝짝…. 직접 생음악으로 선생님께 "스승의 은혜는 ~♪ ♫…"

그치만 다른 선생님들께서 너무 질투하실까 염려되어…(＾◡＾)… 히… 선생님 이거 ♡ 뭔지 아세요? 혹시 모르실까 하는 「혹」하는 걱정에 재떨이예요. 또, 사랑은요. 담배 줄이시고 담배 생각나시면… 목캔디 드시고요… 몸 건강히 올해 한 해도 너무 무지 아주 많이 좋은 일만 생기셔야 해요. 선생님께서 제 이름을 모를까(?) 해서 하는 얘기인데요.

「강 지 혜」입니다. 집에 가셔서 꼭 열 번 써보셔야 해요.

  ↳ 이쁘죠?

선생님 사진이 실물보다 너무 못 나와서 속상하긴 하지만… 누가?? 제가요…

◡ (선생님은 부정하시겠지만…) 꼭 잃어버리지 마세요. 선생님을 무지 LOVE 하는 이쁘고 착한 지혜가 1995. 5. 15. 드립니다. 고맙 아니 감사합니다. -wisdom.

오태선 선생님 전상서.

선생님 안녕하세요.

선생님의 재수생 제자 성신이에요.

오랜만에(?) 처음일 듯싶지요. pen을 들었어요.

오늘 16日이에요. 내일 17日은 예비 소집에 가야 하구 18日은 마지막 학교 면접에 가야 하구!

가만히 책상에 앉아서 책두 보구 음악두 듣구 있었는데요.

너무나 불안해지는 거예요. (선생님 생각두 나구!)

작년엔 사실 떨어지면 1년 더…라는 배짱 아닌 배짱이 있었는데요. 올핸 벼랑 끝에 몰린 기분밖에 안 들구요.

선생님 딸 구슬이 언니는 벌써 3학년 올라가지요. 나두 제대루 학교 갔으면 2학년 되는 건데….

요즘 어떻게 지내세요? 건강은 괜찮으시구요! 어제 눈이 오더니(여기는 의정부라 눈이 왔는데, 서울은 비가 왔다고 하긴 하더라구요!) 오늘은 날씨가 무지하게 추워졌어요.

벌써 작년이네요. 작년 95年은 재수를 하면서 되게 즐거워했었어요.

왜냐구요? 서점에 가면 선생님께서 집필하신 책들이 산처럼 쌓여 있구요. 괜히 가장 가까운 사람(?)이 책 쓴 거 보니까 혼자 괜히 즐거워하고 사람들한테 괜히 폼 잡구 그랬었거든요.

솔직히 말하면 디딤돌 책 다 사가지고 다 보지두 못했지만요, 진짜 뿌듯한 생각들구 정말 기분 조이었었어요.

지금 뉴스데스크 하는 시간이거든요. 아마두 선생님께서는 지금 어디 술집에서 소주잔을 기울이고 있으실거란 생각이 들어요.

지금 한창 바쁘시죠. 이제 合格者 발표나구 하면… 더 바빠지실 테죠. 후기大랑 전문大 입시가 남아 있으니까요.

저 지금 완전히 돌아버리겠어요. 불안해서. 합격 발표나 좀 빨리 하던가 하지? 잠두 제대루 못 자겠더라구요!

특차 잘 넣어서 학교 그냥 가는 건데… 내 친구들(재수생) 캠퍼스긴 해두 中大 가구 그런 애들 보면 괜히 부럽더라니까요. 요즘은….

大學등록금들이 오른대요. 올라두 좋으니깐 나만 合格시켰음 좋겠어요. 선생님두 선생님네 반 애들 다 붙었음 좋겠죠.

그냥 맘 편하게 먹고 발표일까지 기다려야겠어요. 잘 되겠지요, 뭐.

올핸 그래두 하는 만큼 다 했으니까! …

선생님께서두요 날씨 찬데 몸 조심하시구요.

건강이 최고잖아요. 선생님께 술두 좀만 드시고 담배두 좀만 태우시라구 말씀드리면 저 혼나겠죠? 제일 웃긴 게요, 교무실이에요(高3 선생님들 계시는 곳). '금연'이라구 써 붙여놓구 남 선생님들 담배 태우시는 거 보면 정말 재밌어요. 담번에 학교 가서 꼭 합격의 소식을 알려드림과 동시에 그 '금연'이라는 종이를 떼버려야겠어요. 후후 😝

선생님 그럼요. 담번에 뵙게 될 그날까지 몸 건강하시구요.

그거 아세요. 성신이는요, 학교에만 잘 안 갔지 항상 선생님 생각하구 있었다는 거요. 그럼 안녕히 계세요.

1996年 1月 16日

「오태선 선생님 댁의 평안과 행복을 제자

성신이가 빌면서 이 글을 띄웁니다.」

P.S. 성신이두요 올해 복 많이 받아서 학교 갈 테니까 선생님두 꼭 새해 복 많이
   받으세요.

서울시 도봉구 쌍문1동 524-10 11/5
이영선 올림

서울시 종로구 창신3동
쌍용A 102-301
오태선 선생님께

오태선 선생님께….

그동안 잘 지내셨어요?

여전히 바쁘시고, 아이들 때문에 신경 많이 쓰고 계세요?

얼굴을 못 뵈고 보니 궁금한 것이 이것저것 많네요.

저는 요즘 선생님께서 예전에 저에게 말씀하신 대로 편입시험을 준비하고 있어요.

시험이 한 달도 채 안 남았는데요, 만일 이번에 결과가 좋지 않더라도 더 노력해서 또 볼 생각이에요.

1년간 월드미스유니버시티 대회 입상 이후 여러모로 바빠서 공부할 시간이 그리 많지 않았거든요. 하다 못해서 저희 학교에 오신 새로운 총장님 취임식 때도 학생 대표로 참석해서 꽃다발 드리는 작은 일까지 하다 보니까 말이에요.

시험은 꼭꼭 치렀지만, 수업은 어쩔 수 없이 종종 빠졌는데도 불구하고, 교수님들께서 잘 봐주셔서 학점도 잘 주셨고요, 학교에서 장학금도 2번이나 받게 된 거 있죠.

선생님!

항상 생각하고 있지만 저 대학 보내주셔서 고맙습니다.

비록 지금은 편입 공부를 하고 있지만 그건 조건을 더 좋게 만들기 위한 과정이고요, 지난 1년 동안 얻은 것두 너무 많구요, 대학 생활도 그 누구보다 뜻깊었다고 말할 수 있을 것 같아요.

선생님께서 저 대학교 안 보내주셨으면 정말 좋은 경험 다 놓칠 뻔했잖아요.

아! 선생님 또 말씀드리고 싶었던 게 있는데요, 저 남자 친구 생겼어요. 선생님 지금

"이년이 공부는 안 하고 연예질이나 하는구만!"

이렇게 말씀하실 것 같은데, 절대 그렇지 않아요.

연세대학교 의과대학 3학년에 재학 중인 학생인데요, 공부도 열심히 하고, 착한 학생이거든요.

제가 제 어머니께 남자 친구가 제 손도 못 잡게 하니까 걱정하지 마시라고 항상 말씀드리면서 안심시켜드리고 있어요.

딸 키우는 부모님들은 언제나 불안하다면서요….

선생님께서도 그러시나요?

너무 걱정 많이 하지 마시구요, 항상 건강하시길 바라요. 술은 좀 줄이셨는지 너무 궁금하지만 많이 줄이셨길 바랄게요.

그럼, 안녕히 계세요.

98. 1.

이영선 올림

효정 올림

오태선 선생님께

오태선 선생님께.

안녕하세요. 저 효정이에요. 아까 뵈었지만 물론 방학 동안 몸은 건강하셨겠지요? 호호… 벌써 할아버지가 되시다니…. 너무 신기해요. ^▽^ 음… 선생님께 이런 편지를 썼던 건 이번이 처음인 듯싶군요. 아까 선생님이 영월로 가신다는 이야기를 듣고 너무 놀랐어요. 어제 가정 선생님이 이번에 전근 가거나 명퇴하는 분들이 많다고 그랬는데 선생님일 줄은….

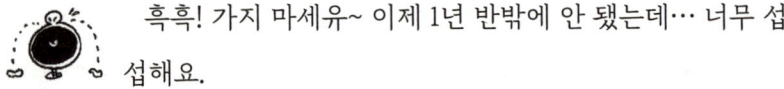 흑흑! 가지 마세유~ 이제 1년 반밖에 안 됐는데… 너무 섭섭해요.

제가 졸업할 때까진 여기 계실 줄 알았는디… 음… 생각해보면 1학년 때가 참 좋았던 것 같아요. 친구들… 선생님… 그리구 수능에 대한 부담도 적고… (물론 지금도 좋지만) 솔직히 조금 두려워요. '대학'이란 것이 잘 못해낼 것 같은 생각이 자주 들어요. 바보같이… (소심…) 앗! 아무튼 이제 영월에 내려가시면 제가 졸업할 때까지는 못 뵐 것 같은데 나중에 졸업해서 좀 더 훌륭한 모습으로 선생님을 다시 찾아뵐 수 있기는 빌어요. 그럼 물론 지금 열심히 해야겠지만 그럼 안녕히 가세요.

거기서도 몸 건강히 지내시구요. 그럼 이만 쓸게요.

 선생님   사랑해요

P.S 이건 비밀이었는데, 지금까지 18년의 세월 동안(?) 만난선생님 중

'오태선' 선생님이 젤루 좋아요. (쑥쓰...) → 진심이어유~

1999. 8. 26.

효정 올림

제자 해창 올림

강원도 영월군 · 읍 영흥리
영월고등학교 오태선 선생님께

오태선 선생님께.

선생님 안녕하세요. 전화만 몇 번 하고 뵙지를 못 해서 잘 계시는지 모르겠습니다. 요즘 날씨가 갑자기 더워지는 거 같지 않습니까? (서울만 그런가요?)

제 친구들 중엔 벌써 더위를 먹어버린 친구들이 많습니다. 갑작스러운 더위에 조심하셨으면 합니다.

제가 스승의 날을 즈음해서 편지를 드린 것은 이번에 선생님께 감사한다는 말을 드리고 싶어서입니다. 선생님께서 많이 조언해주셔서 지금 그나마 자리를 잡아가고 있는 것 같습니다. 그때 짧은 통화에서 말씀드렸는지 잘 모르겠지만 전 지금 고시원에 들어와 있습니다. 막상 독한 맘을 먹는다고 들어오기는 했지만 처음으로 혼자 지내는 생활이 쉽지만은 않은 것 같습니다. 의 · 식 · 주 생활도 그렇고 생전 응석받이로 자라서 해본 게 별로 없어서요...^^

이제 6개월 남았습니다. 작년에 후회했던 만큼 많이 노력해서 좋은 모습으로 수능 끝나고 찾아뵙고 싶습니다. 하지만 어디서부터 시작해야 할지는 잘 모르겠습니다. 올해 수능에 대한 정보도 부족하고요.

많은 지도를 아끼지 않으셨으면 합니다...^^

항상 건강하시고요 후배들에게도 좋은 가르침 많이 주셨으면 합니다.

2001년 5월 13일

해창 올림

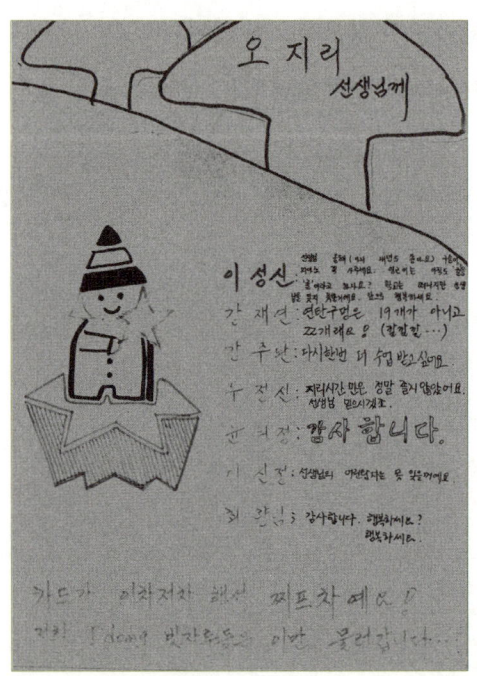

오태선 선생님.

지난 1년동안의 가르침 과
여러 좋은 말씀에 감사합니다.

즐거운 성탄절과 밝은
새해를 맞이 하시길··

제자 희수 올림.

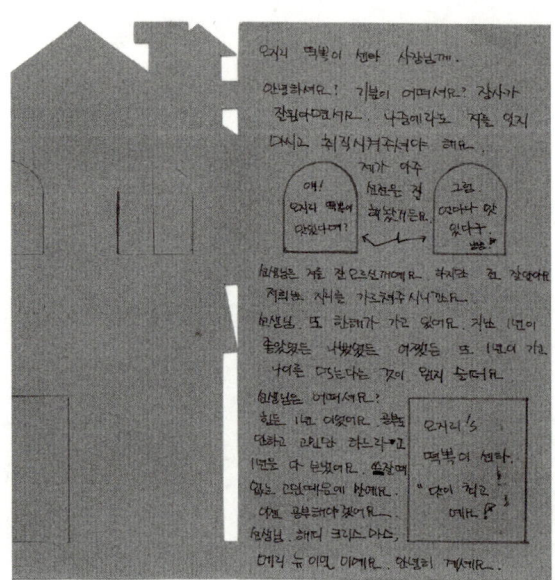

오저리 떡볶이 셋마 사장님께.

안녕하세요! 기분이 어떠세요? 장사가
잘됬다면서요. 나중에라도 저도 잊지
마시고 취직시켜주셔야 해요.
제가 아주
[애!
여러 떡볶이
다있다며!]
[분천은 절
했었거든요.]
[그럼
엄마야 맛
있다구]

[새]눈은 거도 잘 안크신께예요. 하지만 전 잘몰라
저희요. 새는 가르쳐주시나요.
[오]선님, 또 한가지가 갈 없어요. 지난 1년이
좋았든 나빴었든 어쟀든 또. 1년이 가고
나이를 먹는다는 것이 뭔지 눈터거요.
선생님은 어떠세요?
히튼 1년 어었어요. 공부
대하고 그런다 하느라구
1년도 다 보냈어요. 얼잘며
없느 머원제문에 반예요.
대체 공부라며 됬어요.
선생님, 해피 크리스마스,
여러 뉴 이어. 미예요. 안녕히 게세요.

[오저리
떡볶이 셋마.
"많이 파고
예요]

Joyeux Noël

Bonne Année

눈사람아저씨가 선생님께 이소식을
전려고 멀리 눈나라에서 오셨어요.

오지리 선생님께

저 기트리죠?
시험끝난날 방탕러지않고 이렇게 열심히
만들었으니.
저희들에게 선생님이 계시다는게
얼마나 다행스러운지 모르겠어요.
김정래 선생님와 선생님은 저희들
울타리 같아요.
연말연시 즐겁게 지내시고
새해 복 많이 받으세요.
새해엔 더욱 건강하시고
웃음이 가득하시길 …

정주 올림.

Merry (딸꾹!) Christmas (딸꾹!)

「술은 왜 버려지?」

「있기 위해서.」

「무엇을 잊으려고?」

「버려짐을 잊기 위해서.」

「무엇이 버려져서?」

「술 마시는 것이 버려졌지.」

Dear 싸뮤!

지난해 보살펴 주신
은혜에 깊이
감사드리며,
삼가 새해에 만복을
비나이다.

(경수를 째매리시는)
오지리 선생님.

안녕하세요?

한해동안 감사, 또 감사
드렸습니다. (여러모로)

내년 한해도 잘 부탁드리며,
저희들을 잘 이끌어주시고,
부디 허리병이 도지지 않으시길……
(ㅋ재형)

P.S : 항상 저희 편에게 서 계시고
확고한 (야사 홍). 정보를 내뿜어도
촉재·땅멸라게 전해주셔요.

한해동안   가계산의 confuse
를 일으키면.

제자 이지수 드림
(2014년)

Best Wishes for
A Merry Christmas and
A Happy New Year

선생님께.

선생님 그 간 안녕하셨어요? 선생님께 편지 드리는 것이 오래간만 인 것 같아요.
요즘은 무척 바쁘시겠죠. 하지만 전 그 반대예요. 이젠 시험이라는
논술 고4반 담았는데 '학산 고등학교 모든 시험이 끝나니까' 시험하려는
생각보다 어린시 좀 습습해요.

이랑때면 제 좋은것도 없이 벌써 1년이 지나가려고 하는구나
하는 생각이 들어요. 선생님께서는 계획하셨던 일을 모두 성취하셨는지요?
저는요 선생님에게서 많음하신 것 중에 이 말씀이 참좋아요. 우리 선한 사람은
악한 점이 없나 아무리 악한 사람도 선한 점이 있다. 그러요. 세상은 회장이다.
우리는 회장에 가까운 회장이 되어야 한다. 전 선생님 말씀대로 회장에 가까운
회장이 되겠어요. 선생님께서는 산 모르시겠지만 수업 시간에 하신 말씀이
저에게는 많은 도움이 되었어요. 정말 감사드려요.

솔직한 성적이 되시고 새해에는 선생님께서 하시고자 하는 바가
모두 이루어지시고 천주님 은총이 가득하시건 기원합니다.

박 청연 드림.

To. 오래선 선생님께.

선생님.
그2년간의 은혜를 이편 말로
감사를 드려야 할지요.
제자들에게 이런 일들로 번거신 점이
많으시겠지만 저런 선생님. 란 묘이사이에
영광이 엇지못한 몸이 되었습니다.
어려운 때에 마음 속의 아버지가
되어주신 선생님이였습니다.
내일에 대한 약속은 믿음게 없다지만
선생님만은 끝까지 기억하도록 노력하겠습니다.
건강하시고요. 라고 싶으시면 원하는 사람들에게
되어 진심으로 찾아드립니다.
新年의 행복이 함께 하시길 ...
제자 최 혜영 드림

恭 Season's Greetings
賀 Meilleurs Voeux
新 Felices Fiestas
禧 Поздравляю

선생님께.

아무것도 제 손엔 남겨지지 않고 또 하나의 달력,
종이가 떨어져 나가려고 합니다. 大學에서 전
지식보다는 사는 방법을 더 많이 배우고 지낸 한해
였던 것 같습니다. 지금 이 시간까지도 제 자신의
갈등에서 해결 짓지 못한 것들을 남긴채 기쁨의
성탄절을 맞을 준비를 하고 있습니다.

올해의 크리스마스가 선생님께 더욱 뜻깊은
날이 되시길 바라겠어요. 또 내래에는 원하시는
모든 것들이 모두 아름다운 열매로 열리도록
기도드리겠어요.
늘 건강하신 선생님이 시기를 바라며.
Merry Christmas !!

1987. 12. 21
연림 올림.

오 태선 선생님 께

이제 두 밤만 자고 나면 더 이상 瑞草 의 소속이 아니라는 것이
섭섭하기도 하고 기특한 것도 같습니다
입학할때 제 모습이 어떠했는지 기억합니다. 사납고 건방지고
어둡고 , 그래서 많이 촌스럽고 우스꽝스러웠었습니다.
선생님께서 박 소정을 모르실때부터 저흐자 선생님과 많이 의논하고
기대하고 슬퍼해왔습니다 그것들은 벌써 '추억'이라고 불려지게 될만큼
옛날 이야기가 되고 있군요.
선생님, 제게 많은 기적을 만들어주신 것 감사드립니다
절 많이 성장 하도록 해 주셨던 것 , 그리고 앞으로도 그래주실 것,
아마 고등학교 3학년 뿐만 아니라 영원히 저의 선생님이
되주시겠죠.
선생님, 건강 하세요.
감사드립니다.
　　　　　　　　　88. 2. 10
　　　　　　　　瑞草 3. 박 소정 올림

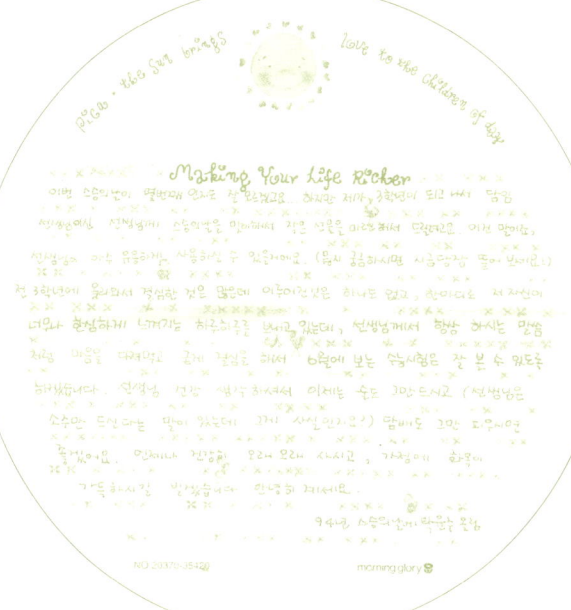

선생님께.

아무것도 제 손엔 남겨서서 않고 또 하나의 낱력
종이가 떨어져 나가려고 합니다. 大學에서 전
지식보다는 사는 방법을 더 많이 배우고 지낸 한해
였던 것 같습니다. 지금 이 시간까지도 제 자신의
갈등에서 해결 짓지 못한 것들을 남긴채 기쁨의
성탄절을 맞을 준비를 하고 있습니다.

올해의 크리스마스가 선생님께 더욱 뜻깊은
날이 되시길 바라겠어요. 또 새해에는 원하시는
모든 것들이 모두 아름다운 열매로 열리도록
기도드리겠어요.

늘 건강하신 선생님이 시기를 바라며,
Merry Christmas !!

1987. 12. 21.
延林 올림

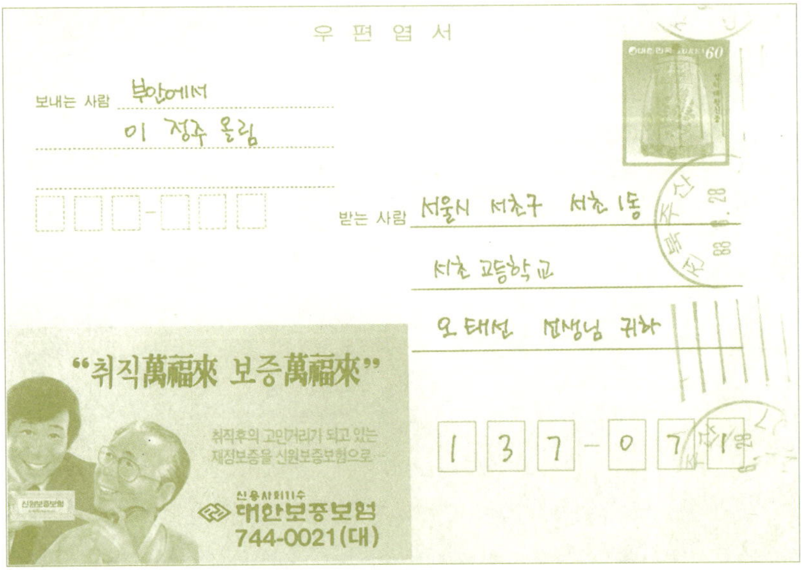

우 편 엽 서

보내는 사람 부안에서
이 정주 올림

받는 사람 서울시 서초구 서초1동
서초 고등학교
오 태석 선생님 귀하

137-071

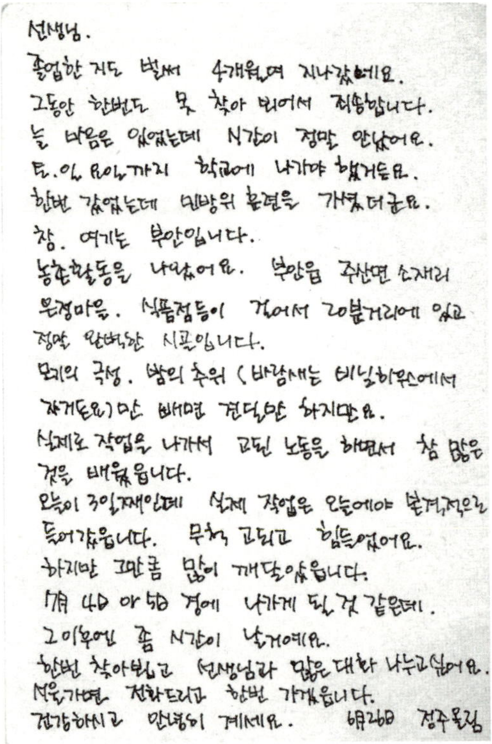

선생님.
졸업한 지도 벌써 4개월여 지나갔네요.
그동안 한번도 못 찾아 뵈어서 죄송합니다.
늘 마음은 있었는데 시간이 정말 안났어요.
토.일.요일까지 학교에 나가야 했거든요.
한번 갔었는데 예방위 훈련을 가셨더군요.
참. 여기는 부안입니다.
농촌활동을 나왔어요. 부안읍 주산면 소재리
운정마을. 식품점들이 걸어서 20분거리에 있고
정말 완벽한 시골입니다.
모기의 극성. 밤의 추위 (바람새는 비닐하우스에서
자거든요) 만 빼면 견딜만 하지만요.
실제로 작업을 나가서 고된 노동을 하면서 참 많은
것을 배웠읍니다.
오늘이 3일째인데 실제 작업은 오늘에야 본격적으로
들어갔읍니다. 무척 고되고 힘들었어요.
하지만 그만큼 많이 깨달았읍니다.
7月 4日 or 5日 경에 나가게 될 것 같은데.
그 이후에는 좀 시간이 날거예요.
한번 찾아뵙고 선생님과 많은 대화 나누고 싶어요.
서울가면 전화드리고 한번 가겠읍니다.
건강하시고 안녕히 계세요. 6月26日 정주올림

오태교 선생님!

저.. 선미예요. 놀라셨죠? ^^

약간은 정성없는 카드처럼 보여지만.. 실제구는 아니예요!

저의 정성스런 마음이 이 꽃에 다 들어가 있답니다.

삼! 가능합니다. 제가 많 꼼 안아주세요.

너무 떨려서 듣기게 되대요. 그러니까 제가 많 꼼 안아주세요.

참! 제가 한국지리를 정말 잘 몰랐었는데.. 선생님한테 배우고 난다음부턴

대부분게 한국지리 문제가 다~ 풀리더라구요.

너무나 감사합니다.

아마도 선생님 덕분에 수능때 똑같문제는 더 맞지않을까 생각되네요.

크리스마스 즐겁게 잘 지내세요.

1998. 12. 24

선생님의 든든한 믿음을 좋아하는 선미!

생일 축하에 이런 잘못된
표현을 쓰다니...!

Congratulations! → 정정: Happy Birthday!
A special and memorable day for you.

오태선 선생님께

어제 선생님 생신이었다는 사실을 뒤늦게 알았어요 진작 알았더라면,
뭔가가 -지출나는- 존" 틀렸을 텐데요. 아침에 학교 오면서 이 카드를
샀는데 (∵ 이것 저것 많이 쓸 수 있을 듯 싶어서), 막상 쓰려고 하니
할 말이 없어요 (너무 할 말이 많아서겠죠) 평소에 가끔 선생님과
이야기도 하고 싶지만, 여러가지 이유로 그러지 못했다는 게 아쉬워요.
그래도 전에는 수업시간에서라도 볼 수 있었는데... 선생님께서는 지금까지
꽤 제가 진했던 선생님들과는 뭔가가 확실히 다르다는 게 좋아요. 그러고
제가 가장 좋다고 생각하는 직업은 의사랑 선생님인데, 전자는)
실력 (≒공부)이 안 되고 후자는 인격적으로 부족해서 포기했던 것들이거든요.
선생님을 보면 - 다른 아이들도 같은 생각인데 - 많은 걸 느껴요.
그리고 "눈이를 배워야 겠다는 생각도 들구요... 시끄러운 가운데 (←1교시전)
쓴다보니 횡설수설 한데, 이해해 주세요. (ㅎㅎㅎ ~!)
그리고 -늦었지만- 생신 축하드리고요, 건강하세요. 또 언제나 행복하시구요

04. 12. 15 부족 올림 윤미 →

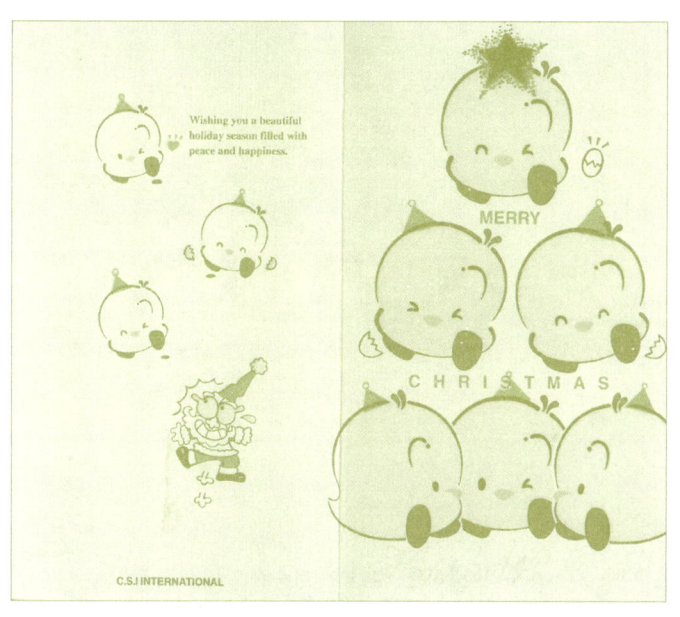

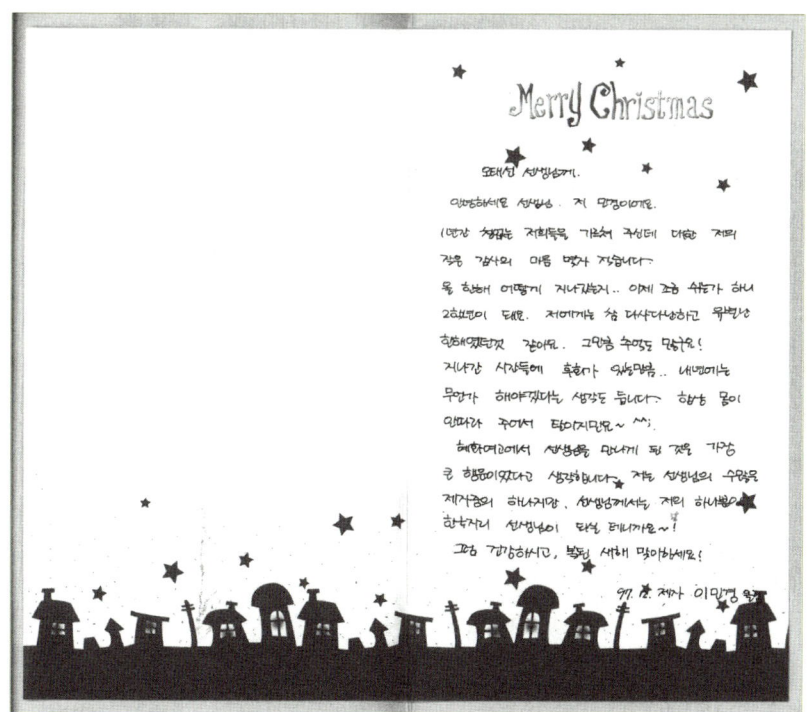

즐거운 성탄을 경축하오며
새해를 맞이하여
다복하시기를 비나이다

Best Wishes for
A Merry Christmas and
A Happy New Year

선생님께

선생님 1년 동안 저희 반 맡아서 고생하셨지만 이제 서운하시죠
저희들은 너무나 선생님께 감사드리고 싶습니다.
부디 선생님이 다시 담임선생님을 많이 바라고,
새해에는 술 좀 조금 잡수시고, 건강을 잘 지키시길 …

Best Wishes for
A Merry Christmas and
A Happy New Year

성탄과 새해를 맞이하여
만복이 깃드시길 기원합니다.

「오 태선 선생님」 즐겁고 복된 성탄과 새해가 되기를 간절히
거도 하겠습니다.
1년간 저희 가르치는 라고 힘드셨지요.
저 역시 선생님께 실망 많이 드린것 같습니다
3 학년 올라가서는 제가 그학년때 가르친
내 제자라고 자랑 하실수 있도록 노력 하겠습니다.
몸건강히 계시고 1년동안 수고해 주셔서 감사 합니다.
                    제자 ㅁ선 현웅.

Best Wishes for
A Merry Christmas and
A Happy New Year

성탄과 새해를 맞이하여
만복이 깃드시길 기원합니다.

지난 1년동안 고민같기 않은 고민을 들어주어서
감사합니다. 정답티 1년이었던거 같아요.
정말 이제든 새로 타이난 기분으로 살아가야
겠어요. 언제나 웃음을 얇지 않도록
노력해야 겠어요.

지난 한해동안은 정말 뭐나+한수과 없이 감사합니다.
이문밖에 생각나지 달데요.

즐거운 나날이 계속 되길 …

가끈제자 희준 올림.

P.4 → 사람들이 많더라구요.
그3때 선생님이 땡땡동안 선생님으로 떠오랐다가
그때 인기 선생님 인데는 부담이 있더라고.
아무 얘기나 막 해도 묻어갈듯.
선생님이 저희를 믿어주는 만큼
저희두 선생님을 믿구 영심히 따라간께요.

선생님 께.

내얮이 분명 난 아이거가 아니라 인제나 선생님 께
감사하는 마음 있다구.
그런데 선생님께 이건 드려도 될까 안될까 또 좋아하실까
안하나 그리여해선 못간요. ㅠ
분사 좀 마음에 안드신다구요 제가 그원처럼 내서 기쁘게 받아주세요
그게 않으로 높은 존경함 대세요. 너무 존경해여 많이 마셔서 죄송
있었어요. (그게가 좀 이상하겠다 그3이 말릴레는 떨구가 좋았어 아니에게요)
제가 혼자내가 모르는데 많은 그3때 선생님가 물어봐주는 믿고 그리다
께 도와가 있어서요. 앉으로 훈내로 내게 찾아뵈게요.
                    (어들이 무겁두)
언제나 저희를 떠게게 이끌 운감없이 대해 주시는게
정말 고맙습니다.
                    인병 드림.

For
a special person

선생님께.

졸업을 하루 앞둔 지금의 이 기분과 마음을
표현한다는 것이 불가능한 일인것 같습니다.
분명한 것은 제가 여러 훌륭하신 선생님
수업을 더이상 받을 수 없다는 사실을
가장 안타까와 하고 있다는 것입니다.
특히, 특별한 의미를 지녔던 제 고교생활
대부분을 지켜보셨고 제게 가장 중요한
때에 가장 중요한 역할을 해 주신
선생님께 가장 감사드립니다.
또한 언제나 저희들을 따뜻하게
맞아주시던 사모님께도 진심으로 감사드립니

88. 2. 12 일들 하루앞둔날
고 성 민 올림.

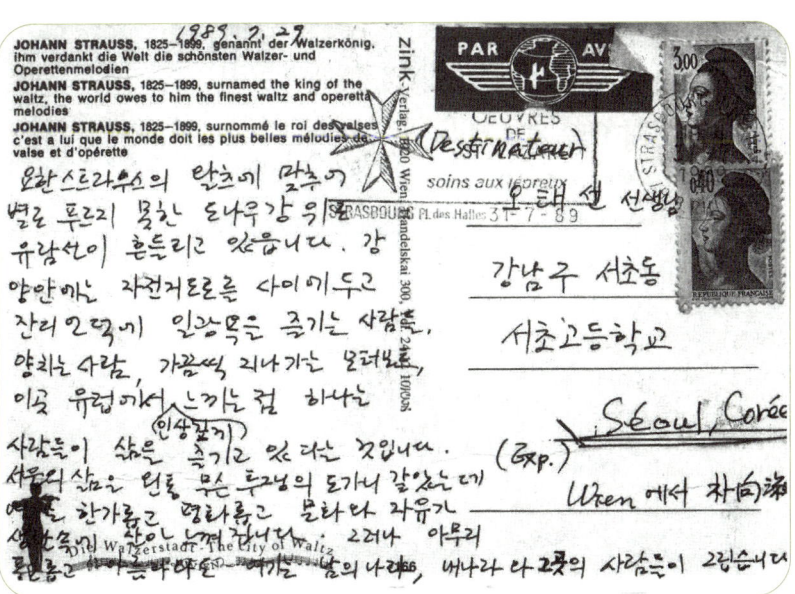

6533 Bacharach am Rhein
mit DJH Jugendburg Stahleck

선생님. 여행을 시작한지 꼭 열흘이
지났어요. 이제야 조금씩 설음이 되면서
여행을 약간씩 즐겨 보기도 합니다.
앞 그림속 언덕위의 고성이 제가 오늘
묵을 유스호스텔입니다. 앞에 머물고
싶어서 좀 헐벅진 곳이라면 찾아왔어
요. 여기는 한국인을 볼수 있었는데
이곳은 친구. 저 동양인은 둘 뿐이에요.
세상은 넓고 또 너무 자연스럽게 즐기고
교류 하고 있다는 느낌입니다.
앞으로 한달 남았어요. 지나고나면
이시간이 무척 그리워 질 테니 열심히
돌아다녀야 지요.
Fotokunstverlag F.G. Zeitz KG, Königssee
☎ 0 86 52 · 23 40   FK 1824
                    1993. 11. 10.

Bacharach. 독일

LEGIPOSTA
PAR AVION

Seoul Korea.

오 태 선 선생님.

종로구 창신동 쌍용 A.P.T

102동 301호.

선생님   성탄절을   무지 무지   따뜻한 써미께
   보내세요

평범한 사람과 같이 童心 잃어버리고 허영심을 불평하여
나는 스크루지는 되지 매쳐요.

기적가 굴뚝으로 들어 간다면 해서 _. 계급 까지 않는건 아니지요?
모래서 보이지 않는다고 해서

        大 서초 고교   제자 中勳 올림

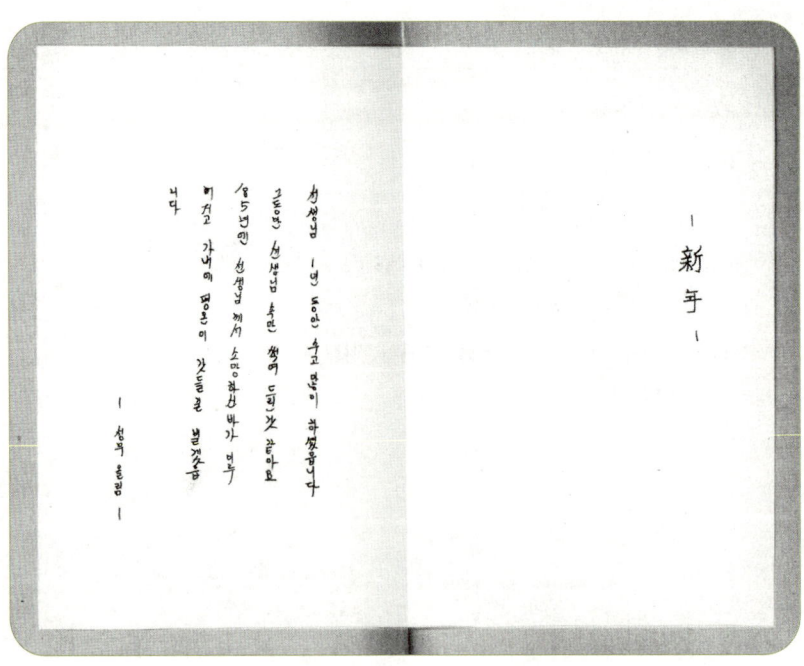

2부

똥빗자루들 올림

저 머나먼 아라비아의 사막으로 가고 싶습니다.
노영희

오태선 선생님께
[소인 없이 전달된 편지]

오태선 선생님께.

안녕하세요?

시험 기간 중이지만 더위를 먹어서인지, 정신이 나가서인지 공부가 안 되서 방학 계획 열심히 짜고, 선생님께 편지 쓰는 겁니다.

방학 중에 학원에 다닐 것인지 혼자 할 것인지 고민을 많이 했었는데 고민했던 시간이 아깝고, 제가 어리석게 느껴집니다.

선생님 말씀대로 남의 힘 빌리지 않고 스스로 하는 것이 당연하다고 생각합니다.

고3. 공부가 어려워서 힘든 게 아니었어요.

온갖 유혹과 싸우는 시기, 그 싸움에서 이겨야만 사회를 떳떳하게 살 수 있나 봅니다.

선생님께 가르침을 받았던 지난날들 생각해보니 저의 '무딘함'에 무딘 것이 부끄럽습니다. 2학년 때는 선생님께서 하시는 말씀들 이해 안 가는 부분도 있었고, 단지 제 눈엔 선생님께서 사회의 부정적인 면을 강조하실 뿐이라고—죄송합니다—생각했어요. 그런데 고3이 되고 나니, 선생님 시간, 일주일 2시간 (그나마 선생님께서 저희 반에 수요일에 3번 정도 안 오셨고, 여러 행사 때문에…) 그 시간이 얼마나 기다려졌는지 모릅니다.

선생님의 그 높으신 뜻 감히 다 이해한다고 말씀드릴 수는 없지만, 말씀은 안 드려도 혼자서 소리 높여 외치고 싶습니다.

덕택에 학력고사(모의고사)에서 지리 과목은 신경 덜 쓸 수 있고, 지리 과목뿐 아니라 메말라가는 저희의 마음에 오아시스 같은—시험에서 오아시스 나온 문제 1개 틀렸어요—시원한 물을 주시고… 아부가 아닙니다.

정말 감사합니다.

여름방학 중 7월 말까지 사회 I, II, 8월 17일까지 국사, 8월 24일까지 윤리를 하루 4시간 정도 해서 끝낼까 합니다. 영어는 문제집 2시간, 수학 특히 수학에 중점을 두어 선생님께서 주신 용기, 키워보려고 합니다. 정석 이용해서 4시간 정도씩 하고 국어 3시간은 확보하고, 프랑스어 1시간 이렇게 15시간 정도 독서실에서 하려 합니다. 죽느냐 사느냐(?)의 갈림길에서 될 수 있으면 살려고 노력할 겁니다. 교육심리학을 하거나 초등교육 쪽을 생각하고 있습니다.

일단은 열심히 하겠습니다.

참, 선생님, 방학, 짧은 방학이지만, 여행 잘 다녀오세요. 저희 때문에 생기신 스트레스 쫙 풀고 안녕히 다녀오세요. 8월부터 저희 때문에 또 골치 아프실 테니까요. 죄송한 말씀이지만 저도 선생님을 귀찮게 해드릴 것 같아서 죄송 또 죄송합니다.

그럼 이만 안녕히 계세요.

1988. 7. 18.
3-13 노영희 올림

'89 졸업생
노영희 올림

서울시 서초구 서초동 서초고등학교 제1교무실
오태선 선생님 귀하

오태선 선생님께.

선생님 그동안 안녕하셨어요? 하시는 일은 잘 되시겠죠? 그리고 아직도 많이 많이 바쁘시겠죠? 또, 제가 누군지 기억은 나시겠죠?

선생님 지난주 금요일, 드디어 저는 황금의 방학을 누리게 됐습니다. 시험은 잘 봤지만 답이 정확지 않아서….

저는 여름에 미국에 영어 연수를 1달간 갔다가 캐나다에서 학교를 알아보려고 일주일 정도 머무르기로 했습니다. 27일 보스턴으로 떠나는데, 오늘 비자를 '빠꾸' 당했어요. 가장 악독한 여자 영사와 인터뷰를 했는데 제가 가서 돌아오겠다는 확실한 재정적 서류가 부족하대요.

세상에 기가 막히고, 말도 안 돼서 더 이상 말하기 싫더군요. 충분히 준비를 했는데 얼마나 더 서류를 구비하라는 건지… 또 너무나 굴욕적이었구요. 영사보다 대사관 수위한테 더 굽실거려야 했다니까요.

속에서 반감이 '욱' 하고 밀려오더라구요. 다른 영사들은 서류가 다소 빈약해도 연수 정도는 쉽게 내주거든요. 자존심이 팍 상하구요. 새로운 어떤 각오까지 생기게 하더군요. --- 선생님, 하지만 다시 신청해서 다시 당당하게 인터뷰 하겠어요. ---

청춘사업은 아주 잘 풀려요. 남자 친구가 더 많고 더 맘이 편해요. 잘못하면 뚜쟁이 마담이 될지도 몰라요. 남자들과 'Only Friend' 하기는 어렵지만 한번 되고 나면 여간 좋은 게 아니에요.

선생님, 방학 중에 여행 안 가세요? 좋은 데 있으면 소개해주세요. 8월 중순에 우리나라 해변을 일주일간 돌아볼 생각이에요. 생활해 나가면서 문득문득 선생님의 말씀이 떠올라요. 얼마나 제게 도움이 되는지 아세요? 정말 정말 감사드립니다. (선생님 조만간에 주례사 부탁드릴지도 몰라요. 헤헤)

안녕히 계세요.

노영희 올림

[소인 날짜 불명확]

서초구 서초동
서초고등학교 1교무실
오태선 선생님께
Seoul, Korea

안녕하세요?

방학 중이라 아직 바쁘시죠?

저는 Boston ELS에서 Intermidia Course를 밟고 있습니다.

7월 말에 달라스를 거쳐 LA에서 1주간 머물다가 돌아갈 예정이에요.

저에겐 그리움만 없다면 이 나라가 별로 거부반응이 없이 저에게 가까워질 수 있다고 느끼고 있어요.

하버드 스퀘어의 서점과 슈퍼마켓, 교통, 즉 도로 시설이 가장 부러웠어요.

인간미가 없을 정도로 합리적이더군요. 절대로 남에게 피해 안 주려고 하고요.

어쨌든 이번 기간이 저에게는 참 중요한 계기가 된 것 같아요.

또 연락드리겠어요.

선생님 건강하시고 행복하세요.

안녕히 계세요.

1989. 7. 19.

노영희 올림

P.S. 여기 바다는 더 짠 것 같아요. 무지무지 넓고 비교적 얕은 바다가 많은 듯합
니다.

노영희

137-070
서초구 서초동 서초고등학교 지리학과
오태선 선생님께
Seoul, Korea

안녕하세요?

지난달에 Boston ELS 105를 마치고 Cowboy의 고장 Texas(Dallas)에서 1주를 보내고 지금은 LA에서 지내고 있습니다. 선생님께서는 교과서, 참고서 등등 때문에 여전히 바쁘시리라 생각됩니다.

이제 학교도 정해졌고 남은 것은 Toefl Test예요 Sanfrancisco에서 Toefl을 보려고 했는데, 부모님께서 더 이상 지체한다면 학교를 2학기 때 휴학해야 하는데, 별로 안 좋다고 하셔서 서울에 가서 보려고 합니다.

이곳의 학교 Campus 분위기의 자유로움, 책이 가득한 서점과 편하기 그지없는 슈퍼마켓, 교묘한 도로 시설 등 마음에 드는 것도 많지만 [사람들이] 개인적이고 금전 위주이며, 가장 견디기 힘든 것은 외로움이라고 생각합니다.

부모님께 너무나 감사하고 죄송하지만 계획대로 내년에 오기로 했습니다.

Cornell Uni가 힘든 학교라는 것은 알지만 열심히 해야지요. 더 이상 남에게 뒤지는 것에는 싫증이 났으니까요.

14일에 서울로 가면 연락드리겠어요. 그동안 좀 쉬시고 방학 남은 기간 선생님께서도 좋은 일 많이 생기시길 바라겠습니다.

안녕히 계세요.

1989. 8. 6.

노영희 올림

노영희

서울시 서초구 서초동 서초고등학교 제1교무실
오태선 선생님께

선생님, 그동안 안녕하셨어요?

날씨도 쌀쌀해졌는데, 아직도 바쁘신지요? 지난 주말(7, 8, 9)에 설악산에 다녀왔는데, 산으로 올라갈수록 단풍이 아름답고 공기도 맑고…. 여행 다녀오셨어요?

학교에는 자주 갔지만, 드릴 말씀도 많았고 뵙고 싶었지만, 담임선생님 뵙고, 다른 선생님들 계신데, 선생님께 허물없는 대화를(?) 위해 가고 싶어도 잘 안 되는군요. 왜 그런지는 저도 모르겠어요. 항상 죄송하게 생각하고 있어요.

작년에 틈틈이 이런저런 세상 수업(?) 받다가, 이렇게 학교도 그만두고 소속 없는 백수가 되고 보니, 그때가 한없이 그리워지곤 합니다. 어제는 졸업앨범을 보다가, 얼굴도 이름도 모르는 동기가 너무 많은 것을 보니 슬퍼지더군요.

가을이 오기 직전에 공부한다고 남자친구(?)와 헤어지고 미국 간다고 학교 그만두고 모든 것을 정리하고 가을을 맞으니, 세상에 이렇게 삭막하고 쓸쓸할 수가 없어요. 그렇다고 24시간 공부만 하는 것도 아니고, 역시 저는 바보라는 것을 다시 한번 깨달았지요.

머리가 나쁘면 3대가 고생한다던데, 죽을 때까지 이것저것 다 해보고 시집갈 시간에 공부한다고 떵떵거리기만 하고 그냥 살아야 후손이 없어 고생할 후손이 존재하지 않겠어요?

유행가 가사 중에 "가을에 떠나지 말아요~ 하얀 겨울에 떠나요"라는 곡이 있듯이 가을엔 그저 그렇게, 정리는 겨울에 해서 봄부터 새출발을 했어야 했나 봐요.

선생님 바쁘신 일이 언제 끝날지는 모르지만, 저의 인생 중에 선생님 만나 얘기할 팔자(?)가 없지 않다면 한번 뵙고 싶어요.

저녁때 Computer를 배우는데, 기근도 선생님께서도 다니시더군요. 저는 Package II, 기 선생님께서는 전산개론을 듣고 계세요. 가끔 뵙는데, 항상 고등학교 선생님을 뵐 때면 그렇게 안정되고 괜히 기분 좋고 신이 납니다. 저는 어릴 때부터 선생님 영향을 너무 많이 받는다고 부모님께서 그러세요.

선생님, 오늘 밤에는 안개가 짙게 깔려서 괜히 기분이 으슥하길래 편지를 11통이나 썼어요.

저의 편지를 받는 친구들, 선생님들께서 잠시 동안 저의 존재를 확인하시길 바라서인지는 모르겠어요.

그저, 기쁨을 드리고 싶었다고 쓰고 싶지만… 제 편지 보시고 어디 기쁘시겠어요?

선생님, 연락 또 드리겠어요. 하시는 일 잘 되시길 달 보고 기도하렵니다. 안녕히 계세요.

1989. 10. 11.

3회 졸업생 노영희 올림

YOUNG HEE RO
26001 CarloS Bee Blvd #426
Hayward, CA 94542
USA

서울시 행당동 70-14
덕수상업고등학교 지리과
오태선 선생님께

오 선생님!

그동안 안녕하셨어요? 저는 이곳에 3월 23일 왔습니다. 떠나기 전에 서초에 갔었는데 덕수상고를 가셨다는 소식 듣고 연락드렸는데 시간을 못 맞춰서 연락이 안 되더군요. 그곳 주소를 몰라 친구편에 이 편지를 띄웁니다. [편지봉투의 받는 사람 주소에 행당동 70-14는 추후에 기입됐다.]

저는 이곳 Cal. Stste Uni Hayward(Sanfrancisco에서 1시간 거리)에서 영어를 공부하고 있습니다. 9월에 Houston Univ.로 Hotel & Restaurant Management로 가게 됐는데, 망설이고 있습니다. 저는 Southern Methodist Univ.(Dallas, TX)로 가서 Public Relations(ART 분야)를 하고 싶은데, 그곳에 가려면 미국 대학 학력고사(?) SAT를 1400 이상 TOFEL 550 이상 받아야 하는데 SAT는 아직 준비를 못 해서 가게 되면 '91년도 Spring(1월)에 가야 합니다.

부모님께서는 제 뜻에 맡기셨는데, 고민고민…하고 있어요.

SMU는 유색인종이 5% 정도 되는 잘난척하는(?) 학교라던데 많은 무시를 당할지 모르지만, 꼭 도전해보고 싶답니다. 어쨌든 8월 8일에 일단 Texas, Dallas로 가기로 했어요.

미국이라는 나라 — 땅덩어리 크고 거대하고, 무엇이든지 크기만 한 나라지만, 이곳에 있는 저의 세계는 아주 좁고 답답하기도 합니다. 매일 마주치는 두서너 명의 한국 유학생과 함께, 그날그날 공부하고 밥해 먹고 나면 하루가 금세 지나가서 곧 늙어질 것만 같습니다. 하지만 어딜 가든지, 도와주시는 분들이 많고, 항상 그러하듯이 선생님을 아주 잘 만나서 무척 도움을 받고 있어요. 저는 미국을 결코 좋아하지는 않지만, 배울 점이 있다고 항상 느끼고 때로는 부럽기도 합니다.

반면에 왜소한 나의 조국이 안타까울 때도 있고, TV에 항상 나오는 어지러운 조국 볼 때마다 한없이 답답하고 아쉽고 합니다.

어려움이 있더라도 꼭 지지 않고 열심히 해서 좋은 일꾼이 되어 돌아가고 싶습니다. 이곳에 만연하는 개인주의가 때로는 무척이나 편리하고 자유롭지만, 때때로 섬뜩섬뜩 놀라고, 정떨어지고 해요. 이곳에 와 있는 유학생들의 생활 역시 갈수록 메말라가고 있어서 답답하지만, 더욱 가슴 두근거리고 겁나는 것은 제가 닮아가고 있지 않을까 하는 두려움입니다. 예전의 저를 지키며 살다가는 하루아침에 'Chicken'이 되어버리는(멍청하게 되는) 곳에서 저의 자신이 많은 갈등도 겪고 그럽니다. 하지만 노력하겠습니다. 어떤 쪽으로 노력할는지는 나의 문제가 교과서 윤리 책에 나왔을 때 그 책이 이끌어가는 방향을 보고 학생들이 토론한 결과에 따라야겠지요.

외롭기도 하고 그립기도 하지만, 저는 이곳에 온 것을 후회하지는 않습니다. 생각보다 빨리 적응하리라 생각하고 있고, 한국 여성의 대표로 생각하고 가라는 부모님 말씀을 항상 새기고 스스로를 감시하고 있습니다. 이것이 바로 그 '자신과의 싸움'이라면 피할 수 없을진대 신나게 즐기기로 했답니다.

이다음에, 기근도 선생님께서 학교 지으실 때를 대비하여, 열심히 하고, 돈 많이 벌어서 기부할 날을 기다리며, Public Relations와 Restaurant Management를 확실하게 전공한 후 제가 말씀드린 대로 훌륭한 식당을 그 학교에 차릴 거예요. 깨끗하고 푸짐한 식당을요!

선생님 처음에 덕수상고에 가셨다는 말씀 듣고 괜히 무엇인가 치밀어오름을 느꼈습니다. 왜인지는 모릅니다. 단지 답답했습니다만, 선생님께서 그곳에도, 저와 같이 항상 선생님 말씀 기억하고 따르려고 노력하는 수많은 제자를 낳으시리라 생각하고 선생님께 감사의 박수를 보내드립니다. 선생님 감사합니다.

어디에 언제 있든지 부모님과 선생님을 항상 생각하고 경우 바르게 열심히 살겠습니다.

선생님, 안녕히 계세요.

MAR. 24. 1990.

서초고교 3회 졸업생 노영희 올림

서울시 서초구 서초2동 1359-32
노재희 올림

서울특별시 강남구 개포동
공무원아파트 805동 1110호
오태선 선생님께

내 몸집보다 무거운 가방을 들고

나는 오늘도 학교에 간다

성한 다리를 절룩거리며

무엇이 들었길래 그렇게 무겁니?

아주 공갈 사회책

따지기만 하는 산수책

외우기만 하는 자연책

부를 게 없는 음악책

꿈이 없는 국어책

무엇이 들었길래 그렇게 무겁니?

잘 부러지는 연필토막

검사받다 벌이나 서는 일기장, 숙제장

검사받다 벌이나 서는 혼식 점심 밥통

무엇이 들었길래 그렇게 무겁니?

무엇이 들었길래 그렇게 무겁니?

얼마나 더 많이 책가방이 무거워져야

얼마나 더 많은 것을 집어넣어야

나는 어른이 되나, 나는 어른이 되나

　오늘은 시사반 친구들과 교육 현실과 문제점, 그리고 교원 노조에 대한 교육 전반적인 이야기를 나누었습니다. 아니, 처음에는 이렇게 교육 문제의 전반적인 사항을 다루려고 했으나 아직 저희의 나이로는 생각도 짧고 아는 것도 적어서 결국 범위를 적게 좁혀서 토론을 했습니다. 처음의 광범위한 주제일 때는 몇몇 친구들만 이야기를 하더니 나중에는 모두들 열띤 토론을 했습니다. 고교학군제와 남녀공학에 대한 이야기였습니다.

　이렇게 많은 얘기를 하면서 처음의 주제와는 조금 다른 방향으로 흐르게 된 것이 아쉬웠지만 이제는 긴장하지 않고서 서로 이야기를 잘 할 수 있어서 좋았어요. 사실 지금까지는 그 주에 있었던 시사적인 일에 대해 조금 이야기한 후 선생님의 말씀을 듣는 것이 전부였는데 이렇게 친구들과 얘기하는 것이 더 좋더군요.

　오늘 이야기의 끝에 한 친구가 이렇게 앉아서 탁상공론만 하면 무슨 소용이 있느냐고 하니까 또 한 친구가 이렇게 응수하더군요.

　우리가 하는 이런 현실에 대한 비판이 비록 하루아침에 개선되리라고는 생각지 않지만 지금 우리의 현실이 옳고 그른가는 알아야 한다구요. 그리고 그런 옳은 생각들을 지니고 우리가 어른이 되면 그대로 실현해보자구요.

　문득 슬프다는 생각이 들었어요. 그렇게 앉아서 그렇게 얘기할 수밖에 없는 우리가 참으로 슬프게 느껴졌어요. 그래서 그런 의미에서 초등학교 5학년 김대영이라는 꼬마가 쓴 「내 무거운 책가방」이라는 시를 첫

머리에 적어본 거예요.

생각만은 결코 꼬마가 아닌….

이제 저도 내년에는 고3이 됩니다.

문득문득 그 사실이 두렵긴 하지만 결코 물러서지는 않을 겁니다.

꼭 좋은 교사가 되고 싶어요.

인사도 드리지 않고 시작한 글이라 정말 죄송해요.

저는 서초고등학교의 2학년 여학생이구요. 오늘 이 얘기를 꼭 말씀
드리고 싶어서 이렇게 글을 드렸어요.

언제나 결론처럼 남는 것은 세상은 모르는 것투성이라는 것이에요.

그러나 그것은 어른을 닮아간다는 걸 의미하지요.

선생님, 어떻게 하면 어른이 되어도 어른을 닮지 않을 수 있을까요.

하시던 일은 모두 마치셨는지요. 늘 건강하시고 안녕히 계셔요.

1989. 6. 16.

노재희 올림

서울. 서초. 서초2 1359-32
노재희 올림

서울특별시 강남구 개포동
공무원아파트 805동 1110호
오태선 선생님께

    요즈음은 신문을 보거나 TV 뉴스 시간일 때는 늘 착잡한 마음뿐입니다. 다른 문제는 제쳐두고라도, 이제 2학기가 되면 눈에 띄게 될 선생님들의 빈자리에 대해 저는 지금부터 당황하게 되고 난감해집니다.

    시험이 끝난 어제는 울음을 간신히 참았습니다.

    시험감독으로 들어오신 윤리선생님께서 시험이 끝나고 나가시면서 하신 한마디의 말씀 때문이죠.

    "여러분 방학 잘 보내세요. 그리고 2학기 때 만납…, 아니 2학기 때는 잘 모르겠지만 아무튼 방학 즐겁게 보내세요."

    선생님들께서 교조를 탈퇴하시길 바랐어요. 어떻게 되든 저희랑 함께 학교에 남지 않으면 아무것도 하실 수 없을 거라고 생각했어요. 그런데 교조를 탈퇴하는 교사가 많아진다는 보도를 들을 때마다 쓸쓸한 생각이 드는 건 왜일까요?

    선생님들께서 굽히시는 모습은 보고 싶지 않아서일까요?

    그러고 보면 인간은 참으로 우스운 동물인가 봐요.

    선생님, 때로는 하고 싶은 일을 할 수 없을 때도 있고, 또 때로는 하고 싶지 않은 일도 어쩔 수 없이 할 수밖에 없는 때도 있지요?

그것은 우리가 '더불어 사는 세상'에 살고 있기 때문인가요?

정말 가슴이 아파요. 지금이 현실이 안타깝고 무능력한 저희가 미워
요.

1989. 7. 19.

노재희 올림

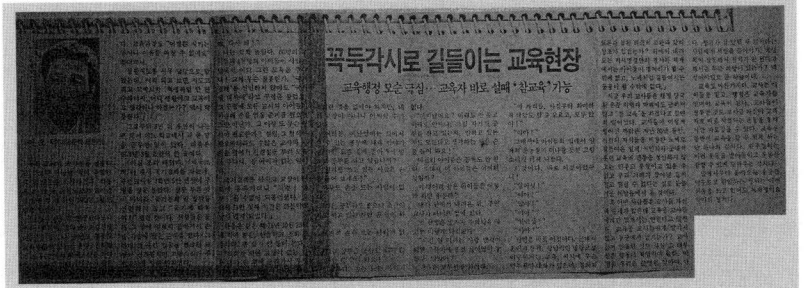

서울시 서초구 서초2동 1359-32
노재희 올림

서울특별시 강남구 개포동
공무원아파트 805동 1110호
오태선 선생님께

"실례합니다."

어린 바닷물고기가 다른 물고기에게 말했다.

"저보다 나이가 많으시고 경험이 많으시니 도와주실 수 있으시겠네요. 말씀해주세요. 「바다」라고들 부르는 그걸 어디 가면 찾아볼 수 있나요? 곳곳마다 그걸 찾아다녔지만 헛일이었어요."

"지금 네가 헤엄치고 다니는 바로 거기가 바다란다."

"여기 이게 바다라고요? 이건 그저 물이잖아요. 제가 찾고 있는 건 바다란 말이에요."

어린 물고기는 사뭇 실망해서 또 다른 데로 바다를 찾아 헤엄쳐갔다.

– 길게 생각하게 하는 짧은 이야기 –

삼복더위에 어떻게 지내시는지요.

요즘같이 인간이 자연 앞에 무력해 보일 때가 없어요.

지난해 겨울이 유난히 따뜻하더니, 여름도 엄청나게 따뜻하군요(?)

그런데 저 혼자 여름을 편안하게 보내고 있는 것이 아닌가 하는 생각에 죄를 짓는 것 같아요.

냉방시설이 잘 되어 있는 독서실 구석에 앉아 있노라면, 누구에겐지는 모르겠지만 아무튼 미안한 생각이 들어요.

문득문득 농부아저씨들도 생각나구요, 연탄 리어커나 쓰레기 리어커를 끄시는 아저씨도 생각나구요, 땀 흘리시면서 집안일하실 엄마 생각도나구요. 아무튼 요즘은 그냥 모든 게 착잡하기만 해요.

시계추처럼 독서실과 집을 왔다갔다할 생각을 하니까 개학까지 까마득해요. 그래도 작년까지만 해도 성당에서 가는 캠프도 가고 독서실도 안 다니고 집에서 책도 많이 읽구 그랬는데 말이에요.

올해는 고2가 되니까, 엄마는 보내주시겠다는데 제가 먼저 캠프를 안 가겠다고 했어요.

사실 방학 때는 공부 말구도 할 일이 너무 많아요.

그동안 못 본 연극도 보러 다녀야 하구, 책도 좀 봐야 하구요.

또 성당에서 문집도 만들어야 하구, 가을에 있을 시화전 준비도 해야 하구요. 전 학생회 문학부장이거든요.

그러고 보면 제가 선생님보다 더 바쁜 것 같지 않으세요?

선생님께서는 방학 중에 무얼 하시며 지내실 거예요?

그동안 하시던 일들은 모두 끝내셨는지요?

사실 선생님께서 그 일을 하신다고 늘 건강이 안 좋으신 것 같아서 모두들 걱정했었어요. 지금은 건강이 많이 좋아지셨지요?

선생님

재희가 참 말이 많지요?

이렇게 무언가를 쓰고 있을 때는, 그것이 일기라도 좋고 편지라도 좋고 또 그저 낙서라도 좋아요, 그냥 신이 나요.

연극을 볼 때처럼, 음악을 들을 때처럼, 책을 읽을 때처럼 말이에요.

이제 공부를 또 해야겠어요. 좀 늦은 시간이긴 하지만요.

선생님. 건강하시구요. 방학 동안 좋은 일 많이 하시구요, 그리구 우리 다른 모든 선생님들과 친구들을 위해서 가끔이라도 기도하기루 해요. 정말루 건강하셔야 해요!

1989. 7.

노재희 올림

서울특별시 서초구 서초2동 1359-32
노재희 올림

서울특별시 강남구 개포동
공무원아파트 805동 1110호
오태선 선생님께

선생님. 오랜만에 비가 내리고 있어요. 가을을 재촉하는 비였으면 좋겠어요.

그동안 건강히 지내셨지요? 참 보내드린 이오덕 선생님의『교육일기』는 받으셨나요? 초등학교 3학년 때 담임선생님의 심부름으로 두어번 소포를 붙여본 적은 있지만 저의 우편물을 보내본 적은 없거든요. 조금은 신기하기도 하고 또 조금은, 제대로 도착할까 걱정이 되기도 하구요.

요즘은 어떻게 지내고 계세요? 참, 보충수업하시겠군요.

저는 오빠가 병원에 입원해서 정신이 없었어요. 처음엔 너무나 놀라서 걱정을 많이 했어요. 지금은 재수를 하는 오빠가 고3 1년 동안 잘 견디더니 결국은 모든 게 한꺼번에 쌓여서 병이 되어버렸구나 하는 생각을 했어요. 그래서 엄마께서는 매일 병원에서 사시다시피 하시고, 덕분에 집안 살림은 제 몫이 된 거예요. 아침에 일찍 일어나서 밥 해먹고 집안 치우고 빨래하고, 그러고 나면 11시가 넘고 그제야 독서실 갔다가 점심은 대충 거르고 오후 6시쯤엔 오빠가 가져다 달라는 책 같은 것을 들고 병원에 출근해서 오빠랑 놀아주다가(?) 엄마 모시고 집에 오면 10시예요. 저녁 대충 챙겨 먹고 나면 11시. 피곤해서 책상 앞에 앉았다가도 어느새 깨보면 아침이구 그랬어요.

그렇게 열흘을 보내고 났는데 이젠 오빠가 내일 퇴원이래요.

퇴원해서도 계속 통원치료를 해야 한다니 걱정이지만 이젠 많이 나았어요.

그래서 참 신기해요. 만약에 작년에 이런 일이 생겼다면 저는 얼마나 많은 불평을 했을까요. 그리고 공부해야 할 건 많은데 집안일을 하다 보니 피곤하고, 몸은 피곤하지요, 짜증은 나지요, 아마 매일 어둡게 생활했을 거예요.

그런데 이젠 그런 생각보다는 내 삶의 무게가 바로 이만큼 주어진 것이구나 하는 생각이 들어요. 포기나 체념이 아닌, 그저 있는 그대로를 받아들일 수 있는 마음의 여유가 생긴 것 같아요. 비록 조금이긴 하지만요.

선생님, 그런데 걱정이 되는 것은 저희 엄마의 건강이에요.

원래 앓으시는 병이 있고 또 게다가 오빠 때문에 무리를 하셔서 건강이 너무 나빠지셨어요. 그래서 오빠가 입원해 있는 동안 엄마께서도 진찰을 받으셨고 계속 검사 중이세요.

요즘은 참 울고 싶을 때가 많지만 잘 참고 있어요. 선생님께서도 선생님께서 어린 시절에 많은 어려움이 있으셨겠지요? 그럴 땐 어떻게 하셨어요? 아마 선생님께서는 누구보다도 잘 이겨내셨겠지요.

문 신부의 파북에 대한 정의구현사제단과 주교단의 다른 생각을 신문에서 접하게 되고, 또 평신도협의회에서 주교단을 지지하는 입장을 표명했고, 언론에서는 가톨릭의 분열을 염려하고… 이런 여러 가지들이 천주교 신자인 제게 참으로 많은 혼란을 주고 있어요. 어느 쪽이 옳고 그른지를 판단하기가 힘이 들어요.

단지 종교가, 너무 지나쳐서는 안 되지만 어느 정도는 정치에 관심을 가져야 하고 또 각 성당의 신부들도 신자들에게 정치에 대해 무조건 침묵하고 있는 것은 그리 바람직하지 못하다는 생각만을 어렴풋이 가지고 있을 뿐이에요. 왜냐하면 평화와 정의의 실현이 결국은 천주교가 추구하는 것 중에 하나이기 때문이죠. 그러나 제 어린 생각에도 이번 문 신부의 파북은 그리 환영받을 일은 아닌 것 같아요. 침묵의 교회 역시 환영받을 일은 아니지만요. 아무튼 요즘 숨이 막히는 것 같고 답답하기만 한 것은 단지 날씨 탓만은 아니라는 생각이 들어요.

선생님, 방학이 얼마 남지 않았어요. 그러나 남은 시간이라도 더 열심히 살아야겠어요. 오빠가 내일 퇴원하면 독서실에 푹 박혀서 지내야겠어요. 참, 선생님, 그렇게 벼르고 벼르던 제가 7월부터 지금까지 연극을 한 편도 보지 못했다면 믿으시겠어요? 건강하시구요, 또 편지 드릴게요.

1989. 8. 10.

노재희 올림

쏴~ 철석! 파도 소리 문살에 부서져
잠 살포시 꿈이 흩어진다

잠은 한낱 검은 고래떼처럼 살래어,
달랠 아무런 재주도 없다

불을 밝혀 잠옷을 정성스레 여미는

三更.

念願.

憧憬의 땅 江南에 또 洪水 질 것만 싶어

바다의 鄕愁보다 더 호젓해진다

〈1938. 6. 11〉

- 윤동주 시인의 「비오는 밤」이라는 詩

〈신문기사〉 참교육과 가정의 행복

불과 1년 전만 해도 여름방학 동안 풍물놀이하는 전통 악기를 연주하는 것을 배우셨다고 자랑하시면서 전통적인 우리의 것의 중요성을 새삼 일깨워주시던 황병숙 선생님을 이렇게 지면에서 뵙게 될 줄은 몰랐어요.

우리 학교 선생님들께서는 모두 탈퇴하셔서 아무도 해직되시거나 파면되시지 않는다는 소식을 듣고 한동안 신문에서도 전교조 소식에는 소홀했었는데 이 기사의 첫머리를 읽는 순간 목이 메고 가슴이 저려와서 어쩔 줄을 몰라했어요.

선생님, 이럴 땐 무슨 생각을 해야 하죠?

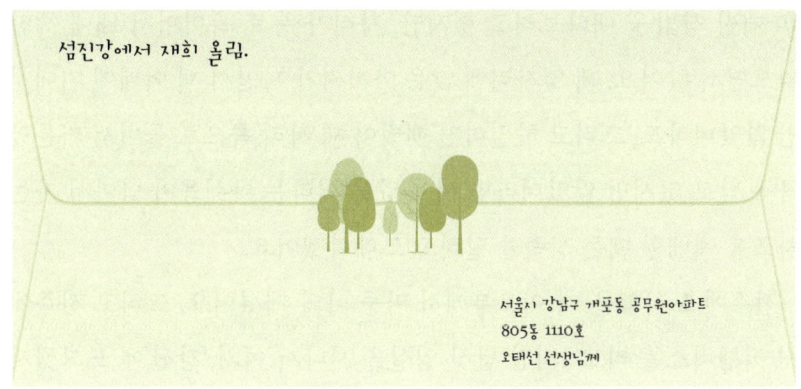

섬진강에서 재희 올림.

서울시 강남구 개포동 공무원아파트
805동 1110호
오태선 선생님께

이 부근 어딘가엔 교회도 있나 봅니다. 아직 이른 새벽인데 차분하게 가라앉은 종소리가 들리거든요. 참으로 맑고 아름다운 이 소리가 저를 겸허하게조차 만드는 것 같아요.

많은 기대를 안고 떠나온 여행이지만 이렇게까지 좋을 줄은 몰랐어요.

여기는 섬진강 근처의 어느 마을입니다. 그리고 이 집은 섬진강댐 사택이구요. 이모댁이기도 하구요. 고3 선배들 체력장을 이용해서 여행 온 것이 좀 죄송스럽긴 하지만 오길 잘했다는 생각이 듭니다. 14시 30분 전주행 광주고속. 전(前)날 손수 예매를 해서, 차에 오를 때까지 약간의 두려움이 있었어요. 이렇게 혼자 여행을 떠나도 위험하지 않을까, 다른 친구들은 연휴를 이용해서 많은 공부를 할 텐데. 그리고 월요일이나 화요일에 비가 오면 어쩌나. 잘못하면 학교를 결석하는 수도 생기겠구나.

그러나 그런 생각들보다는 여행을 하고 싶은 생각이 더 간절했기 때문에 여기까지 흘러온 것 같아요. 토요일이라 경부고속도로가 심하게 막힌다면서 중부고속도로로 가겠다는 운전사 아저씨의 방송이 있은

후 애써 창밖을 내다보려고 했지만, 자리가 통로 측이어서 내내 책만 읽으면서 왔어요. 제 옆자리에 앉은 아저씨가 자면서 제 어깨에 기대지만 않았더라도, 그리고 하필이면 햇빛이 제 자리 쪽으로 들어서 커튼만 꼭꼭 닫고 있지만 않았더라면 더 좋았을 거라는 아쉬움이 남아서 가는 차표를 예매할 때는 창측을 달라고 그래야겠어요.

전주에 도착했을 때 이모부께서 마중 나와 계셨어요. 그리고 전주에서 직행버스를 타고 1시간 남짓 임실을 지나서 여기 '강진'에 도착했지요. 여기까지 오는 길은 참으로 멋있었어요.

버스 안에 함께 탄 사람들의 사투리가 낯설지 않게 들리는 것은 왜였을까 하는 생각이 들어요. 그리고 정말 재미있는 일이 있어요. 전주 시내를 막 빠져나오는 어느 변두리의 산기슭 아래 빨간 글씨로 '탕'이라고 씌어진 간판이 붙어 있더라구요. 저는 무슨 목욕탕쯤 되나보다 하고 생각하고 있는데 이모부께서 웃으시면서 보신탕집이라고 말씀하시는 거예요. 얼마나 웃었는지요. 산기슭의 허름한 판자촌에 그렇게 써붙여 놓은 일부터 그렇지요.

산과 산이 끊임없이 이어지는 곳. 차마 무어라고 형언할 수 없이 붉게 물든 하늘. 무엇이라도 금세 할퀴고 간 것처럼 하늘가로 퍼져 있는 구름. 초록뿐인 산과 그리고 밭에 가끔씩 눈에 띄는 농부들의 밀짚모자. 다 허물어진 별과 서툴게 얽혀진 기와집에서 뭉실거리며 피어나는 저녁 연기.

맑은 물의 강줄기… 어느 것 하나 아름답지 않은 것이 없어요. 이것이 내 국토로구나 하는 생각 때문에 더 가슴이 벅차더라구요. 그래서 한 가지 이런 결심을 했어요. 내가 어른이 되면 해외에 나가는 것보다는 우리나라 구석구석을 다 돌아다녀봐야겠다는 것을요.

그렇게 아름다운 모습을 더 잘 표현할 수 있는 재주를 지녔다면 여기서도 서울에 계신 선생님께 이 모든 것을 이 글에 담아 보낼 수 있는 신기한 재주를 부려보고 그랬을 텐데 말이에요.

아까부터 빼꼼히 열린 창틈을 비집고 들어오는 새벽 공기하며, 그리구 근원을 알 수 없는 이 소리 때문에 더 이상 이곳에 앉아만 있을 수는 없어요. 이제 조금은 밝아지고 그리구 안개가 가득한 저 밖을 살펴보고 와야겠어요. 그리구 비 오는 저녁에나 들릴 것 같은 저 소리가 무언지도 좀 알아보구요.

〈9/3 새벽 4시부터 6시까지 쓴 글.〉

봉동음마

며칠 전에 '탯줄' 동인들이 모였었지요. 동인지라고 그러면 역량 있는 작가들의 세련된 작품만을 싣는 것으로 알아왔고, 또 국어책에서 어느 작가가 무슨 동인이다라는 것만 외워오던 저희로선 처음에는 그대로 받아들이기가 힘들었어요. 그러나 6.25 글짓기니 반공 글짓기니 하면서 반강제적인 글을 여태껏 써온 저희로서는 정말 우리에게 가장 절실한 것들을 글로 쓰고 싶었어요. 그런 뜻으로 처음에는 2학년 세 명의 남학생이 시작했어요.

그래서 지금은 10여 명 정도 되구요. 그러나 이제부터는 '동인지'라는 말을 빼고 그냥 '탯줄'이라는 제목만을 사용하기로 했어요. 창간호를 만들 때 세 명의 학생 중 두 명은 '참여'를 주장했으나 나머지 다른 한 명은 '순수'를 고집했어요. 세 명 중에서도 제일 처음으로 이 책에 대해 생각해낸 친구가 '참여'를, 처음의 목적으로 했어요. 그러나 창간호에서 둘은 참여문학이고 하나는 순수문학이 되어서 이젠 동인지라는 이름이 무색해졌지요. 거기다가 9월 중순에 나올 예정인 2호에 낸 글들은 대부분이 순수문학이거든요. 한참을 열띤 토론을 벌였어요. 제일 처음으로 이 책을 생각해낸 그 친구는 탈퇴를 선언했구요.

그러나 아직 저희는 순수니 참여니 할 나이가 아닌 것 같아요.

탈퇴를 밝힌 그 친구의 표현을 빌려 그야말로 '시시콜콜한' 사랑 얘기도 좋구요, 사회 돌아가는 꼴이 우스우면 그것에 대해 써도 좋구요. 정말로 그것들이 우리에게 가장 절실한 것들이라면 바로 그런 것들을 글로 써야 하는 거지요. 그리고 사실 '참여'문학을 한다는 것도 저희에게는 불가능하다고 생각해요. 참여문학이라고 하면 대부분이 사회고발적인 작품이 많을 텐데, 저희가 알 수 있는 사회는 신빙성 없는 언론에 의한 것이 거의 다라고 할 수 있을 정도인데, 아직 미숙한 판단력으로 옳고 그름조차 제대로 알지 못하구요. 또 옳고 그름을 스스로 판단한다고 하더라도 그것은 자기 자신에게만 옳고 그른 것이지 결코 모두에게 그런 것이 아니기 때문에 글이 편협해지는 수가 있어요. 그래서 하나의 책으로 나오는 글이 그렇게 한쪽으로만 치우쳐서는 안 된다고 생각해요. 그러나 또 한편으로 생각하면 차츰 사회에 눈을 떠가는 저희로서는 저절로 사회에 대한 글을 많이 쓰게 된다고 할 수도 있어요. 그래서 참 많은 고민을 했어요. 그러나 결국 스스로에게 가장 절실한 문제를 쓰기로 했어요.

가장 쓰고 싶을 글들을 쓰기로 했어요.

그런데 이 책은 그냥 저희끼리 만드는 거라 선생님들께서는 아직 모르세요.

이번에는 200부 정도 찍을 예정인데 조금은 걱정이 돼요. 학교에서 허락받은 것이 아니기 때문이에요. 선생님만 알고 계셨으면 좋겠어요. 나중에 한 권 보내드릴게요.

　오늘은 집으로 돌아가는 날이에요. 참 좋은 여행이었어요. 사실 여행이라고 하기엔 좀 우습지만 몸과 마음이 좀더 자유로워지면 진짜 여행다운 여행을 하겠어요. 건강하시구요. 여기에 이곳의 맑고 투명한 공기를 담아 보냅니다. 서울 가서 또 편지 드릴게요. 안녕히 계셔요.

1989. 9. 5.

재희 올림

노재희
[빈 봉투에 편지만 넣어서 보냈다]

「참으로 사랑하는 사람은 '시간 없다'는 말만을 연발하지 않을 것이며, 남을 쉽게 거절하는 일이 없을 것입니다.

인간이 누군가와 관계를 맺는다는 것은 자신의 시간을 기꺼이 내어줄 준비가 되어 있어야 함을 깨닫습니다」

– 이해인 수녀의 글 모음집『두레박』가운데에서

겨울 같은 날씨예요.

어느새 성큼 추위가 다가선 거예요. 중간고사 전에는 이러지 않았는데 언제 이렇게 시간이 흘러버렸는지 모르겠어요.

무척 오랜만에 드리는 글인가 봐요. 시간이 부족하긴 했지만 제가 하기만 했다면 모두에게 이런 식으로 소홀해지지는 않았을 거예요. 그런 의미에서 위에 적은 글은 참으로 많은 것을 반성하게 해주었지요.

생각해보면 제 스스로가 삶을 만들어가고 있는 것이 아니라 타성에 의해서 그냥 이렇게 살아가고 있는 것 같기도 하구요.

꼭 한 달 전에 본 연극 '고도를 기다리며'에 대한 기록을 남겨두려고 애썼는데 여태 몇 줄 끄적여놓은 것밖에는 없구요. 책상 서랍 안에는 시작만 해놓고 다 쓰지 못한 편지가 몇 통씩 있구요. 선생님께 빌린 책도 여태 돌려드리지도 못하구요.

그러나 이제 조금씩 정리가 되겠지요. 조금의 시간의 여유는 생겼으니까요. 그러고 보니 결국 저도 '시간 없다'는 말만을 연발하는 사람이 되었군요.

빌려주신 책을 너무 늦게 돌려드리는 것 같아 죄송해요.

선생님께서 그 책을 빌려주시고 나서, 사무엘 베케트의 '고도를 기다리며'라는 희곡을 찾아 읽었구요. 그리고 황석영이라는 작가에 대해서 조금 알게 됐어요.

그래서 이렇게 늦어진 거예요.

정말 죄송해요. 용서하시는 거죠?

이런 경우가 있으세요?

친하지는 않지만, 또 잘 알려져 있지 않은 '어떤 사람에 대한 이야기를 누군가로부터 듣게 되었을 때 반가운 생각이 드는 경우요. 혹은 그 사람을 전혀 뜻하지 않은 장소에서 발견했을 때 아주 오래 사귀어온 친구같다는 생각이 드는 경우요.

선생님께서 김용운의 '수학의 약점'에 대한 이야기를 해주셨을 때가 그랬어요. 中3 가을에 저는 수학반이었기 때문에 평일에도 교보에 가서 수학에 관한 서적을 조금 찾아보았었거든요. 그때 김용운이라는 사람의 이름이 귀에 익었지요. 수학의 약점이라는 책과 함께요.

그리고 미니시리즈 '천사의 선택'이 방영될 때 두 번째 경우가 되었지요.

주인공이 의사가 되었을 때부터 그 역을 맡았던 문성근 씨는 극단 연우무대의 연극인이구요, 문익환 목사의 셋째 아들이기도 해요.

지난 6월에 연우무대에서 하는 연극을 보았는데 거기서 처음 문성근 씨를 발견했어요. 처음부터 강한 인상을 준다고 생각했었는데, 어느 날 TV 뉴스 시간에 보게 되었어요. 문 목사의 법정에서 심하게 항의하다가 며칠 구류를 받았다는 소식이었죠.

그때까지 그 사람이 문 목사의 아들일 줄 몰랐는데, 참 의외였어요.

'천사의 선택'을 처음부터 끝까지 빼놓지 않고 다 보았어요. (지리시험 전날에두요.)

왜 그런지 모르겠지만, 혹은 누군가와 관계를 맺는 것은 꼭 거창한 절차가 필요한 것은 아닌가 봐요. 사소함으로도 되는 일이 참 많다는 것은 신기한 일이에요.

시험 끝난 날 극단 「황토」의 '오장군의 발톱'이라는 연극을 보았어요.

두메산골의 순박한 농부인 오장군이 잘못 배달된 징집 영장을 받고 군대에 들어감으로써 조직사회의 냉혹함과 비인간적인 모습에 적응하지 못하고 결국은 자신의 순박함을 이용만 당한 채 죽어간다는 줄거리의 이 연극에서는 군대뿐만 아니라 모든 조직사회의 냉혹함과 비정함을 비판하면서, 현대를 사는 사람들이 그런 조직사회의 전리품이 되어가고 있음을 보여주고 있어요. 전체적인 배경이 향토적이고 한국적인 것이 퍽 인상적이었어요.

지금으로부터 꼭 한 달 전에 극단 연우무대로부터 우편물이 배달되었어요.

연우영화교실에 대한 소식이었지요. 저는 원래 영화에는 별로 관심이 없는데다가 그럴 시간도 없고 해서 책상 서랍 속에 넣어두었었는데 생각해보니까 선생님께서 영화를 좋아하신다면요. 국내에는 공개되지 않은 작품들이라는데 한번 가서 보셔요. 회원카드가 없을 때에는 1편에 2,000원이구요. 회원가입을 하면 10편에 10,000원이라니 훨씬 경제적이지요. 거기다 관극회원 우대권이 있으니까 더 낫지 않을까 싶어요. 아니면 목록을 보시고 그때그때 가셔서 골라 보셔도 괜찮을 것 같구요.

좀더 일찍 생각이 났더라면 좋았을 걸 그랬어요. 제가 생각이 짧았어요.

고리끼의 어머니,

너무 많은 생각들이 한꺼번에 떠올라 정리할 수가 없어요.

그저 참으로 많은 놀라움을 느꼈을 뿐이라고만 말할 수 있어요.

제가 좀더 크면 다시 읽어봐야겠어요. 아직은 이해할 수 없는 부분이 많으니까요.

제멋대로 비닐 덮개를 씌웠어요. 제 버릇이에요. 좋은 책은 비닐 덮개를 씌우는 버릇이요.

그런데 저 때문에 일부러 책을 사신 것은 아니신지요.

책이 나온 지 얼마 안 되는 것 같던데요. 정말 고맙습니다.

이제 시험이 끝나서 홀가분한 기분으로 뭐든 할 수 있어서 참 좋아요.

선생님께서는 어떻게 지내시는지 궁금해요.

선생님을 뵌 것도 �깨 오래 전의 일이거든요.

두서없는 편지를 드려서 죄송하구요. 날씨가 추워지는데 건강 조심
하셔요.

1989. 10.

재희 올림

서초구 서초2동 1359-32
노재희 올림

서울특별시 강남구 개포동 공무원A.P.T.
805동 1110호
오태선 선생님께

    없는 사람이 살기는 겨울보다 여름이 낫다고 하지만, 교도소의 우리들은 없이 살기는 더합니다만, 차라리 겨울을 택합니다. 왜냐하면 여름 징역의 열 가지, 스무 가지 장점을 일시에 무색케 해버리는 결정적인 사실—여름 징역은 자기의 바로 옆 사람을 증오하게 한다는 사실 때문입니다. 모로 누워 칼잠을 자야 하는 좁은 잠자리는 옆 사람을 단지 37도의 열덩어리로만 느끼게 합니다.

    이것은 옆 사람의 체온으로 추위를 이겨나가는 겨울철의 원시적 우정과는 극명한 대조를 이루는 형벌 중의 형벌입니다. 자기의 가장 가까이에 있는 사람을 미워한다는 사실, 자기의 가장 가까이에 있는 사람으로부터 미움받는다는 사실은 매우 불행한 일입니다. 더욱이 그 미움의 원인이 자신의 고의적인 소행에서 연유된 것이 아니고 자신의 존재 그 자체 때문이라는 사실은 그 불행을 매울 절망적인 것으로 만듭니다.

    그러나 무엇보다도 우리 자신을 불행하게 하는 것은 우리가 미워하는 대상이 이성적으로 옳게 파악되지 못하고 말초 감각에 의하여 그릇되게 파악되고 있다는 것, 그리고 그것을 알면서도 증오의 감정과 대상을 바로잡지 못하고 있다는 자기 혐오에 있습니다.

자기의 가장 가까운 사람을 향하여 키우는 '부당한 증오'는 비단 여름 잠자리에만 고유한 것이 아니라 없이 사는 사람들의 생활 도처에서 발견됩니다. 이를 두고 성급한 사람들은 없는 사람들의 도덕성의 문제로 받아들여 그 인성을 탓하려 들지도 모릅니다. 그러나 우리는 알고 있습니다. 오늘 내일 온다온다 하던 비 한 줄금 내리고 나면 노염(老炎)도 더는 버티지 못할 줄 알고 있으며, 머지않아 조석(朝夕)의 추량(秋涼)은 우리들끼리 서로 키워왔던 불행한 증오를 서서히 거두어가고, 그 상처의 자리에서 이웃들의 '따뜻한 가슴'을 깨닫게 해줄 것임을 알고 있습니다. 그리고 추수(秋水)처럼 정갈하고 냉철한 인식을 일깨워줄 것임을 또한 알고 있습니다.

-『감옥으로부터의 사색』中에서

　지난해에 가석방되어 지금은 서울에 살고 있다는 통혁당 사건 무기수 신영복 씨의 편지들을 한데 모아 엮은 책에서 발췌한 글입니다. 많은 생각을 하게 해주는 글이라서 한번 적어봅니다. 서초한마당 때에는 선생님 모습을 뵙기가 힘들더군요.

　살아있다는 것, 무언가를 해낸다는 것, 그런 것들을 느끼면서 보낸 시간들이었지요.

　그런 아름다운 부분들이 우리의 삶의 무게를 떠받쳐주는 것은 아닐까요?

　더없이 소중한 부분들이지요.

　저는 시사반에서 많이는 못 했지만 그래도 무언가를 했다는 사실에 흐뭇했어요.

　이제 마음을 가다듬고 슬슬 공부를 시작해야겠어요.

참! 27日에 끝나고 술을 좀 먹었지요. 저두 선생님을 닮았나 봐요. 친구들과 함께 먹는 술은 아빠랑 먹는 술과는 맛이 다르더라구요. 저 술 먹었다구 야단치시면 안 돼요 선생님.

저는 그냥 선생님을 닮았을 뿐이니까요. (시사반 친구들과 함께였어요.)

전번에 학교 안 오셨을 때, 책 돌려드리러 갔다가 안 계신 걸 보구 전화드리려다가, 귀찮으실까 봐 안 했어요. 어디가 아프냐, 어쩌다 그랬냐, 이제 좀 괜찮냐라고 묻는 전화가 얼마나 '환자'를 괴롭히는지 알거든요. 대신 이렇게 안부편지 드리는 거예요. 선생님 정말루 건강하셔요. 선생님께서 항상 건강하셨으면 좋겠어요. 이만 줄입니다.

1989. 10. 29.

재희 올림

P.S. 돌려드린 책 사이에 끼어 있는 거 보셨어요? 못 보셨을까 봐 알려드립니다.

요즘은 무얼 하시며 지내셔요?

날씨가 자꾸 추워지는데 건강은 어떠시구요.

선생님께서는 몸이 무척 약하셔서 병치레가 많으신 것 같은데 건강
하셔야지요.

저번에 주번할 때는 무척 놀랐어요.

토요일에는 우체국 가느라 친구한테 부탁을 해놓고 갔었는데 월요
일에 선생님을 뵙고 깜짝 놀랐지요. 선생님께서도 그런 걸 다 하시는구
나 하구 말이죠. 그리고 그런 우연이 반갑기도 했구요.

다산 정약용에 대한 신문 스크랩은 올 봄, 그러니까 4월 초부터 시작
했어요. 선생님께서 다산의『여유당전서』를 읽으시려고 대학원에서 계
속 공부를 하신다기에 시작했어요. 그런데 첫 호를 잃어버렸어요.

그래서 신문사에 몇 번씩 전화를 했는데 그래도 구할 수가 없었어요.
평화신문에서 다산에 대한 것이 끝난 것이 7월 초였는데, 여태 전해드
리지 못한 것은 혹시나 맨 처음 것을 구할 수 있지 않을까 하는 생각 때
문이었구요. 그러나 역시 구하지 못했어요. 죄송해요.

아무튼 그럼에도 불구하고 이것을 내일 꼭 전해드리고 싶은 것은 내일이 특별한 날이기 때문이 아니에요. 그저 지극히 평범한, 보통 때의 월요일과 다를 게 없지만 딱 한 가지만 의미를 부여하자면 내일이 올해의 마지막 지리시간이라는 것이지요. 저는 이렇게 우습고 뚱딴지같은 아이에요.

27. 이 숫자에 대해 알고 계셔요? 달력을 펴놓고 앉아서 세어봤지요. 올 한해 동안 지리수업을 하면서 선생님과 만난 시간이에요. 그런데 이 숫자가 특별한 의미를 갖는 것은 무엇 때문일까요.

교육의 구조가 참으로 이상하고 묘해서 선생님 한 분과의 만남이 일년에 고작 27번이라니요. 그리고 그것도 지식을 전달하는 것이 대부분이고 정말로 중요한 그 무엇은 빠져버린 것이지요.

27이라는 숫자에는 그런 슬픈 의미가 담겨 있지요.

그리고 이것은 비단 지리과목에만 국한되어 있는 문제는 아니라고 봅니다. 또, 이것을 개선할 수 없는 이유는 과다한 과목수 때문이기도 하겠지요. 아무튼 우습고 뚱딴지같은 아이가 '내일'이라는 날에 시시콜콜한 의미를 부여한다는 사실도 우습고 뚱딴지같지만, 지금의 교육 현실은 더 그렇지 않은가 하는 생각도 해봅니다.

왜 이야기가 이렇게 삼천포로 빠져버렸는지 모르겠지만 스물일곱 번째 지리시간만큼은 빈 가슴을 반이라도 채울 수 있는 따뜻한 시간이 되기를 바랍니다.

참! 그리고 전해주신 지리과목에 대한 글은 정말 고맙습니다. 그 가운데에서 가장 중요한 부분은 "전체를 한눈으로 파악하는 통찰력이 무엇보다도 중요하다"라는 말씀이 아닌가 생각했지요.

선생님.

차가운 계절을 따뜻하게 보내시구요. 감기 같은 거 하구는 상종도 하지 마시구요. 정말루 건강하셔요.

그리고 선생님께서 지으신 책두 좀 제게 나누어주시구요.

이제 눈 좀 붙여야겠어요.

문득 교육은 본질적으로 되어야 한다고 하시던 선생님 말씀이 떠오르는 밤입니다.

1989. 12. 10.

'노래를찾는사람들'의 노래를 들으며

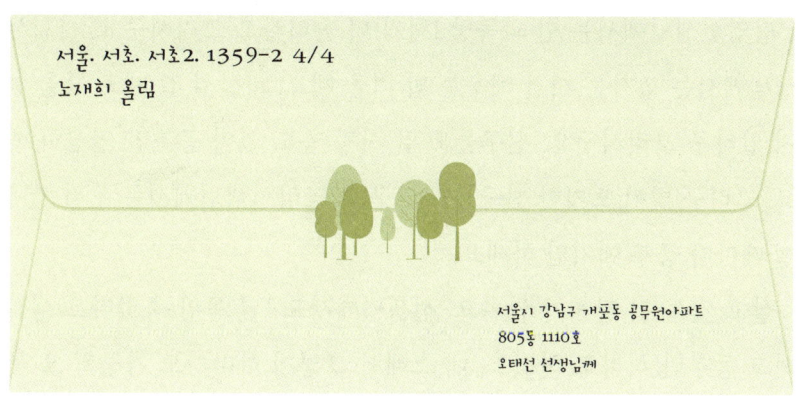

서울. 서초. 서초2. 1359-2 4/4
노재희 올림

서울시 강남구 개포동 공무원아파트
805동 1110호
오태선 선생님께

선생님께.

안녕하셨어요?

무척 오랜만에 드리는 글인가 봐요.

넉 달 동안 벼르고 벼르던 편지를 이제야 쓰게 되는군요.

시간이 없다기보다 마음이 바빠서 엄두를 못 내고 있었던 것 같아요.

가끔씩 기지리 선생님께 선생님 소식을 듣곤 했지만 그래도 무척 뵙고 싶었거든요. 그리구 2월에는 전화도 몇 번 드렸는데 통화할 수가 없었어요.

제가 제일 궁금한 건 덕수상고 지리교과서가 어떤 것일까 하는 거예요.

선생님께서 가장 걱정하시고 가슴 아파하시던 부분이었으니까요.

그리구 건강은 어떠신지요. 선생님께서는 몸이 약하셨잖아요.

저는 잘 지내고 있어요. 공부하는 건 그렇게 힘들지 않은데 성적이 안 나와서 힘들고 벅차고 그래요.

요즘은 사는 게 참 우스워요.

어른께 편지 쓰면서 이런 말씀 드리는 건 참 나쁘지만 정말 그래요.

담임선생님께서는 한 과목당 1점씩 더 올리라고 그러시구요. 사회선생님께서는 잠자는 시간 빼구는 밥 먹을 때도, 화장실 갈 때도 책을 놓지 말라구 그러시구요. 친구들도 말 시킬 틈도 없이 공부만 열심히 해요. 그리구 벌써 포기한 친구들도 있구요. 담임선생님께서는 우리 만나실 때마다 공부 얘기만 하세요.

살고 있는 것 같지가 않아요. 선생님께서도 1년 동안 죽었다고 생각하고 공부만 하라고 하셨죠. 네 그래서 그렇게 하다가도 가끔씩 요 못된 습관이 도지곤 해요.

세상을 돌아보면 일도 참 많아요.

KBS 사태도 그렇구요. 주가 폭락, 전셋값 폭등, 민자당 내분, 거대 야당의 문제점 노출, 5월 메이데이 비상, 마약사범 검거, 울산 현대중공업 사태….

그런데 전 공부만 해야 해요.

어떤 사람들은 전셋값 때문에 자살을 하는데도, 전 공부만 해야 해요.

이렇게 머릿속이 뒤죽박죽될까 봐 되도록 신문은 보지 않아요.

그런데 윤리 선생님께서 수업 시간에 전셋값 때문에 자살한 사람 얘기를 하셨을 때 저는 간신히 눈물을 참았어요.

서울 어디를 가면 그 전셋값만한 돈으로 좋은 개집도 살 수 있대요.

아이들 사이에서는 기지리 선생님이 전셋집에서 쫓겨났다는 말도 있고, 윤리선생님도 그러셨다는 말이 있어요.

그런데 저는 공부만 해요.

그래서 사는 것 같지가 않아요.

꼭 휴지에 코 풀어놓고 그 코를 들여다보는 듯한 느낌이에요.

그러나 이건 고3이 생각해야 할 사항들이 아니에요.

세상 사람들이 고민하고, 괴로워하고, 자살하곤 하는 것은 결국 그것들이 자신의 가장 절실한 문제이기 때문일 거예요.

그렇다면 저도 저에게 가장 절실한 것들만 생각해야 한다는 기특한 결론에 닿게 되는 거예요.

선생님.

제 머릿속엔 뭐가 들었길래 이렇게 늘 복잡한지 모르겠어요.

그냥 아무렇지도 않게 공부만 했으면 좋겠어요.

공부하느라고 친구가 말 시키는 거 친절하게 대꾸하지 못하는 것들 미안하게 생각하지 않고, 윤리시간에 들은 얘기 때문에 하루 종일 우울하고 싶지 않은데 그게 잘 안 돼요.

박제된 짐승처럼 죽은 척하고 공부만 하고 싶은데 전 너무 많이 살아 있어요. 다른 친구들도 마찬가지겠지요.

오늘은 참 슬픈 하루였어요.

친구 하나가 4월 모의고사에서 국영수가 20점 올라서 156점이 됐대요.

그 친구가 점수 오른 게 슬픈 게 아니구요.

제 자신이 미워서 참 슬퍼요.

그 친구는 저랑 가장 가까운 친구거든요.

그래서 전 가장 기뻐해 줘야 할 친구거든요. 가장 친한 만큼 말이에요.

머리로는 그게 잘 되는데 가슴으로는 그게 잘 되지 않아요.

고대 수학교육과에 가고 싶어 하는 그 친구에게 담임선생님께서 가능할 거라는 말씀을 하셨대요.

저는 고대 국문과에 가고 싶거든요.

저는 국영수가 120이에요. 우습게도 터무니없는 점수거든요.

제 목표가 고대가 아니었다면 이런 기분 아닐 텐데 저도 절 잘 모르겠어요.

그 친구도 저에게 말해놓고 미안한가 봐요.

그리고 얼굴을 잘 꾸밀 줄 모르는 제 말과 얼굴 표정이 다르니까 그 친구도 서운해 했어요.

이런 걸 거예요. 아마 고3이라는 건.

제가 아는 어떤 선배 둘이 있었어요.

중학교 때부터 그렇게 친했는데 한 언니는 연대를 갔고 한 언니는 재수를 했는데도 순천향대학에 갔거든요.

제가 잘못 보지 않았다면 둘은 퍽 멀어져 있었어요.

연대 간 언니는 늘 걱정만 하고 다른 언니는 그게 싫었던가 봐요.

그 친구는 늘 제 걱정을 해요. 고마운 친구죠.

그런데 제가 참 나빠요.

그 친구가 저보다 많은 노력을 해왔고 또 하고 있다는 사실을 인정하면서도 자꾸 속이 불편해요.

그 친구가 과외를 하기 때문이고 아버지가 선생님 때문이라는 탓으로 돌리곤 자꾸 불평해요.

저는 제 마음이 참 착한 줄 알았어요.

대학에 가기 전에 마음을 먼저 예쁘게 해야겠어요.

그리구 오늘 저녁엔 친구에게 전화를 해야겠어요.

제 목표에 대해 잠깐 말씀드릴게요.

남들처럼 목표 높게 세워놓고 나중에 점수 안 되면 좀 낮게 가자는 게 아니구요. 정말 열심히 할 거예요.

매일 학교를 찾아올 수 있고, 또 어느 날 아침 공사를 하더라도 다른 골목으로 찾아서 학교를 올 수 있는 머리라면 할 수 있대 거든요.

제게 부족한 건 자신감과 노력이에요.

불확실한 미래에 대해 좀더 확신할 수 있어야겠어요.

그리구 자기확신두요.

다음에 편지 드릴 땐 점수가 더 올라 있을 거예요.

선생님께 속에 있는 말을 모두 하고 나니까 속이 후련해요.

그리구 다음 편지에 점수만 올라 있는 게 아니구요. 좀더 예쁜 마음 씨를 가지구 있을 거예요.

참! 작년 겨울방학식 날 선생님께 드리려고 황석영의 '북한 방문기'를 복사해 갔었거든요. 그날 선생님께서 학교에 못 오셔서 기특한 제자의 선물을 못 받으셨잖아요. 그걸 어쩌죠? 우편으로라도 보내드릴까요?

아니면 기지리 선생님께 부탁드릴까요?

그리구 이 말씀은 꼭 드려야겠어요.

선생님께서 전근 가시는 날 양복에 넥타이 매고 오셨잖아요.

친구들이 얼마나 기절초풍을 한 줄 아세요?

선생님 본래 모습이 더 좋아요.

물자 절약을 위해서 머리도 가끔 감으시고, 붉은색 폴라 티셔츠도 좋구요.

그리구 기지리 선생님의 첫 수업 날, 저희는 선생님께 수업받고 있다고 착각할 정도였어요. 선생님께 익히 들어 알고 있긴 했지만 그럴 정도리라곤 상상하지 못했거든요. 새로 오신 지리 선생님께서도 무척 좋으세요.

선생님, 건강하시구요. 다음에 또 시간 내서 편지드릴게요.

저는 아마 이 수다를 줄여야 대학을 갈 거예요. 그리구 선생님의 글씨를 단 한 줄만 봐도 기운이 날 것 같아요. 안녕히 계세요.

1990. 4. 28. 토.

선생님의 기특한(루비) 제자 재희 올림

P.S. 그 학교 생활은 어떠세요?

제자 박미선

서울시 개포동 공무원아파트 805동 1110호
오태선 선생님께

오태선 선생님께.

개학 일주일 남겨놓고 보니 여러 선생님들의 모습이 생각나요.

일주일에 한 시간밖에 뵙지 못하지만 그래도 제일 인상에 남고 독특한 개성을 가지신 선생님께 좀 뻔뻔스러움이 없지 않으나 글 올리려고 펜을 들었어요.

전 중학교 때부터 '지리'라는 과목을 정말 싫어했지만 중학교 때 저희 학교 지리선생님들이 학생들 인기순위 1, 2, 3위를 자리 잡고 계셨었어요.

특히 절 가르치신 분은 전직 사회부기자였는데 할 말 못 할 말을 가리지 않고 하시다가 파직당하셨던 분이었어요.

지리시간은 지리수업 받는 시간이 아니라 심성교육 받는 시간이라고 해도 과언이 아니었어요. 그래서 지리 상식이 전혀 없어 요즘 비록 고생은 하고 있지만 그분이 수업 시간에 하셨던, 어린 저의 가슴을 마구 감동시켰던 진주 같은 말씀은 아직도 잊히질 않아요. 요번 방학 때 선생님 소식을 찾았더니 다시 서울 스포츠 기자로 생활하고 계신대요.

저의 꿈이 교수건 교사건 교육하고 연관된 것이어서 '저럴 때 내가 선생님의 입장이었다면', 이런 식으로 절 선생님 자리에 올려다 놓고 생각할 때가 많아요. 그러면 친구들이 간혹가다 '선생님' 자를 생략할 때면 제가 대신 앵무새처럼 그 말을 되풀이해요.

요즘엔 저도 학생의 입장에서 선생님들을 건방지게 도마질할 때가 많아요. 저 선생님 어때서 좋고 저래서 싫고 하는 식으로요. 결국 곰곰이 생각해보면 그런 생각을 갖는 학생, 그 학생 스스로의 손해일 수밖에 없다는 생각이 들어요. 정말 모든 것을 수용할 수 있는 자세, 물리 선생님 말씀처럼 용량 큰 학생이 훌륭하게 된다는 것을 실감하게 돼요. 가장 겸허한 자세, 그야말로 자신의 마음을 백지로 만들어놓고 가르침을 받는다면 많은 것을 기록하고 새겨둘 수 있어요.

요즘같이 정치적으로 시끄러울 때는 대학교 가서 뭐하나 하는 회의감에 빠지기도 하지만 모든 것은 부딪쳐 봐야 안다고 저의 고등학교 공부 목표가 결국은 좀더 좋은 여건 속에서 전공을 살리려는 데 있으니까 아무튼 '열심'이라는 것밖엔 생각하지 않아야겠고 또 그러고 싶어요. 어느 여류 교수의 수필집에서 맹목적인 노력, 성실, 바쁜 생활 등에 대해 신랄히 비판하는 글을 읽었지만 전 아예 '열심'이라는 단어에는 '신념을 수반한'이라는 수식어가 첨가되어 있다고 저 나름대로 믿고 싶어요.

좀더 많은 글을 드리고 싶지만 내일 또 꼭두새벽같이 일어나 국립도서관을 가야 하기 때문에 좀더 나중 기회로 돌리겠어요.

안녕히 계셔요.

1985. 8. 16.

1학년 4반 박미선 올림

오태선 선생님께.

방학한 지 30일 정도가 지났어요.

다른 겨울방학처럼 잠으로 하루를 메운 날들은 아니었지만 그렇다고 아주 만족스런 방학이라고 볼 수는 없어요.

여름방학 땐 하루 종일 도서실에만 있다가 보낸 날들이었기 때문에 내 자신이 너무 어리석게 느껴졌어요. 그러나 막상 이번에 다양하게—음악감상, 독서, 글씨 연습, 기타 연습 등—보내고 나니까 그다지 썩 좋은 것만은 아니에요. 완전한 기쁨, 완전한 만족 등의 '완전'이라는 낱말이 인간 생활에 있어서 현실적인 것이 못 되고 막상 그렇다 하더라도 과장된 표현에 불과해요.

독서를 많이 하겠다고 계획은 세웠지만 잘 수행은 못 했어요.

톨스토이의 '인생론'과 까뮈의 '이방인'을 다시 읽었고 예이츠 시집 정도 읽었을 뿐이에요. 저의 경험과 사고가 너무 제한되어 있어 책을 모두 읽고 나서도 제대로 해석을 못 해 굉장히 속상해한 적이 많아요.

그러나 '인생론'과 '이방인'은 두 번째여서인지 어느 정도는 이해할 수 있었어요. 사실 처음 부분에선 주인공 뫼르소 사상을 통해 알베르

까뮈가 염세주의자인 것으로 착각했어요. 그러나 염세주의와 실존주의는 엄연히 차이가 있다는 것을 알게 되었어요.

사회의 부조리에 대한 고발—이것으로 인간에게 많은 문제를 제기해주기에 적당한 방법인 것 같아요. 다소 부정적이라 하더라도 사람들은 안락, 행복할 때보다는 불행하다거나 자신이 비참해질 때 가장 깊이 사색에 잠기게 되고 성숙할 수 있으니까요.

타인의 불행의 처지를 내 것으로 해서 그것을 자신의 일로 간주한 채 길을 모색하게 된다면 그것만으로도 그 작품은, 그 작가는 굉장히 가치가 있는 것이 아닐까요? 제가 헤세 다음으로 까뮈를 좋아하게 된 건 그가 고발에서만 그친 것이 아니라 '페스트'의 책에서 엿볼 수 있듯이 그 부조리에 대항하여 맞서는 적극적인 면 때문인지도 몰라요.

독서량에 있어 굉장히 딸리지만 제가 다른 친구들보다 공부에 못지않게 독서를 중요시하고 문학에 관심이 많은 것은 저의 장래 선택과 굉장히 밀접한 관계가 있어요.

이과 문과 망설이다가 막상 문과를 선택하고 보니 너무 잘했다는 생각이 들어요. 어학공부하는 것이 너무 재미있어지고 장래의 노선을 정하고 보니 능률도 커진 것 같아요. 그리고 저의 직업 선택에서 굉장한 자신감도 생기고요.

제가 만약 다시 태어난다면 전 음악가가 되고 싶어요. 말씀드리기 부끄럽지만, 제가 커서 아이들이 있으면 본인만 싫어하지 않는다면 음악을 공부시키고 싶어요. 예술가의 생활은 순탄치는 않지만 너무 풍요롭고 정열적이잖아요.

전 그 '정열적'(enthusiasm)이라는 단어를 굉장히 좋아해요. 그래서 제가 가고자 하는 길도 음악, 미술과 같은 종류의 것은 아니지만 일종의 예술로 간주하고 저를 예술가로 승격시키기로 했어요.

　똑같은 일을 해도 그저 하는 것과 예술가처럼 그것 없으면 죽고 못 사는 것처럼 하는 것에는 굉장한 차이가 있는 것이니까요.

　어떤 면에서 미선이라는 애가 굉장히 ~척하는 애이고 속이 텅텅 빈 애이고 못났고 여러 가지 단점을 가진 애지만 그리도 저 자신이 기특한 건 저의 생활, 좀더 넓게, 장래 의식, 좀더 넓게 저의 인생에 대해 굉장한 책임감을 느끼고 너무도 사랑한다는 점일 거예요.

　장래에 제가 사회적으로 명성이 있다거나 유명해지지는 않더라도 다른 사람들에게 조금이라도 도움을 줄 수 있는 사람, 더 나아가서 자신의 생활에 만족할 수 있는 사람이 될 자신은 있어요. 결코 여러분들의 기대를 저버리지는 않겠어요.

　이만 펜 놓겠습니다. 안녕히 계세요.

1986. 1. 18.

제자 朴美善 올림

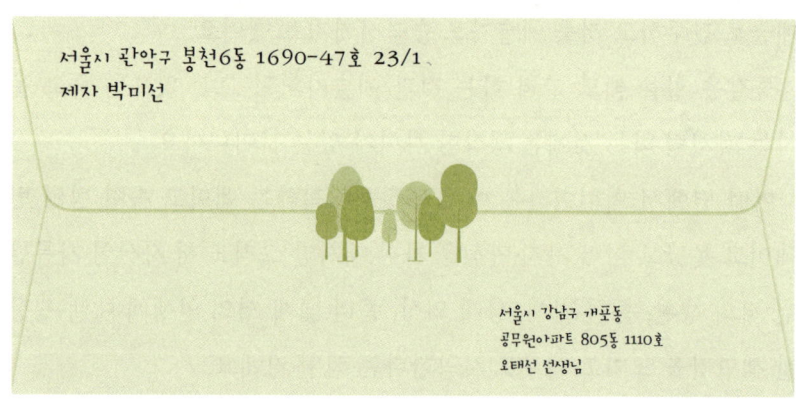

오태선 선생님께

방학하기 전부터 두 번 선생님께 편지를 썼었는데 부치질 못했어요. 왠지 1학년 때보다 선생님이 더 어렵게 느껴졌어요. 그 느낌은 어쩌면 저 자신 스스로 생각할 때 선생님께서 추구하시는 학생상과 저의 모습에서 굉장한 거리감을 느낀 데서 비롯된 것일지도 몰라요.

선생님께서 저희 앞에서 입체적이셨어요.

선생님은 이런 분이시다 하고 나름대로 생각하다가도 어느 순간엔가 그 생각이 무너져버리는 때가 한두 번이 아니었거든요.

정신없이 시험을 치르고 아무 다짐 없이 방학을 맞아 그냥 어딘가 가고 싶어 온 곳이 바로 큰언니 집이에요. 조카 응석 받아주면서 하루 지내고 이틀째예요.

선생님인 형부는 여행 떠나시고 큰언니랑 저의 학교생활에 대해 많은 이야기를 나누었어요. 언니는 항상 성적을 거론하기보다는 얼마나 많은 독서를 하거나 생각을 하는지가 주 관심사예요. 그럴 때 전 학교 다닐 때 바쁘다는 핑계를 대고 막상 방학이 되면 축축 늘어지기만 해요. 획일적이고 단편적인고 무조건적인 성실. 이러한 말들이 저를 찔리게 하고, 특히 방학 때면 그것을 놓고 많은 생각을 하게 됩니다.

학업에 대한 태만도 용납할 수 없거니와 틀에 짜인 하루 생활에 반격을 가할 만한 용기와 패기도 저에겐 없어요.

그래도 저에게는 털끝만한 변명과 합리화시킬 건더기가 필요하기에 '난 그래도 공부해야 할 뚜렷한 목표를 두고 있고 타당한 의미를 부여하고 있어'라는 것을 둘러대요.

현실에 대한 무조건적인 맹종이 아니라는 것이죠.

개성적이고 주체적인 인간, 너무 매력적인 말이에요.

자만심과 열등감 사이를 오락가락하지 않고 창조적인 생활을 한다는 것이 얼마나 중요한 것인지를 알아요. 그런데 절 답답하게 하는 건 고2 학생의 입장에서 도대체 무엇이 창조적이고 주체적인가 하는 것조차도 인식할 수 없다는 점이에요. 그렇다고 대강 학교에서 시키는 대로 대학 갈 때까지 영어 수학 교과 대용으로 저의 머리를 꽉꽉 메우고 입시 입시 노래를 부르며 지내기에는 고등학교 생활이 너무 소중하고, 저 자신은 고루하고 개성 없고 일상적인 사람이 되어버릴 것만 같아요.

물론 좋은 대학 가서 공부 계속하고 싶다는 욕심엔 조금도 변화가 없어요. 그래서 며칠 생각해낸 것이 비록 단순한 생활일지라도 타성에 젖은 생활만큼은 완강히 밀어내야 하겠다는 거예요. 정말 속 깊은 곳에서 하고 싶은 마음에서 활자 한 글자라도 대하는 미선이어야겠어요.

스물세 과목의 학기 말을 앞두고 과연 아등바등, 하고 싶지 않은 공부를 해야 하나 회의에 빠져 어쩔 줄을 몰라 했는데 아직 그 회의에 대한 완전한 구두점을 찍은 단계는 아니에요.

제가 지금 엄격하게 대우를 받고 또 엄격하게 제가 원하는 생활을 하고 있는지 적어도 방학 끝날 때까진 확실히 점검해 볼 작정이에요. 그래야 2학기를 힘차게 출발할 수 있을 테니까요.

선생님 저는 안일하고 정신적 성숙이 덜 된 한심한 제자 아니고 싶어요. 적어도 자신이 한심하다는 것 정도는 인식하는 제자라는 점에서 밝은 희망이 보이잖아요? 그리구 선생님두 저 한심할 땐 마구 야단쳐주세요. 무관심은 너무 싫어요.

제 동생 24日 날 백일이에요. 맨날 징징 짜고 막내 누나 공부 못 하게 방해꾼 망아지이지만 제 마음에 고 남동생이 너무 귀엽기만 해서 다행이에요. 저도 감수성 예민한 사춘기는 지난 나이구나 하는 걸 느껴요.

일주일 실컷 놀고 28일부터 학교 가서 영, 수 시작하려고 해요. 집에서 축축 늘어지지 않기 위해선 시간 이용을 잘해야 하니까요.

방학은 이렇게 선생님들한테 편지도 쓸 수 있고 음악도 들을 수 있고 저 자신도 돌아볼 수 있고 그야말로 지상천국인데요. 적어도 이 순간만큼의 느낌에 있어서는요.

세 장을 넘기기 전에 볼펜 놓겠어요. 아참 그리구요, 언제 기회 있으면 친구들끼리 놀러 갈 수 있는 좋은 곳 소개해주세요.

다 히프들이 남산만해서 제가 극성 떨지 않으면 물 한번 구경 못 할 신세가 되겠어요.

안녕히 계세요.

1986. 7. 22.

제자 朴美善

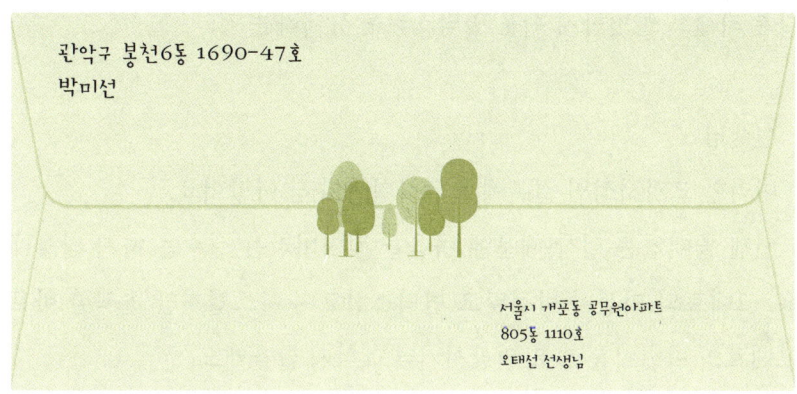

관악구 봉천6동 1690-47호
박미선

서울시 개포동 공무원아파트
805동 1110호
오태선 선생님

선생님.

지금 몇 시예요? 저녁 8시라구요?

아이 그러면 편지 도로 넣어두셨다가 이따가 밤늦게 선생님도 마음의 고요함을 느끼실 때 읽어주세요.

전 이렇게 착실한 마음으로 글을 쓰는데 이 글씨들이 단지 선들의 교차에 불과하다면 그 이상 더 슬픈 일이 어디 있겠어요?

이젠 알아요. 삶을 의미 있게 살아간다는 것은 결코 외부에 의해 좌우될 수 없다는걸요.

물론 싫은 외로움이라는 것도 고독감이라는 것도 자기혐오라는 것도 때로는 고개를 내밀 거예요.

한번은 회의와 허무라는 것을 젊은이의 인생 체험의 필수조건이라구 착각한 적도 있었어요.

하지만 알아요. 회의와 허무는 알을 깨는 아픔으로 사용될 때만이 가치로운 것이라는 걸요. 결국 그렇지 않으면 자기 방치예요.

자신을 제대로 정립하고 확고한 삶의 신념 아래 부단히 나아가야 한다는 것----한 가지 명심해야 할 것은 지나친 용기와 욕심은 금방 또 다른 좌절로 돌변하기 쉬운 변덕스러운 상태라는 것.

선생님

이러한 교과서적인 결론에 도달하기까지 참 아팠어요.

인젠 쓸데없는 집착 때문에 마음을 찢어버리는 실수는 하지 않을래요. 그대로의 미선이 방정맞고 변덕스럽고 수다스럽지만 솔직한 바로 그대로의 미선이를 결코 위장시키려고 하지 않을래요.

그러는 가운데 저의 세계는 넓이지고 확고해지는 것이라 믿습니다.

1987. 4. 26.

제자 朴美善

악은 없는 것이다.

부자연스러운 것이 악이다.

버들가지는 푸른색, 꽃은 붉은색, 있는 그대로가 아름다운 것이며 있는 그대로가 좋은 것이다.

푸른색이어야 한다고 정했는데 붉은색이 나타났을 때 우리는 마음의 부담을 느낀다. 마음에 걸리는 것을 악이라고 하고, 있는 그대로를 선이라고 한다.

날씨가 청명해서 좋고, 장마 또한 좋으며 바람이 자도 좋고 폭풍 또한 좋은 것. 좋다고 하는 그 「좋다」에 사로잡혀 대응책을 강구하지 않는 것도 부담이 되는 것이다.

그대로를 받아들이고 그대로 거기에 대응하여 나를 주장하지 않고 불법 그대로 살아가는 것이 자유스러운 것이다.

비가 오는 것을 한탄할 필요는 없는 것이다. 비가 오는 날에는 그런 대로의 정취가 있는 것. 정취가 있다고 해서 비에 젖어 신체를 해칠 필요는 없다. 비가 오면 우산을 받으면 되는 것이다. 우산이 없으면 사면 되는 것이다. 살 돈이 없을 때는 빌려 쓰도록 한다. 빌려 쓸 만한 곳이 없을 때는 비를 맞으며 다음 조치를 생각하면 되는 것이다. 그런 데서 생명은 여러 가지를 배우게 되고 여러모로 단련되는 것이다. 그대로 살아가는 그 사람의 생활에는 꾸밈이 없는 것이다. 오직 고마울 뿐이다. 두려워하지 않는 것은 불평하지도 않는 것이다.

비가 오는 경우만이 아니다. 인생을 이 비에 대응하듯 살아가도록 하라. 이것이 「생장의 집」의 생활이다. 막히지 않는 생활이다. 고민을 하지 않는 생활이다. 잊지 않는 생활이다.

- 〈생명生命의 실상實相〉幸福篇

박연수 드림

서울시 강남구 개포동 공무원A.P.T.
805동 1110호
오태선 선생님 귀하

오태선 선생님께.

안녕하시겠지요? 물론 저희는 졸업했지만 같은 생활이 반복되고 있을 거예요. 서초고등학교에서는 말이에요. 전 아직도 서초인인지 한대인인지 헷갈릴 때가 많습니다.

불만투성이던 학교가 이젠 정답고 그립기까지 합니다. 3월 한 달은 새롭게 시작하는 동시에 새로운 문제가 생겨서 적응하느라, 선배나 환영회 쫓아다니느라 바쁘기도 했지만, 정리 없이 벌여놓았던 한 달이었거든요. 전 무슨 일이든지 적응하는 데에 어려움이 있어요.

처음 보는 이에게 억지로 웃어가며, 이질감을 몸으로 느끼며, 과연 이 사람들과 내가 어울릴 수 있을까의 의심, 여러 가지로 괴롭다가 써클을 들었지요. 무언가 돌파구가 될 수 있으리라 믿으면서요. 말은 '고전음악회'구 노는 써클이에요.

여러 사람을 사귀는 게 즐거워요. 여대에서는 맛볼 수 없는 만족감을 느끼면서 학교를 돌아다닙니다. 그 안에서 이젠 제법 아는 사람이 불어, 인사도 자주 합니다. 한대와 자꾸자꾸 가까워지고 있나 봐요. 써클 들기를 너무너무 잘했어요. 수, 목요일에 모임이 있어요. 부득이한 약

속으로 빠지게 되면 그렇게 속상하더라구요. '모여라' 하고 억압할 때
와는 다른 현상이지요.

어떤 대학이든지 그 대학에 가서 많이 부딪치고, 참가하고 사랑하며
활동해서 얻는 것과 남기는 것이 많으면, 그걸로 멋진 대학 생활이 되
는 게 아닐까요? 소위 명문대를 가기 위해 아등바등대는 것을 비웃고
있기는 아직도 마찬가지입니다.

물론 최선을 다해야 하겠지만, 전 비교적 최선을 다하지 않은 경우지
만요! 반성. 나의 대학을 자랑스럽고 당당하게 이야기합니다. '공대 밝
힘증' 때문에 저희 학교 공대랑 과팅을 하지를 않나 시계탑 건물의 시
곗바늘을 열심히 쳐다보는 친구(시계탑 건물이 공대 건물) 등 갖가지 해프
닝이 많이 담겨진 언덕이에요.

익숙해질 만하니가 11일부터 시험이래요. 공부를 거의 하지 않았지
만 걱정은 역시 접어둡니다. 그래도 좀 신경 써야겠죠?

얼마 전, 63빌딩에 저녁때 올라갔어요. 불빛의 서울 속에 대성학원이
보였습니다. "얘들아, 조금만 참아라." 안타까운 마음으로 빌었습니다.
알찬 결실이 되도록….

저희 과 30명 중 남자 14명, 여자 16명입니다. 적은 숫자의 여학생 때
문인지 미팅보다는 소개팅 경우가 많아요. 선배들이 저마다 제게 해준
대서―선배는 하늘이라나요― '네네' 하고는 있지만 공통점 없는 대화
를 하기란 아주 지겨운 노동입니다. (내숭?)

대학 오면 여유가 많을 것 같았는데, 결과 밖에서 도는 행사뿐, 연수
자신을 되돌아보거나, 옛 친구(벌써 옛 친구라!)들과 연락하기가 무척 힘
듭니다. 작년, 답답하고 속 좁았던 연수가 떠오릅니다. 누구에게라도
의지하고 싶었던 1년, 상투적인 문구지만 돌이켜보면 간직해볼 만한

추억의 일부분입니다. 순욱이와는 지난 2월 14일 다투고 냉전 중이랍니다. 잘 있겠지만 고등학교 때 친구였는데도 무관심으로 돌아가는 연수를 보고 다시 미소 짓게 됩니다. 연수도 변하는군요. 정희와는 아직도 잘 지내고 연락합니다. 바쁘더라도 자꾸 친구들에게 제가 먼저 연락하고 그래야겠어요. 후, 시험이라. 그래도 이렇게 마음 편한 걸 보니 열심히 해볼 만한 거겠는데요. 근데 대학 왔는데도 아직 못한 게 있답니다.

미성년관람불가 영화를 한 편도 못 본 거예요!

선생님 건강하세요. 사모님, 구슬이, 영근이도 건강하시구요.

안녕히 계세요.

88. 4. 6.

연수 올림

박연수 올림

강남구 일원동 공무원A.P.T.
805동 1110호
오태선 선생님 귀하

오태선 선생님께.

안녕하세요?

일본 나들이 때문에 바쁘세요?

비가 오락가락하던데 이젠 장마가 끝나면 무더위가 계속될 거래요.

더운 건 정말 질색인데 말이에요. 겨울이 몇 달 남았나….

방학 후 정신없이 돌아다니고 바쁘다가 저번 주 일요일부터 집에서 살았더니, 지금은 지겹고 답답합니다.

덕분에 책은 꽤 보았어요. 그리스-로마 신화, 사씨남정기, 구운몽 그리고 아무 말도 하지 않았다(전혜린)—(이 책을 아직 읽지 못했다니 비극이었어요).

한 학기를 집에서 머무는 동안 정리해보았습니다. 과연 신나게 놀았더군요.

하지만, 친구들의 범위가 좁아졌고, 그 친구들과 같은 경험을 했을 뿐이에요.

남자 친구들이라는 애 중에도 마음에 쏙 드는 애가 이렇게 없을 수 있는지, 제 눈이 어떻게 되었나 봐요. 다양한 사람들과 많은 경험을 하고 싶습니다.

집 안에 있는 것도 좋지만, 좀 청승맞은 것 같기도 하고, 심심하고 그래요. 한 가지 변하지 않는 건, 여전히 음악을 틀고 산다는 거예요.

벌써 사는 게 지루해졌다면, 선생님 화내시겠죠?

그런데 사실이에요. 도대체 왜 사는지 모르겠어요. 즐기기 위해서일까요? 1학기 동안 즐거운 일은 많았지만 그중에 뭐가 기억에 남냐고 하면 대답할 수가 없답니다.

모든 게 지겨울 뿐이랍니다.

바람 쇠고, 멀리멀리 떠났다가 다시 나타나고 싶거든요.

날씨 탓일까요?

이렇게 지겨워하는 제가 저도 짜증 납니다.

아무튼, 선생님께선 건강하시고, 멋진 여행 하시길 빌어요. 선생님이 부러운데요.

88. 7. 15.
연수 올림

P.S. 참 논어를 한글과 한문으로 된 걸 구입했지만 과연 하게 될지 모르겠군요.

박연수
서울시 강남구 일원동 공무원A.P.T.
805동 1110호
오태선 선생님 귀하

오태선 선생님~

안녕하세요?

정신이 하나도 없는 숨 막히는 더위예요.

건강하시지요? 저도 때아닌 감기로 고생하다가 지금은 건강하답니다. 선생님께선 여전히 바쁘시구요?

더위가 수그러들면 찾아뵙고 싶군요. 전 요즘 노는 것과 책과의 균형을 잘 맞추고 생활해나갑니다. 얼마 전에 본 'modern times'가 감명이 깊었어요. 가장 친한 친구와 비가 마구 쏟아지던 날에 본 괜찮은 영화였어요. 또 야구장에도 갔었어요. 7월 24일에 OB와 해태의 경기였는데—전 롯데 편이지만요—OB가 이겼고 재미있었어요. 봉황기 준결승전도 보러갔구요. 서울고가 멋지게 역전했는데 결승전에서 무참하게 졌대요. 춘천 청평사에 다녀오고… 건전하게 지냈군요. 야구장에서 응원하는 것도, 깊은 자연 속에 잡념을 묻는 것도, 책에 몰두해서 쓰잘 데 없는 곳에 신경 쓰는 것 등등, 모두 저에게 도움이 되고 있답니다.

전혜린의 '그리고 아무 말도 하지 않았다'를 읽었는데, 아주 신선한 충격이었어요.

살아 있다고 느끼고 싶어졌어요. 모든 일이—나쁜 일도—나에게 잘 되고 있다고 믿고 싶기도 하고요.

창피하지만, 이문열의 '사람의 아들'을 아직 못 읽어서 오늘 친구에게 빌려 읽기로 했어요. 빌린 책이므로 읽던 '가시나무새'는 접어두었어요.

전 너무나 모자라고 어리석어요. 안 읽은 책이 왜이리 많은지, 신경 못 쓴 친구들도 왜이리 많은지, 재수하는 친구들도 괜히 안쓰럽고, 위대해보이기도 합니다.

절제한다는 건 중요하고도 힘든 일이지요?

하기 싫은 일도 해야만 한다지요?

너무나 내 멋대로 살아왔고, 나에게 잘되지 않으면, 옆 사람에게까지 피해가 가도록 짜증을 부렸어요.

물론 군자가 되고 싶지는 않지만, 그래도 괜찮은 사람이 되고 싶습니다.

여기저기 신경 쓰고 조절을 잘 하는 사람이 되겠습니다.

무더운 여름이 다 가면 벼가 익듯이 연수라는 아이도 많이 커져 있으면 좋겠어요.

선생님의 건강을 빌어드릴게요.

안녕히 계세요.

88. 8. 4.

연수 올림

P.S. 성적이 예상대로 비실비실(BCBC)해요. 성적에도 신경 써야겠어요.

서울시 강남구 일원동 공무원A.P.T.
805동 1110호
오태선 선생님 귀하

박연수 올림

오태선 선생님

안녕하세요?

어제 중간고사가 끝났고 다음 주에 '교육심리학' 시험만 보면 됩니다.

원서로 하기 때문에 시간이 좀 필요할 것 같아서 연기됐거든요.

가을이라는 계절을 제대로 못 느끼며 신경이 곤두섰던 예년에 비하면 정말 멋진 가을입니다. 불안한 음악보다는 부드럽고 안정된 음악이 더 좋아졌습니다. 귀가 닳도록 듣는 음악이지만요.

내일은 들국화 전인권(=가수) 콘서트에 갈 거예요. 숭의음악당에서 한대요. 이번 가을만은 후회가 하나도 없을 정도로 즐겨가며 보낼 거예요.

겨울엔 따뜻한 실내에서 공부 좀 할 거구요. 논다고 걱정하시지만 제가 해야 할 것을 못 해가며 놀지는 않으니까 안심하세요.

아직 전공과목이 많이 들어가진 않았지만 그 지겨운 수학 등을 안 하고 교육심리처럼 흥미 있거나 언어학이나 철학은 어려워도 재미있어요. 불어가 어려워져서 좀 걱정이에요. 그래도 나쁜 성적은 아니지만요.

오늘은 과 친구들이 몇 명은 미팅 가고 열댓 명은 소요산인가 하는 데로 등산갔어요. (저희과는 30명인 거 아세요?) 전 그냥 오랜만에 집에서 푹 쉬어보기로 했어요. 요즘 엄마와 대화해본 적이 거의 없거든요. 그게 불만이시래요. 전 등산은 질색이지만 가을이 가기 전에 도시를 떠나 상쾌한 기분을 얻고 싶어서 산꼭대기에 올라가 보고 싶어요.

졸업생과 선생님과 같이 가면 더, 더, 좋을 텐데요.

만나는 친구들만 만나게 되거든요. 김민정이랑 박현정, 이현주랑은 거의 못 만나고 전화만 하구요. 안수영(미자)은 좀 만났고 윤정희, 이수연은 가끔 전화나 편지를 해요. 수연이는 제가 소개팅을 두 번이나 시켜주었어요. 참 몇 번 만났군요. 전 1년 동안 미팅을 4번 했고 소개팅을 한 8번쯤 했나 봐요.

거의 서울대와 하고, 연대 2번 고대 1번 중대 1번 동대 1번 했는데 요즘엔 안 하고(=쉬고) 있습니다.

어울려 다니는 게 재미가 있지만, 여자 친구랑 단둘이 극장 다녔던 적이 그립기도 해요. 둘만 있는 게 여럿 있는 때보다 더 진실해지거든요.

친구들이, 집에 있을 때 자꾸 불러내서 엄마께 꾸지람을 듣지만, 아직은 즐겁거든요.

참, 전 느낀 게 있어요. 상류층의 아이들, 돈 있고 서울대 다니고 품위 있고 빳빳한 아이들, 그리고 서민적이고 인간미 있는 아이들, 전 두 부류의 친구들이 있어요. 전 다 적응하며 지낼 수 있는데, 첫 번째 친구들에게 회의가 오고 있어요.

나중에 내가 어렵게 됐을 때 내 곁에 끝까지 남아 있는 친구는 과연 누굴까요.

저도 감정보다는 이성적으로, 합리적으로, 손해 보지 않는 방향으로 변해버릴 것만 같아요. 하지만 아직은 순수해야 할 때이지요. 그럴 수 있어요.

어둠이 일찍 찾아오고 날씨도 추워졌어요.

선생님 건강에 주의하세요.

영근이랑 구슬이 사모님께도 안부 전해주세요.

[팔십팔년] 시월 십오일

연수 올림

P.S. 작년 오늘은 목요일이고 졸업고사 중인데요. 끔찍해라~

P.P.S. 수연이나 정희나 친구들 시험은 다음 주거든요. 같이 선생님 찾아뵐게요.

그동안 안녕히 계셔요.

서울시 강남구 서초동 1045-1
송승혜 올림

서울시 강남구 개포동 공무원아파트
805동 1110호
오태선 선생님께

선생님께.

안녕하세요? 인사가 늦어서 죄송합니다. 무지무지하게 더웠는데 괜찮으셨어요? 저는 방학하고 2주일간은 더위를 먹어서 무척 지쳐 있었습니다. 15일간은 오전 내내 수영장엘 다녔어요. 그래서 새까맣게 됐어요. 그리고 오후에는 몇 시간씩 그림을 그렸고요. 다음 주까지 다니면 끝나요. 제가 아는 친지들과 그 외의 모든 이웃에서는 저를 무척, 뭐랄까 약간 정신 나갔다고 그래요. 그 소리를 하도 들어서 그 소리를 듣기만 해도 신경이 곤두서요. 하지만 제 생각이 무척 틀렸는지는 몰라도요. 저는 진짜 고교 시절을 즐길 수 있는 마지막 기회로 생각하고 있어요. 개학하고 또 고등학교 2학년 때까지는 보충할 시간은 있으리라고 생각해서요. 주위에서 공부하라는 소릴 들으면 전 제가 반에서 한 20등 정도 하는 아이였더라면 이런 소리는 안 듣겠지 하는 생각이 들어요. 그리고 솔직히 전 이번 등수에 별로 만족하지 못합니다. 93점이라는 평균을 가지고는 상상도 못 할, 너무 우연한 일 같습니다. 제 친구는 저보다 평균이 훨씬 높은데도 전교 등수가 좋지 못해요(그 애로서는). 그래서인지 전 제가 도둑 같다는 생각도 들고 제 친구한테 굉장히 미안한 감정이 들어서 그때 조회대 앞에서 그 앨 제대로 쳐다보지도 못했어요. 하지만 전 이번 방학을 통해서 모든 감정을 잊어버리려고 합니다.

전 고등학교에 올라와서 친구를 많이 잃은 것 같습니다. 시험 때문에, 공부 때문에 그들과의 약속을 어겼고 그들 마음에 상처를 주었습니다. 난 여전하다는 것을 알리기 위해 꾸준히 엽서를 보냈습니다. 답장이 안 와도요. 전 국민학교 5학년 때까지만 해도 최하위의 성적을 가지고 있었습니다. 공부를 못 하던 애가 어쩌다 성적이 오르면 사람이 변하나 봐요. 차라리 제가 아주 내성적인 아이였다면 좋았을 것을. 얌전한 아이가 공손해 보이는 것이 당연하지요. 전 버릇 없다는 소리를 많이 들었어요. 인사성도 없다고 그러고요. 그래서 전 어른들 앞에서는 조용히 있기로 했어요. 참, 저 지난 월요일날 학교에 갔었어요. 교무실에 선생님께서 계시길래 찾아뵐까 했지만, 전 그때 양말도 안 신고 또 다른 선생님들께서 많이 계셔서 그냥 와버렸어요. 죄송해요. 하지만 얼굴이라도 뵈니 기분이 좋았어요. 선생님과 함께 놀러가는 일 얘긴데요, 너무 시간이 맞질 않아요. 계속 연기하다가 결국은 흐지부지돼버릴 것 같고요. 차라리 선생님께서 학교에 나가시질 않으면 개학 바로 전에 최후로 마음껏 놀았으면 하는 것이 제 생각이에요. 선생님 혹시 피서 가셨어요? 저는 보통 사람은 도저히 갈 수 없는 곳엘 다녀왔어요. 바로 김일성 별장이에요. 옛날 3.8선 이남이 점령당했을 때 김일성이 별장 지었던 자리라고 해요. 그곳은 지금 육군 장군 휴양소인데 민간인 출입 금지 구역인가 봐요. 아빠랑 안면이 있는 분의 친척이 별이 두 개라고 하시는데 일행이 되어서 들어갔어요. 군대에서는 지위가 굉장히 무서운 건가 봐요. 그곳 졸병들이 얼마나 싹싹한지 전 감탄했어요. 낚시도 하고 풍경도 즐기고… 저희 엄마께서는 못 가셨거든요. 그 경치를 꼭 엄마께 보여드리고 싶었어요. 이렇게 저 나름대로 바쁘게 바쁘게 보내다 보니 개학이 코앞에 다가서고 괜히 걱정되고. 다른 공부는커녕 방학 숙제도 제대로 한 것이 없으니…. 전 아마 2학기 때 꽤나 고생할 거예요. 하지만 선생님께서도 그러셨지요? 전 크게 한번 혼나봐야 정신을 차린다고요. 아마 그렇게 될 것 같아요. 정신없이 바빠질 2학기를 대비하여 남은 기간 동안은 잠을 조절하려고 합니다. 그것이 가장 큰 장애물이니까요. 요새는 아침저녁으로 꽤 시원해졌어요.

선생님께서도 남은 방학 동안 푹 쉬세요. 2학기가 되면 또 '열반' 때문에 정신이 없으실 거예요. 저도 2학기 때는 제 책임에 보다 충실하도록 노력하겠습니다. 자기를 본능적으로 지키는 '생물'이 아닌 '인간'으로서의 한 학기를 보내겠습니다. 선생님 건강하세요.

안녕히 계세요.

1985. 8. 15. 목요일

송승혜 올림

오태선 선생님께.

안녕하세요. 편지가 늦어서 죄송합니다. 지점장 사택으로 이사한 지 4일밖에 안 되어서요. 그동안은 한 5일간 모텔에 갇히다시피 지냈어요. 아직도 밤과 낮이 헷갈려서 새벽 3시가 되면 여기저기 돌아다니곤 해요. 이제 처음 등교했습니다. 이곳의 고등학교가 모두 이럴지 어떨지는 모르지만 학교가 무지무지 커요. 나가는 통로도 수십 개고 한 층에 교실이 70개가 넘어요. 3층 건물이지만. 그런데 학생은 1,500명밖에 없대요. 고1(10학년)로 등록했습니다. 고2로 해도 상관은 없지만 그러면 곧 대학 시험이 있다고 그래서요. 미국이 많이 바뀌었다고들 그래요. 그래서 그 흔하던 장학제도도 미국인 우선권이 주어져서 외국인들은 거의 불가능하대요. 그리고 5년 미만은 토플시험으로 대학 진학을 한대요. 학교 소개가 아직 많이 남았습니다. 농구 코트 하나가 넉넉히 들어가는 것과 배구 코트가 2개 있는 것과 하나는 잘 모르지만 그보다 훨씬 큰 실내 운동장(?)이 3개가 있어요. 그리고 야구 전용 운동장, 축구 전용 운동장, 테니스 코트 몇 군데… 어마어마하게 넓어요. 대학 구경(우리나라)은 못 해 봤지만 작은 단과대학 정도는 충분히 될 것 같아요.

친구도 아직 없고 이곳을 잘 모르지만 이런 학교에 다닐 수 있다는 것에 새삼스럽게 감사해야겠다는 생각이 들어요. 게다가 여긴 완전히 숲이네요. 집들도 무지무지 넓고요. 너무 조용해서 꼭 외딴곳에 사는 것 같아요. 뉴욕의 중상류층인가 봐요. 근데 까마귀가 굉장히 많아서 맨날 쓰레기 봉지(비닐)를 다 뜯어놓아요.

이곳 학생들도 가지각색이에요. 특히 여학생들이 그래요. 제가 지극히 비정상적인 아이가 되어버렸어요. 속옷인지 겉옷인지 모르겠고 머리도 와~ 용기가 없으면 못 해요. 제가 이렇게 될까 봐 괜히 걱정이 되요. 수업 분위기도 지나치게 자유스러워요. 발을 책상 위에 올려놓고, (진짜예요) 설명 한창 하는데 책상을 넘어다니고… 수업 끝 종이 치면 선생님이 설명을 하고 있든 말든 책 싸들고 나가버려요. 화장실엔 담배꽁초가 즐비하구요. 학교의 가장 큰 문제가 마약이래요. 복용자 수가 굉장히 많은가 봐요. 머릴 이상하게 기르고 용을 그린 잠바 입고 구석에서 쑥덕거리고 하지만 이곳은 자유자재래요. 무슨 발광(죄송합니다)을 떨어도 나쁜 일만 아니면 괜찮대요. 조금 익숙해지면 고춧가루를 좀 날려볼까 생각도 해봅니다. 이틀간의 수업—그저 그래요. 영 못 알아듣는 과목은 불어예요. 처음부터 끝까지 불어로 대화를 하고 설명은 영어로 하고, 알고 있던 단어도 선생님 말만으로는 알아들을 수가 없어요. 발음이 영 달라서요. 아마 새 학기에 다시 처음부터 하게 될 것 같아요. 이곳에서 체육은 필수래요. 아직 한 번도 안 해보았지만….

되도록이면 많은 활동을 하는 게 대학 진학에 유리하다고 해요. 그래서 다음 학기 때는 있는 욕심을 마음껏 발휘하겠어요. 참, 자동차 수리 과목도 있어요. 자동차가 4대(?) 잘 못 봤지만, 수업용으로 쓰고 있나 봐요. 독서실도 아주 크고요. 일주일에 수업은 5일인데 과학은 6시간이에요. 과학을 적극적으로 장려한다는 게 너무나도 뚜렷이 보입니다. 비디오도 아주 좋은 것 같아요(내용이). 영어는 정상적인 수업은 못 하고 ESL이라고 3단계로 나뉘어서 단어 등을 보충시키는데요, 동생은 1, 2를 하고 저는 곧바로 3에 넣어주었어요. (뭘 믿고 그랬는지는 모르겠지만…)

교과서가 무지 두꺼워요. 수학은 용어만 알면 식은 죽 먹기예요. 쉬운 반인지도 모르지만… 여기서는 능력에 따라 반을 조절해줍니다. 곧 수학 용어만 마스터해버리면 교실을 바꿀 것 같아요. 지금 이 교실은 근의 공식을 하고 있으니까요.

이번 학기는 불어를 포기하겠습니다. 영어만도 바쁘고요. 불어 사전도 없으니까요.

저는 수학, ESL, 컴퓨터(시작반 그래도 3/4 학기가 지났어요), 불어, 생물, 체육을 해요. 일주일에 34시간 수업하는데요(월~금까지), 하루에 꼭 'free time'이라는 게 1시간 이상씩 있어요. 저 같은 경우 어떤 날은 강의(?)가 4시간밖에 없구요, 어떤 날은 6시간이 있어요. 금요일은 6시간, 다른 날은 7시간이 수업 시간이거든요. 학교는 아침에는 아빠가 태워주시고 올 적에는 걸어와요. 걸어서 20~30분 걸리거든요. 집에 오면 오징어 내지는 파김치가 돼요. 교과서가 워낙 무거워서요. 이곳 선생님들도 아주 편하게 가르치십니다. 책상에도 앉고, 비디오 틀어놓고 그냥 앉아 있고(비디오가 설명을 하니까요), 이상한 확대기가 있어서 책상에서 혹은 의자에 앉아서 확대기 위에 비닐과 색연필로 옆 사람에게 설명하듯 가르치면 칠판 위 흰 판에 크게 나타나요. 컴퓨터도 교실에만도 2개고요. 한 교실에서 강의 듣는 학생 수는 20명 안팎이에요. 제가 우리나라는 한 반에 60~70명이 앉는다고 하니까 상상을 못 하겠대요. 이곳 학생들이 아무리 하고 다니는 게 못 봐줄 정도라도 수업 시간에 졸지 않고 들을 것 다 듣고 얻어야 할 것 다 얻고 있는 데에 놀랐습니다. 앞으로 진짜 정신 바짝 차려야겠어요. 연락 또 드릴게요. 안녕히 계세요.

1986. 3. 26.

승혜 올림

송승혜 올림
208 FOXMEADOW RD.
Scarsdale 10583
U.S.A.

오태선 선생님께
서울시 강남구 개포동
공무원APT 805동 1110호
Seoul, Korea

선생님께.

안녕하세요? 저번 편지는 받으셨나요? 편지지도 없이 너무 엉망이어서 죄송해요. [노트에다 편지를 썼다.] 거긴 모두 잘 있나요? 애들 종종 찾아오고요? 아직 애들한테는 은정이 빼놓고는 연락 못 했어요. 애들 지금 제 욕 한창 하고 있을 거 같아요. 학교 다닌 지 벌써 2주일이 지났어요. 종종 느끼는 것이지만요. 전 정말 욕심이 많은가 봐요. 겨우 2주 다니고서는 못 알아듣는 것, 친구 못 사귀는 것, 못 따라가는 것… 속상해서 거의 항상 인상을 찌푸리고 다녀요.

불어 시험을 지금까지 3번이나 봤는데요, 사전이 오기 전에 2번 봤거든요. 너무 단어가 딸리다 보니까 도대체 못 읽겠어요(문제를). 듣기도 했는데 우리나라에서처럼 천천히 듣다가 여기서 빠른 속도로 말하니까 점수는 뻔하죠. 처음 두 번은 55, 66점이었어요. 너무 실망하고 속상하고 속이 한마디로 뒤집히는 것 같았는데 미국 애들 앞에서 질질 짤 수도 없고 혼났어요. 3번째는 사전 온 다음에 봤는데요. 영어 붙잡고 있기도 바쁜데, 불어를 들여다볼 수 있겠어요? 그래도 시험 바로 전 날에 한 30분~1시간 들여다보긴 봤더니 듣기에서만 틀려서 88점이 됐어요. 어차피 금년에는 성적이 안 나온다지만 기분이 몹시 안 좋아요. 괜히 머리만 아프고 식욕도 없고, 어지럽고 피곤하고…. 어제도 생물 시험을 봤는데요, 제가 오기 전의 범위가 포함되어서 엉망이에요. 제가 특히 좋아하는 과목에서 그래 놓으니까 벌써 깜깜해지네요. 여기서는 시험을 시도 때도 없이 봐요. 각 과목 선생님들이 기분 내키면 '언제 무슨 시험이다' 그러고 말아요. 그리고 학기마다 총 평균을 내어서 A⁺, A, B…로 점수를 주나 봐요. 여기 진짜 친구 사귀기 힘드네요. 하지만 그다지 사귀고 싶지도 않아요. 저하고는 너무 거리가 멀거든요. 속옷인지 겉옷인지도 모르겠고 화장실에는 담배꽁초가 항상 가득해요. 착실하게 생긴 애들은 접근하기가 어려울뿐더러 겁부터 나고요. 항상 휴일이 기다려집니다. 그래도 실제 교육은 진짜 부러워요. 학교 도서관에는 1920년대(혹은 그 전)부터의 신문, 잡지가 쭉 있어서 사회 공부 같은 거할 때 자료가 풍부하고요, 마이크로필름도 있고 그래요. 숙제도요, 예를 들어 컴퓨터에서 Data base를 배우게 되면 (전 처음 들어서 뭔지도 모르지만) 어떠한 기관이든 어떤 직업에 종사하는 그것을 다루는 사람에게 가서 인터뷰를 하고 오라는 거예요. 한 3주 정도 기간을 주고. 그런 건 진짜 부럽습니다. 그러고요. 기분 나쁜 건 여긴 동양인이 꽤 많은데, 거의 대부분이 일본 사람이에요. 공부를 잘하는 애도 그렇고요…. 4월 18일에 봄방학 1주일 합니다. 여긴 계절마다, 또 명절마다 방학이 있어요. 현재는 그게 제일 기다려져요.

또 연락드리겠어요. 안녕히 계셔요.

1986. 4. 9.
승혜 올림

송승혜 올림
208 FOXMEADOW RD.
SCARSDALE N.Y. 10583
U.S.A.

오태선 선생님께
서울시 강남구 개포동 공무원APT
805동 1110호
Seoul, KOREA

선생님,

그동안 안녕하셨어요? 지금 서울은 어떤지요? 날씨며 사람들이며…. 저번에 우체국에 항공우편 부치러 갔더니 거기 직원이 'seoul, korea'라고 써놓은 것 보고 "여기 지금 미치고 있지?"(대강 직역하면 이런 뜻) 그러잖아요. 그냥 가만히 있었어요. 전 솔직히 한국인치구 정치나 사회(특히 정치)에 대해서는 전혀 모르고 관심도 또한 없었지만 인천에서 1만 군중이 일어나고 경찰이 얻어터지고 누가 분신자살을 하고… 이런 이야기를 읽으면서 왜 그러는지 알고 싶었습니다. 그리고 창피하다는 다른 사람들과는 달리 저도 잘은 모르지만 다른 생각을 가지고 있습니다. 그게 헌법 고치라구 그러는 건가요? 하여튼 이제부턴 정치면의 신문도 읽어야겠습니다. (조선일보, 중앙일보 보거든요.)

학교 소식 전해드릴게요. 저한테는 희소식이 하나 있습니다. 처음 여기 와서 아무것도 모르고 그냥 정상 수학반에 들어갔어요. 미국에는 실력에 따라 honor 반이 있는데요, 이곳에 와 있는 ○○은행 지점장 아들(저와 동갑)이나 아빠 은행 직원 딸(역시 동갑)이나 그 외 공부 잘한다는 일본 애, 중국 애 모두 honor 반에 들었어요. 여기 처음 와서 수학 시험

본 것도 다 맞고 여태까지 점수도 다 만점이구 수학선생님(할머닌데 박사래요)도 더 높은 반에 가는 게 좋을 것 같다구 처음에는 막 설치더니 제가 학장이라는 사람한테 가서 그렇게 해달라니까 저를 바보 멍텅구리로 알았던지 무조건 안 된대요. 제 성적도 모르면서 괜히 남의 인생 망쳐놓으려는 것 같기도 하고 막 화가 나서 수학선생님한테 해달라구 또 찾아갔지요. 하여튼 그 학장하고 수학선생님하고 꽤나 귀찮았을 거예요. 결국은 수학과에서 제일 높은 사람한테 가서 부탁했더니 여름학교에서 1학년 과정 보통수학(433)을 배우고 A점 이상(평균 92) 받으면 honor(434)에 넣어주고 거기서 B$^+$ 정도 받으면 12년 계속 그런 반에서 수업하고 대학교 학점 반학점을 딸 수 있대요. 여하튼 오랜 투쟁 끝에 이루어놓았습니다. 저희 부모님께서는 새로운 문제를 제기하셨습니다만 강력히 묵살해버렸습니다. 문제인즉 여름방학 때 영어를 계속해서 지금 있는 외국인 반을 벗어나서 정상반에 들어가는 게 시급한 거예요. 여름학교 때 2과목 시간이 겹쳐서 하나만 택할 수 있거든요. 영어는 단어 중심으로 혼자 할 생각입니다. 아무래도 수학은 놓치고 싶지 않거든요.

5월 21일은 저한테 꽤 중요한 날입니다. 국제 축제날이라고 해서 ESL의 외국인들이(학생들) 자기 나라 음식문화 등등을 다른 나라 사람과 미국 사람들에게 보여주는 거거든요. 작년에도 있었는데요, 한국 애들이 일본 애들한테 쫄린다구 불참해버렸대요. 지금은 ESL에 있는 한국인들은 6명(남 4 여 2)이고 일본인은 3~4명가량 되는데 남자애들은 일찌감치 포기해버렸구요. 저는 뭐가 쫄리냐구 한국인이라구 못 하냐구 혼자라도 하겠다구 나섰어요. 막상 생각은 하고 지원도 했는데 우리나라에 대해서 가져온 게 아무것도 없어요. 이럴 줄 알았으면 단소라도 가져오는 건데 말이에요.

하여튼 요번 주말에는 우리나라의 문화나 그 외의 것에 대해 서점을 둘러보고 사진 같은 거 확대해서 포스터로 만들고 86아시안게임, 88올림픽 포스터도 머리 좀 쥐어짜든지 참고서적 좀 뒤적이든지 해서 몇 장 그려볼 생각입니다. 저야 꿈은 언제나 크죠. 물론 몇십 명의 일본인이 서로 협력해서 머리를 짜낸 거 하고는 비교조차도 안 되지만 다 동원해야죠. 한복하고 우리나라 지도 열쇠고리, 탈바가지 열쇠고리, 태극부채 등등도 전시할 거구요. 고전음악도 구해야 하구… 몹시 바쁠 것 같아요. 훨씬 전에 알았더라면 포스터 같은 거 좀 보내달라구 할 수 있었을 텐데 속상하네요. 하여튼 열심히 하겠어요. 건투를 빌어주세요. 끝나면 편지 또 드릴게요. 안녕히 계세요.

86. 5. 8. 목요일

승혜 올림

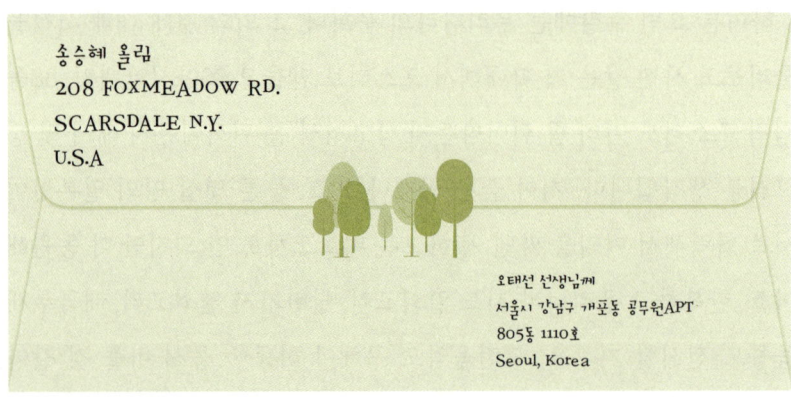

송승혜 올림
208 FOXMEADOW RD.
SCARSDALE N.Y.
U.S.A

오태선 선생님께
서울시 강남구 개포동 공무원APT
805동 1110호
Seoul, Korea

선생님께!

안녕하세요? 6월이 가까워지고 날씨는 숨조차 쉬기 힘들게 푹푹 찝니다. 더군다나 더위에 무지무지 약한 저라 죽을 고생입니다. 저번 편지 붙인 날 전혀 예상 못 했던 선생님 편지를 받고 너무 기뻐서 혼자 막 소리 지르고 책상 두드리고 그랬어요. 아마 누가 옆에 있었더라면 미친 사람으로 생각했을 거예요. 편지 받고 곧 편지 드리려고 했는데 막상 생각하니 하루 만에 또 편지 쓰는 것도 우습고 해서 ESL 축제 끝나고 그 소식 전해드리기로 했죠. ESL 축제 참가자는 그날 하루 종일 아무 수업 안 해도 괜찮거든요. 제일 좋아하는 생물 2시간이나 들어 있어서 속상했는데 그래도 불어 빼먹는 건 기분이 무척 좋았어요. 박향숙 선생님께 그런 말씀은 하지 마세요, 네?

1~2교시에는 전시할 것, 벽에 걸어 붙일 것 등 준비하고 음식 익힐 거 있으면 익히고 따뜻하게 할 것 따뜻하게 하는 등 전체적인 준비 작업을 했습니다. 전에 지원자가 없었다고 전해드렸죠? 그래서 대부분(거의 반)의 전시물과 사진과 그림은 제가 그렸어요. 대형으로 '코리아'라고도 쓰고요. 올림픽 계몽 표어는 너무 급하게 하는 바람에 엉망이 되어

서 못 했어요. 한복 가지고 있는 인물도 하나도 없어서 우리 아빠 한복하고 제 것하고 가져갔었어요. 그리고 음식은 갈비구이, 잡채, 송편, 약식, 약과… 등 푸짐하게 준비했어요. 축제하기 전날에요, 아빠가 제 동생한테 한국을 나타내는 일에 그렇게 협조를 안 하면 어떻게 하느냐고, 쓸개 빠진 것들 등등 하시며 크게 호통을 치셨더니 밤 10시 넘어서 자기가 아는 남자애들한테 연락을 막 해서 그제야 조금 준비가 더 보태졌습니다. 확실히 남자애들이 도와주니까 1, 2교시 준비 때 편했어요. 한복을 입느냐 거느냐 하는 데 한참 갈등을 겪었어요. 아무도 남자 한복을 안 입겠다고 그러잖아요. 저 혼자 입는 것도 뭐 하고 그래서 망설였는데 수십 개의 기모노가 눈앞에서 왔다갔다 하는 걸 보니 안되겠다 싶어 그냥 입었어요. 그 옷을 입고 2교시 후 홈룸에 가느라 복도를 휘젓고 다니는데 왜 그리 신이 나던지요…. 전시물들은 탈 열쇠고리, 조그마한 맷돌, 한국 문화에 관한 책, 우리나라 각종 만화책, 노리개, 고무신 등등이었습니다. 드디어 3, 4교시. 사람들이 꾸역꾸역 모여들었습니다. 준비한 나라는 중국, 우리나라, 일본, 프랑스, 멕시코였는데요, 그 규모나 참가자 수는 일본이 당연히 많았습니다. 수는 적었지만 규모는 우리나라도 그 다음으로 컸습니다. 인기요? 글쎄요, 전 그다지 돌아다녀보지도 못하고 음식 덜어주느라 정신이 없었는데요, 남자 애들이 돌아보고 오더니 저희 음식이 제일 인기가 있었대요. 음식이 남을까 봐 걱정을 했었는데 3교시가 끝나고는 3/4이 다 없어졌습니다. 특히 갈비하고 잡채는 최고로 인기가 좋았습니다. 맛있다고 조금 더 달라고 그러는 사람도 아주 많았어요. 송편 보고 이게 뭐냐고 그러는 사람들도 많았는데 설명을 어떻게 해야 할지 몰라서 진땀 뺐어요. 어떤 사람은 윷을 보고 어떻게 하는 거냐고도 물어보고요. 하지만 대부분의 사람은 전시물보다 음식이 목적이었어요. 생물반 선생님하고 애들도 수업 시간인데도 왔었어요. 참, 한복 얘긴데요, 굉장히 인기가 있었어요. 막 만져보고 사진부 선생님이 사진 찍고 이 사람 저 사람이 찍자고 그러고…. 안 입었더라면 후회할 뻔했어요. 기모노는 너무 흔해 빠졌으니까 관심도 없었나 봐요. 물론 제가 얼굴에 살이 없이 좀 가느다랗고 이쁘고 목이 길고(은정이가 항상 저보고 목 없는 애라고 놀렸더랬어요) 어깨가 좀 좁고 그랬으면 더 히트 칠 뻔했어요.

무엇보다도 무사히 그리고 성공적으로 끝낼 수 있어서 감사하고 있습니다. 6월 18일이면 수업이 다 끝나고 곧 방학입니다. 물론 진짜 마지막 날은 27일이고요. 19~26일은 학년말 시험 비슷한 거 보는데, 저는 배운 게 없다고 볼 수가 없어서 수학만 23일에 봐요. 방학 동안은 학교 썸머스쿨을 다닐 예정이에요. 9, 10학년 영어를 한번 해볼 거예요. 내년 1월에는 11학년 정상 영어 들어가는데, 갑자기 들어가면 딸릴 것 같아서 경험 겸 해볼 거구요. 수학 11학년 정상반에서 학점을 따서 새학년에는 더 상급반에 진학할 거예요. 여기서는 여름방학 때 원하면 학점을 딸 수 있어요. 또 하나 더 해요. SAT 준비 과정반인데요. 여긴 11학년 때 2번, 12학년 때 1번 볼 수 있는 시험(SAT)이 있어서 곧바로 대학에 연결되는 일종의 예비고사죠. 기회가 3번이라서 좋지만, 영어가 무지무지 힘들대요. 아무래도 이번 방학은 진짜 서울에서 고2 방학 보내듯이 보낼 수밖에 없을 것 같아요.

선생님.

참고서적 등에 관해서는 아예 걱정을 마세요. 저희 엄마, 아빠 얼마나 교육에 대해 적극적이신데요. 먹을 거, 장난감 같은 거는 조르고 졸라도 꿈쩍 안 하셔도 책 사주세요 하면 비싸고 자시고 후딱 사주신다고요. 불한사전, 한불사전은 물론 다 있고요. 과학도 4과목 I, II 참고서 다 있어요. 수학도 수학 I, II-1, II-2 모두 기본·실력·각유제풀이집 다 있고요, 종합영어에다 백과사전도 30권짜리(원어가 너무 비싸서 청계천에서 사셨다는데요, 이곳 교육방식에 아주 유용하게 쓰고 있어요)이고요, 서적(국사도 있어요) 종류는 풍부해요. 불어도 (1주일에 2~3회 시험 봅니다) 90점 이상은 거의 맞아요(최고 96). 그런데 단원시험(조금 비중이 큰 시험)에서 듣기가 20문제 이상인데요, 거긴 어쩔 수 없이 신나게 찍습니다(그래서 82~84로 점수가 낙하해요). 너무 빨라서 우리나라에서 가져온 테이프만 들어가지고는 뭔소린지 하나도 모르겠어요. 차차 나아지겠죠. 그래도 요새는 반 이상은 맞아요. 선생님이 직접 읽어주시면 다 맞는데요… 악착같이 성능도 좋지 못한 녹음기로 시험을 보게 하네요…. 아마 내년에도 불어 최고로 쉬운 반 들지도 몰라요. 하지만 신경 안 쓸래요. 뭐 전공할 것도 아니고요, 점수만 A점(평균 93~97)을 유지하도록 노력하겠어요.

숙연이도 편지로 알려주더군요. 서울에 있었더라면 선생님 나오시는 방송 맨날 봤을 거예요. (과장했습니다.)

참, 절대 자랑하고 그러려는 게 아니라요, 저에게는 좋은 소식이라서요…. 생물을 워낙 좋아하다 보니 성적이 좋은 편이에요. 하얀 애들이 놀랐나 봐요. 시험 끝날 때마다 점수 물어보구 모르는 것도 물어보구… (그런다고 제가 대답해줄 수도 없지만요).

저번 주 금요일에는 90문제 시험을 봤거든요. 1달 전만 해도 1시간 내내 사전 찾느라 허둥거리고 간신히 끝내요 그랬는데, 요새는 3~4번 찾게 돼요. 참, 90문제를 봤는데요 87개 맞았어요. 그리고 3개는 ESL 축제하는 날 배웠었나 봐요. 내가 그날 뭐 놓친 거 없냐고 미국 애한테 물어봤더니 없다구 그러길래 그대로 믿었죠, 뭐. 선생님 눈이 ◑◐ 이래

가지고 수퍼! 막 그랬어요. 졸업을 위해서 생물을 1년 동안 이수해야 하기 때문에 내년에 또 생물해야 해요. 저로서는 잘 된 일이죠. 좋아하니까요.

모레 문법하고 생물하고 아마 불어하고 시험이 겹쳤어요. 이제 공부할게요. 근데 큰일 났네요. 애들한데 답장해주어야 할 것이 5~6통이나 되거든요. 밀렸어요. 워낙 게을러서.

몸 건강하시고 안녕히 계세요.

학년말 시험 보고 나서 또 편지드릴게요.

그전까지는 비록 한 과목이래도 본때를 보여주기 위해 열심히 할게요.

86. 5. 27.

송승혜 올림

송승혜 올림
208 FOXMEADOW RD.
SCARSDALE N.Y. 10583
U.S.A.

오태선 선생님께
서울시 강남구 개포동 공무원APT
805동 1110호
SEOUL, KOREA

오태선 선생님께.

선생님 그동안 안녕하셨어요? 편지 주셔서 정말 감사합니다. 그리고, 또… 웬 부채를 다 보내주셨어요? 괜히 신경 쓰시게 한 것 같아서 굉장히 죄송스럽고 그러네요. 부채 진짜 감사합니다. 소중히 보관했다가 내년, 후년 국제 축제 때 반드시 전시할게요. 그리고, 제 후세에 대대로 가보(?)로 삼게 할게요. 사모님께도 감사드린다고 꼭 안부 전해드려주세요.

6월 말경부터 시작한 방학이 이제는 1주일가량 남았는데 저희 가족은 아직 휴가를 다녀오지 못했어요. 아빠께서 많이 바쁘셔서 아마 이번에는 못 가게 될 것 같아요. 지금 당장에는 선생님과 함께 동해안을 다녀온 33명의 남학생이 부럽구요. 못 따라간 열반 아이들 안됐구요….

참 어떻게 '람보' 편지가 선생님께 들어갔죠? 누군지 모르면 2학년 10반 담임 선생님께 갔어야 맞는데 그리고 선생님에서 어떻게 은정인 줄 아셨어요? 거참 희한하네요. 은정이는 그런 말 전혀 안 했거든요. 사실 은정이는 자기 얘기 거의 안 써요. 글을 많이 적어 보내주는 편이죠. 그래서 은정이가 어떻게 지내는지 뭘 하고 있는지는 전혀 모르고 있어요.

8월 19일에 드디어 여름학교가 끝났습니다. 20일에 성적표를 받았거든요. 영어는 97점으로 A이고요(A$^+$에서 1점이 모자라요. 아깝게도…) 수학은 학기말 시험에서 98을 받았거든요. 수학은 쭉 100점 받다가 여기서 이렇게 점수를 깎이니 그렇게 화가 나더라구요. 어쨌든 우등반에는 들어가겠지만 기분은 진짜 별로예요. 여기는 순서가 우리나라하고 다른 점이 많고 그 난이도도 다른 것 같아요. Σ를 배우는데 $\frac{n(n+1)(2n+1)}{6}$ 같은 공식은 전혀 안 배우고 $\sum_{k=1}^{3}(K+1)$ 같은 쉬운 데다 직접 대입하라고 가르칩니다. 또 삼각함수에는 보지도 못한 공식 10여 개가 막 쏟아져나와 놀라기도 했고요. 아마 영어는 반에서 최고 아니면 2번째 정도 되는 점수라고 확신해요. (사실 대부분의 학생이 낙제생들이지요.) 그래서 새 학기부터는 당장 정규 영어반에 들어가게 해달라고 할 참이에요. 여기 사람들은 외국인을 6개월도 되기 전에 정규반에 넣어주는 것을 꽤나 꺼려 해요. 이제는 영어 점수가 웬만하니 허락하겠죠? 원래는 ESL 선생도, 그 외 사람들도 제가 9월에 정규반에 들어가는 걸로 알고 있었데요. 그러더니 학장이라는 사람하고 ESL 선생님하고 의논하더니 저한테 너무 어렵다느니, 제 영어가 아직 약하다느니 해서 못 하게 했었다구요.

사실 전 이번 방학 동안 사상 최대로 시간을 낭비하고 지냈습니다. 아마 우리나라에서 이런 식으로 공부했다면 제 성적이 진짜 낙동강 오리알 신세가 되었겠죠? 그런데 저 자신은 오히려 우리나라에서였다면 이렇지는 않았을 거 같아요. 왜냐하면 전 주위에서 누가 공부를 하면 저도 신(?)이 나서 덩달아 하게 되거든요. 9월부터는 저도 정상적인 수업을 하니 진짜 신나게 공부하리라고 기대합니다.

11월·12월에 SAT를 봅니다. 영어 800점, 수학 800점 만점 시험인데 수학은 좀 쉬워요. 미국 애들은 못 하지만 열반 애들 20명 이상이 70점

이상은 맞을 수 있을 거예요. 전 780~800점가량 맞으니 문제는 없는데, 문제는 영어예요. 보통 웬만한 대학은 다 영어 점수가 650은 돼야 하는데 전 처음에 310점을 맞았어요. 웬만한 외국인 학생들은 400점가량 받으면 잘한 것이라는데, 전 도저히 그것가지고는 만족 못 할 거예요. 하여튼 단어가 너무너무 어렵고 생소하고…. 도대체 그 많은 단어를 어떻게 내 머릿속에 집어넣느냐가 큰 문제예요. 이 방법, 저 방법 다 동원해보지만 아직은 막막합니다. 단어를 효과적으로 많이 외우는 방법이 없을까요? 모든 사람이 책을 많이 읽으라지만 전 문맥으로 대강 파악하고 넘어가기 때문에 별로예요. 게다가 이번 방학에는 단편도 10편가량, 희곡, 소설 등은 여름학교에서 읽었고 도서실에서 소설책(주로 추리소설)을 5권 이상은 읽었어요. 소설은 그다지 도움이 안 되는 것 같아서 어제부터는 '왜 정의는 실패하는가'라는 사회책을 시작했어요. 단어를 몇백 개 외우니까 점수가 340, 360, 390까지 나왔어요. 시험 볼 때까지는 500점가량 확보해놓을 생각이에요. 단어를 많이 하면 되겠어요. 그리고 기회는 금년 11, 12월, 내년 5, 6, 11월 이렇게 충분하니까 하는 데 따라 결과가 만족할 만큼 나오겠지요.

요새는 엄마 아빠께 운전을 배우고 있습니다. 여기 왔을 때부터 조르고 졸라서 간신히 필기시험 보고 배우게 됐어요. 자전거도 있고, 운전하고 다닐 생각도 전혀 없지만 면허 따놓으면 유용하겠지요.

엄마 아빠께서는 제가 너무 조심성이 없다고 학교 주차장에서 앞뒤로 왔다갔다만 하게 하세요. 그래도 재미는 있습니다. 배운다는 것은 진짜 신나는 일이니까요.

진짜 여태까지는 선생님께서 혀를 끌끌 차실 정도로 허송세월을 보냈어요. 그러나 SAT 시험을 볼 때 즈음에는 완전히 원상복귀했다는 편지를 드릴 수 있도록 노력하겠습니다. 맨날 시시한 수학 가지고 집적대는 일은 없도록 해야죠.

선생님 전 제가 이곳에서 생활하고 공부하는 걸 알려드리는 게 좋아서 편지드리는 거예요. 선생님 답장을 기대하거나 하면서 편지드리는 게 아니니까 답장하시는 데 신경 쓰지 마세요. 그래도 제가 곤경에 처했거나 공부하는 데 막히면 조언을 주시겠죠? 여태까지 선생님께서 주신 격려의 말씀 진짜 도움이 되었어요. 감사드립니다. 항상 건강하시구요. 하시는 모든 일 잘되세요. TV 출연이며 라디오며…. 그럼 또 연락드리겠습니다. 안녕히 계세요.

8. 26. 86.

송승혜 올림

추신: 약 오르는 일이 또 생겼습니다. 학교에서 사회과목 추가 통지서가 왔는데, 그게 '중국과 일본이 역사'지 뭐예요. 무슨 일이 있어도 전 그 과목은 선택 안 하겠습니다.

송승혜 올림

208 FOXMEADOW RD.

SCARSDALE N.Y. 10583

U.S.A.

오태선 선생님께

서울시 강남구 개포동 공무원APT

805동 1110호

Seoul, Korea

오태선 선생님께

방학 동안 푹 쉬시고 새해 복 많이 받으십시오.

가정에 행복이 깃드시길 기원합니다.

송승혜 올림.

선생님께

안녕하셨어요? 그동안 연락을 드리지 못해서 죄송합니다. 편지도 몇 번이나 써놓고 부치지를 못했고요… 부채도 잘 받았는데 인사도 늦고요… 무례한 녀석이라고 그러시겠지요. 부채 정말 고맙습니다.

그동안 학교가 긴장의 연속이었을 것 같습니다. 이 편지가 도착하려면 한 달가량은 걸릴 테니까 그때쯤이면 고3 언니들 시험 결과도 나오겠지요.

올해는 3백 점 이상이 아주 많다고 하던데요. 서초에서 서울대는 몇 명이나 나올까요? 여기에 있는 고3뻘 되는 오빠들은 경기, 휘문에서 왔다고 막 껍죽거리는데요, 이번에 한 20명가량 서울대 들어가서 걔네들 기를 죽여놓을 수 있으면 좋겠어요.

저는 제 딴에는 무척 바쁘게 지냈다고 생각했는데요, 살은 오히려 피둥피둥 쪘습니다. 여전히 잠에서는 깨어나지 못하고 지냈습니다. 여름방학이 끝나기 전부터 학교에 나가 배구연습을 하고 시험(실기)을 쳐서 대표부에 뽑혔었습니다. 뽑히리라고는 전혀 예상도 못 했는데 뽑혔더니 우선은 어안이 벙벙했고요. 뽑힌 것까지는 좋았는데 연습 때문에 정신이 없었어요.

하루 3시간씩 일요일 빼곤 항상 연습을 해야 했고요. 팀 생활이라는 것은 이 세상에 태어나서 처음 해보니 한마디로 죽을 맛이었어요. 배구부는 창피하게도 일본 애들이 주름잡다가 끝났습니다. 저는 뽑힌 것도 기적이니 만년 후보였지만 내년에는 좀더 잘해보겠다는 다짐으로 배구부는 무사히 끝냈습니다.

공부는 그럭저럭 해요. 얼마 전에 첫 성적표를 받았는데요. 생물, 불어, 컴퓨터, 미술은 A$^+$, 수학, 사회는 A, 영어는 B$^+$, HEALTH는 B 받았어요.

한 과목당 수업 시간이 많기 때문에 과목 수가 적어요. 비교적 공부하기가 어렵지는 않아요. 생물, 사회는 용어가 문제고요. 특히 영어랑 사회는 순 에세이를 쓰는 거거든요. 사회는 A$^-$정도 받을 것을 프로젝트해서 A$^+$ 받아서 A가 된 것 같아요. 시험(고르기, 짧은 에세이) 98 정도 받아서 도움이 됐고요. 그 프로젝트가 뭔고 하니 음악을 통해 미국 문화를 설명하는 건데요. 전 한국을 해도 좋다고 해서, 가곡 테이프, 고전음악 등등을 구입해서 녹음하고 가요도 녹음하고 해석하고 마지막에는 우리 아버지의 애국가로 끝을 맺었습니다. 선생님이 "나라에 대한 자부심이 명백히 보였다" 하고 썼어요. 글쎄요. 생물은 안 배웠고 중학교 때 것만 기초로 하는데요. 워낙 좋아하다 보니 성적이 좀 나오고요, 영어는 성적이 점차 상승 중입니다. 정규 영어반이거든요. 수학은 honor 반의 미국의 잘난 애들 틈에서 컴퓨터를 몰라서(우리나라에서 3주 배우고 온 것은 다 까먹었어요) 한참 고전해서 첫 시험은 망치고 그랬는데도 평균 95에 최고 점수예요. 그래도 컴퓨터 다루는 건 여지없이 틀리고요, 애들 머리도 굉장히 좋고요. 이 반은 재미있어요. 미술은 선생님이 아주 잘한다고 전체에서 1~2명 주는 A⁺를 주었다고 강조를 했는데요. 제 딴에는 웃겼어요. 그래도 얘네들은 개척을 많이 해서요, 컴퓨터로 그림을 그려요. 불어도 재미있습니다. 실용적으로 배우고 회화 위주에다 수업 시간에 불어만 하니까 더 잘 들어오는 것 같구요. 단어가 많지만, 대체로 쉽습니다. 문제는 HEALTH인데요. 시험 평균은 95인데, 참여점수에서 F(낙제점수)를 받았어요. 이건 정신질환, 각종 질병에서부터 성관계, 피임, 임신 등등을 산 비디오로 보여주는데 우리나라에서는 상상도 못할 일이고요. 감히 잘못 질문했다간 웃음거리 될 것 같구요. 문제성이 있는 과목입니다. 저번 학기에는 배구 때문에 공부에 지장이 조금 있었지만 이번 학기는 잠 때문에 손해가 막심합니다. 그래도 성적은 대강 나오지만 이렇게 대강 해가지고는 제 기분도 별로고 엄마 아빠께서도 한심해하시는 것 같고요.

애들한테 속보가 막 들어옵니다. 대입제도가 바뀌었다고요? 왜 갑자기 바꿨죠? 논술고사는 폐지되었다고 그러던데요? 애들 굉장히 혼란스러워해요. 신문에 나기도 해서 알지만요. 그리고 국회에서도 맨날 싸우고 민정당끼리 예산안 통과시키고…. 무슨 소리인지는 잘 몰라도 나라가 어수선하고요. 애들까지도 정부가 한심하게 노는 것 같다고들 해요.

참, 얼마 전에 또 International fair를 했습니다. 올해는 좀 앞당겨서 했는데요, 굉장했습니다. 특히 일본 애들 파워에 우리가 눌린 것은 무척 창피하지만 사실입니다. 수적으로도 상대가 안 되었지만 그쪽은 엄마들을 몽땅 동원해서 붓글씨, 동양화, 꽃꽂이 시범을 보였고요, 또 스시바(김밥 코너)까지 차려서 즉석으로 말아서 썰어주기까지 하데요. 이쪽은 아무리 물색을 해보아도 신사임당 같으신 어머님이 안 계셔서 그런 것 못 했어요. 참, 학교에서 김선옥인가 이선옥인가 하는 고전 무용수를 초청했어요. 2번 공연했는데, 아무래도 미국 애들이 이해를 못 한 모양입니다. 검무, 선맹무(?), 부채춤, 살풀이 등을 했는데요, 역시 우리나라는 혼자서 추는 것보다 여럿이 추는 게 훨씬 나은 것 같아요.

저희 나라에서는 잡채(저번 2배), 약식, 산적 그리고 즉석 불고기는 최고로 인기가 좋았습니다. 게다가 복도까지 냄새가 쫙 퍼지기까지 했어요. 뒤지기는 저번보다 일본에 많이 뒤졌지만 전 이번 fair를 치르고 나서 더 만족스럽습니다. 저번에는 한국 애들끼리 싸우고 신경질 내고 그랬는데, 이번에는 잘 협조되었거든요. 끝나고 사진 찍을 때 작년에 신경질 내서 내 기분 잡치게 했던 애가 또 울고불고해서 조금 찜찜했지만 대체로 기분은 최고였습니다.

내년에는 고3 남자애들이 와르르 졸업하면 그나마 적은 한국인 수가 더 줄어듭니다. 그래도 계속 할 수 있었으면 좋겠어요.

예화한테 사진이 왔습니다. 마니산에서 찍은 거라고요. 이번에는 인원수가 많아서 더 재미있었겠네요. 애들마다 갔다왔다고 자랑하니까 솔직히 약 오르지만, 우리나라로 돌아가면 저도 따라갈 수 있겠지요.

오랜 일 정리해서 편지 드리느라 애들 카드보다는 늦겠어요. 이런 말씀 드려도 좋은지 모르나 12월 15일 생신, 아울러 축하드립니다.

5반 애들이 작년 저희보다 생일 더 잘 차려드렸으며 어떻게 하죠?

선생님, 내년에는 무척 바쁘시겠습니다. 저희 학년이 모두 고3이 되었으니까 신경도 쓰이시겠구요. 그래도 건강 항상 유의하세요.

저희 아버지는 연세 50이셔도 신체 검사를 하니까 혈관 같은데 아무 것도 끼지 않고 나이에 맞지 않게 아주 건강하시다는 진단을 받으셨답니다. 선생님, 건강히 안녕히 계세요.

86. 12. 12.

송승혜 올림

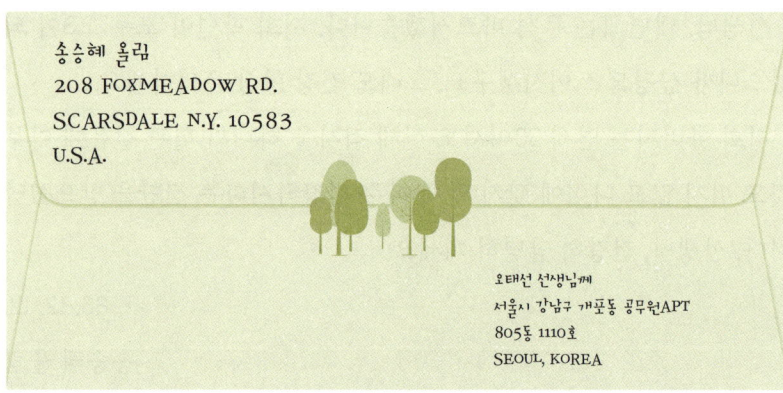

송승혜 올림
208 FOXMEADOW RD.
SCARSDALE N.Y. 10583
U.S.A.

오태선 선생님께
서울시 강남구 개포동 공무원APT
805동 1110호
SEOUL, KOREA

오태선 선생님께.

안녕하셨어요? 이제 겨울방학도 거의 끝났지요? 저는 오늘 중간시험이 다 끝났습니다. 그동안 (2주간) 매일 시험에 시험을 보고, 또 몇 배로 더 치는 시험들이었기 때문에 긴장을 조금 하긴 했지만, 성적은 전반적으로 떨어질 것 같은 느낌도 듭니다. 영어는 신경 쓴 보람이 있어서 작문 실력도 많이 늘었어요. A- 받았거든요. 우리나라 작문 시간에 아웃라인이니 뭐니 많이 배웠을 때는 무슨 소리인지 잘 몰랐는데, 실제적으로 아웃라인을 만들게 한 후 작문을 써내라고 하니까 그때 배웠던 게 뭐였는지 이해가 갑니다. 다음 주 중에 성적표가 나오겠지요. 수학은 덜 고생이에요. 컴퓨터도 좀 배우고 그러니까요.

저번에 여쭈었는지 잘 모르겠지만, 본고사를 보게 된다고 그러던데요…. 그게 뭐예요? 학력고사보다 더 어려워진 것이에요? 왜 저희 학년부터 막바로 적용이 되지요? 참 그리고 서울대 오리엔테이션까지 끝났다던데 언니는 이번 대입 결과가 좋은가요? 300점 이상은 많이 나왔나 모르겠네요. 애들 편지에 굉장히 걱정하는 것 같아요. 특히 예화가 걱정이 많다고 하는데요…. 그리고 모두들 자는 시간 줄여가며 고

생해서 공부하는 것 같아요. 그런 편지 읽을 때마다 미안해서 제가 어떻게 한심하게 하루하루를 보내는지 차마 애들한테 알릴 수가 없어요. 86년 한 해 동안 그다지 이룬 것 없이 지나가게 한 것이 너무 후회스럽구요, 우리나라에서 공부했더라면 이렇게까지 나태하지는 않았을 텐데 하는 생각도 들고요. 진짜 86년은 굉장히 빨리 지나가버린 것 같아요.

애들보고는 대입 시험 끝날 때까지는 편지하지 말라고 그랬어요. 진짜 꼭 해야겠다고 생각할 때 말고는요. 고3들이라 편지지 앞에 앉을 생각이나 하겠어요? 저도 4월 아니면 5월경에 SAT(영·수 대입 시험 비슷한 거요)를 치를 예정인데 막막합니다. 수학은 자꾸 쓸데없는 실수를 해대서 좀처럼 만점(800)이 나올질 않고요, 영어는 단순히 단어 실력에 달린 것인데 단어를 외워도 외워도 까먹고 엉망입니다. 게다가 시험 내용이 워낙 광범위해서 단어 수천 개 외워도 그중에 5개 나오면 많이 나오는 편이에요. 하지만 이건 핑계일지도 모르겠어요. 브로드웨이의 ○○은행 지점장댁 아들은 저와 동갑인데요, 우리나라에서 3년 산 뒤 다시 나오는 거래요. 2년 됐는데 영어를 이번에 650, 수학은 800 맞아서 하버드도 갈 수 있대요. 참, 이 애가 김동현 친구라던대요. 어쨌든 얘가 저보다 유리한 점도 있겠지만, 노력도 굉장했겠죠. 또, 저와 같은 학교 다니는 ○○은행 아들도 ○○은행하고 같은 상황이고, 얘도 화장실까지 단어장을 들고 다니는 노력파인데 500점 정도 받았나 봐요.

저는 400점이 넘는가 싶더니 300점대로 쏙 떨어졌다가 또 슬쩍 400점 나왔다 하고 기대만큼 오르지 않고, 수학마저 실수가 잦아서 여간 기가 죽는 게 아니에요. 제가 나태한 것이 가장 큰 이유겠지만, 단어를 효율적이고 체계적으로 외우기 위해 별수 다 써보기도 합니다.

지금 하루에 100개 이상씩 외워야 할 실정인데, 각 과목 선생님들이 양심도 없이 숙제를 내주어서 숙제만 하다가 볼일 다 봅니다.

애들한테 카드가 많이 왔습니다. 주로 우리나라 옛집 등의 그림이더군요. 참, 물론 우리나라 신문(중앙, 조선, 동아, 매일경제… 다 봐요 그냥)에서도 읽었지만 New York Times에서도 크게 나왔던데요. 고문당하던 대학생 죽은 사건이요…. 아직도 우리나라에서 고문을 한다는 것을 알고 진짜 놀랐어요. 그리고 화도 나고요. 창피하다기보다는 빨리 혼란이 가라앉기를 바라고 싶어요. 그러더니 요새는, 북한에서 누가 도망쳤다고 해서 그 소식이 크게 실리느라 고문 사건이 수그러지는데 괜히 후딱 덮어씌우려 하는 것 같은 인상을 받습니다. 반포 다니는 친구는 편지에 정부에 대해 열렬히 비판하느라 정신이 없습니다. 하지만 자기는 데모는 안 하겠대요. 국가와 국민에 이익이 되는 게 없다고요. 사실 데모 말고도 다른 방법이 있을 텐데 왜 죽을 고생해서 대학 들어가 감옥에 가거나 죽거나 그러는지 모르겠어요. 그래도 역시 고문당해 죽은 학생은 정말 안됐습니다. 제 동생은 멍청하고 뭘 몰라서 죽은 학생이 하나도 불쌍하지 않다고 하니 한심하고 쥐어박고 싶고 그래요.

만일 제가 여기서 이과를 다니다가 아빠 따라 우리나라 대학으로 편입을 하게 되면 신체검사부터 다시 해야 하나요? 그럼 색약이라서 불합격될 텐데요…. 왜 색약을 제약하는지 모르겠어요. 일본도 색맹이라도 의사고 뭐고 다 되고, 미국도 천문학 빼놓고는 다 된다던데요…. 과 결정이 고민입니다.

큰 시험은 이제 한번 지나가서 다행이지만, 역시 여기는 선생님 맘대로 아무 때나 시험 보고 그러니까 오히려 과목 수는 적어도 더 정신이 없는 것 같아요. 게다가 4분의 휴식 시간 동안 화장실도 못 가고 부랴

부랴 다음 교실로 찾아다니느라 바쁜데도 살은 조금도 안 빠지는 걸 보면 희한해요.

올해는 고3을 맡으셨으면 좋겠어요. 그러면 애들에게 큰 도움일 거예요. 선생님께는 뭐든 쉽게 상의하고 쉽게 충고를 받을 수 있고 그러니까요.

참, 애들이 등산 다녀왔다고 막 자랑하던데요. 예화는 사진도 보내왔어요. 이번에는 많은 학생들과 선생님들께서 가셨나 봐요. 아직껏 놀러 가진 못했습니다. 굉장히 춥죠? 영하 15도라는 것을 들었어요. 여기도 요새는 제법 춥지만 학교에서는 짧은 소매 입고 다니는 애들도 많아요. 어떤 애는 덥다고 불평하니 한심하기 짝이 없습니다. 우리나라에서 나무 슬쩍 가져오고 난로 피우다 옆에서 늘어지게 자고 그러던 것이 더 좋은 것 같아요. 난로처럼 화끈하게 뜨거운 것, 쥐포 냄새, 따뜻하게 데운 도시락 같은 걸 여기서는 볼 수가 없으니까요. 저번 주말은 폭설이 내려(11inch 약 28cm) 학교를 쉬었습니다. 만세!

건강히 안녕히 계세요. 또 연락드리겠어요.

1987년 1월 27일
송승혜 올림

송승혜

오태선 선생님께
서울시 강남구 개포동
공무원APT 805동 1110호
SEOUL, KOREA

오태선 선생님께.

그동안 안녕하셨어요? 서울 방학했죠? 그래도 고3은 학교에서 계속 땀을 흘리겠죠? 이곳 여름학교도 거의 다 끝나가요. 1주일 후면 집에 간다는 사실이 꿈만 같아요. 그동안 목도 삐고 감기도 걸리고 배탈도 나고 입술도 부르트고… 제 딴에는 잠깐 고생했지만 이곳 생활도 돌이켜보면 정말 즐거웠어요. 아마 미국에 온 후로 가장 즐겁고 바빴던 6주가 된 것 같아요. 특히 major 영어를 가리키는 남자 선생님이 꼭 이재국 선생님같이 가르치셔서 너무너무 좋아요(비록 미국인일지라도요). 지난 5~6주 동안 배운 영어가 14개월 동안 배운 양보다 몇 배나 되는 것 같아요. 생각해보면 1년 동안 도대체 뭘 했나 하는 느낌이 들어요. 애들 모두 공부 열심히 하고 있죠? 모두들 좋은 성과를 거두었으면 좋겠어요. 선생님께서도 힘드시겠어요. 애들 걱정을 같이 하셔서요. 작년 언니들은 대학들 모두 잘 갔다고 그러던데요. 우리 학년도 잘하겠죠. 참 아주 중요한 사실…. 저번 편지 박향숙 선생님께서 읽으셨나요? 그분 성함을 아무래도 잘못 쓴 것 같아요. 죄송하다고 꼭 전해주세요.

집에 돌아가면 정석 I-2, 화학 I II를 끝내고 SAT 공부에 전념할 거예요. 배구 연습도 하고요. 작년 성적은 괜찮았거든요. 올해도 열심히 해야죠. 대학 신청도 해야 해요. 전 항상 할 말이 많은데….

안녕히 계세요. 아니꼽지만서도요. 해요. 필요성을 느꼈어요. 아참. 일본어 공부도 할까.

승혜 올림[소인 날짜 87. 8. 6.]

건강히 계세요. 연락 또 드릴게요. 엽서는 너무 지면이 적어요.

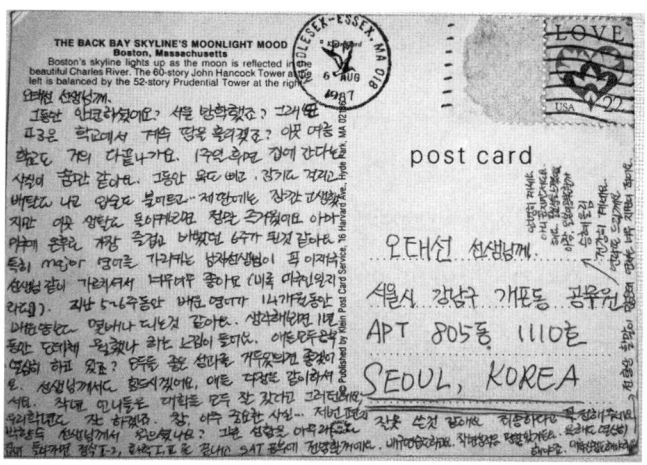

송승혜

오태선 선생님께
서울시 강남구 개포동 공무원APT
805동 1110호
Seoul, Korea

오태선 선생님께.

안녕하세요. 새해 복 많이 받으시고요. 모두들 안녕하시지요? 대학 합격자 발표가 나온 것 같은데 묻기가 어려워요. 무척 궁금하긴 한데요…. 방학이라도 선생님께서 바쁘시겠죠? 짧고 짧은 1주일의 겨울방학이 너무 아쉽게 지나가버렸어요. 주로 대학 원서 쓰고 부치고 학교 숙제 하는 데 다 보냈지만서도요. 그런 중에 성룡 비디오테이프도 빌려다 보고요. 쉬긴 쉬었지만 방학이 아무리 생각해도 짧은 것 같아요. 저는 아직 1월 23일에 대입 시험 한 종류를 더 남기고 있습니다. 시험 다 끝나면 또 시험 시험. 그래도 제 엄마께서는 제가 얼마나 편한지 모른다고 하시더군요.

이곳에 온 지 거의 2년이 다 되어 가요. 웬만한 애들은 금방 적응하고 또 이맘때쯤이면 미국 생활을 더 좋아해간다고들 하지만, 전 왠지 계속 이곳이 별로예요. 눈이 무지 많이 오는 점을 제외하고는요. 음식도 풍부하다고 하지만 전 그것이 오히려 악조건 같아요. 아빠 은행 직원분 가족들께서 새해 첫날 모두 오셨었는데요, 꼬마들 입이 보통 까다로운 게 아녜요. 한입 먹다가 그냥 버리기가 일쑤고요. 저 자신도 냉장고는 꽉꽉 차 있지만 맨날 엄마께 먹을 게 없다고 타령이니 걱정입니다. 결국은 초고추장에 현미 비벼 먹기가 일쑤지만요.

제 예상보다는 선거 후유증이 적어요. 아니면 제가 요새 신문을 별로 못 봐서 잘 모르고 하는 소리인지요. 전 난리 날까 봐 걱정했었거든요.

말씀드린 대로 의대를 가고 싶어요. 제 부모님께서는 여자가 의학 하려면 너무 시간이 오래 걸린다고 약간 별로이신 것 같지만 전 거의 확실해요.

오늘(1. 6. 88.) 신문에 너무나 좋은 소식이 있던데요. 서울대 자연계 수석이 우리 학교 학생이던데요. 얼굴도 이름도 기억에는 없지만 (전학 온 앤가요?) '서초고'라고 신문에 나온 사실만도 너무 기뻐요. 이곳에 외국어대부속고에서 온 동갑내기 애한테 자랑해야겠어요. (^_^) 애들 어떻게 했어요? 작년에 비해 잘했나요? 열반 출신들, 또 신승은이나 그 외의 친구들 어떻게 됐을지 궁금해요. 지금쯤 학교에 통계가 쭉 나왔겠죠? 죄송하지만 귀찮으시더라도 이번 학년 대강 어떻게 했고 열반 애들 어떻게 했는지 꼭 좀 알려주세요. 제가 직접 물을 수는 없잖아요.

얼마 전에 제게는 마지막으로 '국제축제'를 치렀어요. 제 한복과 제 아빠 한복은 없는 한국 애들에게 빌려줬고요. 음식은 언제나와 같이 잘 팔렸고요. 어떤 애 엄마께서는 밤새 전을 부쳐오시고요, 꽤 좋았어요. 사실 그때 외에는 한국 애들끼리 모이는 일은 좀처럼 없거든요. 남학생은 남학생들끼리 모이고 여자애들은 다 어려서 자기네끼리 어울리는 편이고요.

저는 그냥 주변 아이들과 어울려 지내요. 주로 우등반 아이들이지만요. 그래서 그런지 좀처럼 속을 터놓기가 어려워요. 제가 다니는 학교도 경쟁률이 대단하대요. 매년 하버드, 예일 같은 대학에 각각 열 명씩 들어가요. 경쟁은 한국에서도 있었지만, 아무리 기억을 덤듬어 봐도 이 곳처럼 치사한 식의 경쟁은 없었던 것 같아요. 공책도 안 보여주고 그 냥 간단한 질문을 해도 모른다고만 해버리고요. 그렇다고 해서 그런 애 들이 특별나게 잘하는 것은 아닌데요.

이곳은 이제 제법 겨울다워지고 있습니다. 어떤 날은 24시간 계속 눈 이 와서 학교도 쉬었구요. 저희 가족이 현재 묵고 있는 사택은 언덕 위 라서 눈을 항상 치우지 않으면 안 되거든요. 그래도 전 눈이 오면 좋아 요. 비록 저 혼자 눈을 모두 치워야 할 처지라도요.

이곳 애들은 눈에 대한 감정이 없나 봐요. 우리나라 같으면 수업하다 가도 눈이 오면 좋아하고 눈싸움도 하고 뛰어나가 눈도 맞고 그러는데 이곳 애들은 "오늘 학교 일찍 끝나지 않을까?" 혹은 "오늘 어떻게 운전 하고 가나?"(많은 애들이 차를 몰고 다니니까요) 아니면 오늘 수지맞았다(아르 바이트로 남의 집 눈 치워주는 애들) 등등의 소리나 해요. 저랑 제 동생은 새벽 2시에 썰매(그냥 플라스틱 조각이에요) 가지고 나가 마당(언덕이거든요)에서 타곤 해요. 저희 나이 또래의 애들은 아마 저희보구 미쳤다고 그러겠 죠. 이곳 애들은 금요일에 남녀 친구들끼리 극장 가거나 맨해튼 거리를 배회하는 게 즐겁지 눈싸움은 '애들' 장난이래요.

2월부터 야간 학교에서 일본어를 배우기 시작할 거예요. 그동안 혼 자 몇 번이나 시도해보았지만 다 까먹고 "와따시와 강고꾸징데스"밖 에 기억을 못 해요. 2월쯤이면 대학 신청이고 대학 시험이고 다 끝났을 테니까요. 시간이 좀 나겠지요. 사실은 매주 화요일은 불어, 수요일은 일본어, 목요일은 수화를 배우려고 했었는데요, 엄마께서 수화는 배워 서 뭐 하냐고 그러시고(저희 학교에 농아가 몇 명 있어요. 수업 시간에는 애 앞에 사람이 앉아 수화로 통역을 해주는데 보니까 쓸모가 있을 것 같아요) 또 저녁 시간을 매일 3시간씩 학교 공부 외에 사용해도, —그럴 여유가 있을지— 모르겠고, 또 대학 가면 어차피 다 까먹어서 불어는 처음부터 시작해야 할 상황이고 5월에 대학 코스 학점 따는 시험도 있고 해서 그냥 일본어만 하려고 해요.

벌써부터 올림픽 열기가 가득하겠지요. 전 그때쯤 기숙사에 들어가 있어서 어떻게 되어가는지도 잘 모를 거예요. 궁금해서 어떻게 하죠?

서울도 몹시 춥다고 들었어요. 내년에도 고3 담임 맡으시겠죠?

선생님, 항상 건강하시고요. 새해 복 많이 받으세요.

선생님 가정이 평화롭고 기쁘기를 기도드리겠어요.

안녕히 계세요.

1988년 1월 11일

승혜 올림

송승혜 올림
208 FOX meadow Rd.
Scarsdale NY 10583

오태선 선생님께
서울시 강남구 개포동 공무원APT
805동 1110호
Seoul, Korea

오태선 선생님께.

안녕하셨어요? 그동안 항상 건강하셨고요? 소식 늦어서 죄송해요. 이제야 좀 안정이 돼서요. 대학원 공부는 순조로우신지요? 애들은 자주 뵈러 오고요? 예화가 선생님을 뵈야겠다고 하는데 고민이에요.

저도 저번 6월 24일로 고등학교 생활을 마쳤어요. 땡볕 아래 졸업 가운을 입고 앉아 목사님의 축도로 시작된, 우리나라에서는 어쩌면 보기 힘든, 졸업식을 무사히 마쳤습니다. 그동안 저도 많이 변했어요. 내적 외적 다요. 외적으로는 선생님께서 아마 못 알아보실 정도로 찌고요,  내적으로는 저 자신도 표현할 수가 없는 그러나 확실히 서울에서의 제가 아니라는 걸 의식할 수 있는 그런 변화가 왔어요.

우선 제 대학 소식부터 말씀드릴게요. 현재 연대 수학과 과장이신 저의 작은 아버지와 서울대 교수이신 작은 어머니의 주장—우리나라에서는 버클리를 제일 알아준다는—과 아빠의 주머니 사정에도 불구하고(버클리 같은 주립대학은 아이비리그의 사립대학보다 학비가 훨씬 싸요) 결국은 콜롬비아 대학에 합격에 응하는 편지를 보냈어요. 코넬을 원해 가려 했었지만 학교가 너무 커서 자동차로 운전하고 다녀야 할 정도에다 근처에는 동양 식품점 비슷한 것도(전 아직 한국 음식 없이는 못 살아요) 없어서, 그리고 그 외의 수많은(?) 이유 때문에 콜롬비아를 택했지요. 아 그런데! 콜롬비아에는 가겠다는 편지와 다른 학교에는 안 가겠다는 편지를 부친 그날! 버클리에서 성적에 따른 장학금 300불을 주겠다지 뭐예요!

때는 이미 늦었지요 뭐. 그런데 행운의 신은 아마도 저를 싫어하지는 않나 보죠. 그 뒤 콜롬비아에서 학비 보조 신청을 하라고 편지가 왔죠. 원래 이곳에서는 극히 제한된 수의 외국인들에게만 학비 보조를 해주고요, 또 원래 만기일이 2월 15일이어서 받을 사람은 4월 달에 알려줘요. 저야 어디 해봐서 손해 볼 것은 없다 하고 늦게서 5월 말에야 신청을 하고 법석을 피웠어요.

원래부터 신청했다가는 외국인이 돈도 없다고 불합격시킬 것 같았거든요. 어쨌든 어느 날 대학에서 편지가 왔어요. 장학금 형식의 돈 6000불가량 대학에서 빌리고 일해서 얻을 수 있는 보조금 4000불가량, 합해서 약 10000불 보조를 해주겠다고요, 그리고 저희는 8000불가량 내고요. 돈 빌리고 학교에서 일해서 얻는 형식의 보조금은 거절했어요. 공부해보고 나중에 직업을 갖게 되면 몰라도 공부에 지장될까 봐요. 그래도 저희가 총 낼 학비가 버클리정도 되니 굉장히 싼 거죠. (물론 우리나라 학비에 비할 수는 없지만요.) 그리고 저희 부모님께서는 액수와 관계없이 제가 장학금을 타서 자랑스러워하시는 것 같아요.

졸업 전에 시상의 날에서 수학경시대회 상과 (또 월등했어요) 생물상을 받았어요. 생물상은 대학 과정의 생물반에서의 결과겠죠. 여하튼 기뻤습니다. 자랑스러웠고요. 하지만 기분 쓸쓸하게도 올해는 일본 아이들이 상을 많이 탔어요.

또 억울한 일이 있어요. 졸업식이 끝나고 후로리다[플로리다] 주로 3

박 4일 휴가를 다녀왔는데요, 디즈니월드의 에프코트 센터라는 곳엘 갔었어요. 초첨단 과학을 생생하게 경험할 수 있는, 인류의 발달과 희망적인 인류의 장래를 경험할 수 있는 그런 교육적인 장소였어요. 그곳에서는 과학적인 교육과 동시에 세계 문화를 생생히 경험할 수 있거든요. 미국, 영국, 불란서는 물론이고 일본, 중공까지 각 나라가 특유의 전통적인 건물 내에 선전적인 관광 영화를 360도로 볼 수 있던지

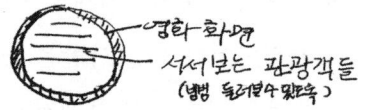

아니면 배를 타고 지나가며 그 나라의 관광지 모형을 볼 수 있게끔 되어 있어요. 그래서 제가 아빠께 여쭈었죠. 왜 한국관은 없냐고요. 그랬더니 원래 우리나라에도 한국관 지으려면 지으라는 제의가 들어왔데요. 60만 불만 내면 된다고요. 그런데 그 좋은 기회, 우리의 문화를 하루에도 수천, 수만 명의 세계인에게 보일 수 있는 기회를, 정부에서 뭘 했는지 놓쳤대요. 글쎄! 지금은 몇백만 불을 줘도 한국관을 지을 수가 없대요. 그게 억울해요.

오늘 학년말 성적표가 도착했어요. 2과목 A$^+$, 2과목 A 그리고 거의 공부 안 했던 미국 역사는 A$^-$(놀랍게도!) 대체로 성공적으로 마무리 지은 한해였지요. 일본어도 (회화) 3달가량 배워서 쓰고 읽을 줄은 몰라도 간단한 인사 정도는 해요. 작년에 제가 갔던 여름학교에 올해는 제 동생이 갔어요. 그래서 저는 제가 다니던 고등학교의 여름학교에서 물리를 배우기로 했어요. 건방지고 불손하기 짝이 없는 말씀이지만 우리나라에서 물리 시간에 뭘 배웠는지 도통 모르겠어요. 아마 제가 머리가 나빠서 기억을 못 하나 봐요. 어쨌든 대학 가서 필요한 것 같아 배우려고요.

참, 선생님 제 글씨가 지저분한 것 용서해주세요. 선천적으로 글씨를 못 쓰는 탓도 있지만 진짜 오랫동안 한글을 안 썼거든요. 죄송해요. 그래도 이 글씨들은 얼마나 정성 들여 쓰고 있는데요…. 너무 제 소리만 늘어놔서 죄송해요.

요새 서울은 어때요? 6.10 회담이 이루어지지 않은 채 데모와 파업 등 격해져가는 것만 같아요. 한 가지 궁금한 것은 대학생들은 미군 철수를 주장한다는데 왜 그럴죠? 미군이 떠나면 남한은 너무 약하지 않나요? 그리고 경찰을 납치해다가 두들겨 패고 어쩌고… 왜 그럴까요? 열반 출신의 대학생들 중에 데모하는 애들도 있을까요?

이곳은 무척 덥습니다. 비도 안 오고요…. 이곳에서 가까운 주에는 물 압력이 반 이상 떨어졌대요. 서울도 많이 덥지요? 며칠 전 보니까 홍수도 나고, 중동 근로자가 죽고 난리났었어요. 이곳에 인구가 많아서 그런지는 몰라도 뉴스 보면 매일 한 건 혹은 그 이상의 살인사건이 미국 북동부의 몇 주에서만도 일어나요. 콜롬비아 대학이 할렘가 옆이라서 부모님이 걱정도 많이 하세요.

선생님 곧 또 연락드릴게요. (노력할게요! ^_^) 더운데 건강하시고요. 선생님 댁 모두 건강하세요. 안녕히 계세요.

1988. 7. 14.

송승혜 올림

추신: 올림픽이 성공적으로 치러졌으면 좋겠어요.

혹시 은정이 소식은 들으셨나요?

대학 얘기도 궁금하고, 또 예화가 은정이가 졸업앨범 보내줄 거라고

했는데 소식이 없네요.

오태선 선생님께

선생님 안녕하세요?

올림픽을 성공적으로 치른 대한민국에 대한 자랑스러움 가득한 가슴으로 편지 올립니다. 제가 올림픽 기간 동안 한국에 없었다는 사실만큼 속상한 일도 없었을 거예요. 너무 기쁜 것은 마라톤 때 서울 거리를 쭉 보여주었는데, 얼마나 깨끗하고 잘 정돈된 거리였던지 제가 TV를 보면서 속으로 "저게 서울 거리야?" 할 정도였어요. 하지만 올림픽이 끝나자마자 역시 한국은 '조용한 아침의 나라'라는 말이 실감 날 정도로 미국 신문에서는 올림픽 이야기나 한국 얘기를 찾아볼 수가 없어요.

이곳은 차차 서늘해지기 시작했어요. 아니, 밤에는 너무 추워서 도서실 왔다갔다 할 때에는 겨울 외투를 입었으면 싶을 지경이에요. 서울도 가을이지요.

저는 대학 생활에 조금은 느리게 적응하고 있어요. 고등학교 때보다 할 공부가 몇 배나 되고 또 대학생으로서의 저 자신을 아직 못 찾아서인 것 같아요. 그래도 대체적으로 대학 생활을 즐기고 있어요. 이곳 대학교에서 가장 큰 써클 중의 하나가 바로 한국인 클럽이에요. 한국 학생들이 (적어도 제가 보기에는) 똘똘 뭉쳐서 사이가 너무 좋아요. 맨 처음 대학에 와서 선배들의 도움이 없었다면 어려웠을 거예요. 매주 수요일 저녁은 7~8명이 모여 성경 공부를 해서 내가 잠시나마 (미국 와서) 잊었던 종교의식을 깨우쳐주고 있어요. 또 매주 토요일 저녁에는 '씨알' 모임이 있어요. 이 모임은 날이 갈수록 사람이 느는데요, 대학생들에게 적합한 토론모임으로 '우리 것을 찾자' 하는 방향으로 진행돼요. 미국에서의 한국인으로서의 입장에 대한 문제, 한국 대학생들의 이야기, 데모 이야기, 삶에 의미(이건 어려울 것 같아요) 등등 진지한 토론을 해요. 문제는 이런 모임에 나가면서 과연 내가 진짜 대학생으로서 준비가 되었나 하는 거예요. 어제 씨알 모임에서 2학년 선배가 그러더군요. 미국에 온 학생들은 미국 문화에 적응하느라 시간을 빼앗기기 때문에 결과적으로 한국에 있는 학생들보다 정신 연령이 낮다고요. 사실인 것 같아요. 한국에 있는 친구들에게 편지하면서 종종 느끼는 건 "왜 이렇게 내가 유치한가", "왜 내가 생각하는 건 아직도 중·고등학생 같은 것뿐인가" 하는 거예요. 걱정돼요. 한국 돌아가서 다시 한국 사회에 적응하려면 제 정신 연령은 더욱더 뒤떨어질 것 아니에요?

참, 1학년 때 11반 부반장이었다는 애가 이름이 한상진인가 그렇대요. 누나 이름은 한정민이고요, (당시) 12반에 은지인가 누군가가 아직도 얘한테 편지하고 그런데요. 1학년 5월경에 미국으로 이민왔다는대요, 굉장한 수재인가 봐요. 하버드 다닌대요. (10. 7)

제가 미국에 처음 와서 대학 오기 전까지는 재미교포들을 너무 나쁘게만 본 것 같아요. 저는 그 아이들이 한국인임을 창피하게 여기지는 않나 걱정했었거든요. 하지만 대부분의 교포 아이가 대학에 오면 한국어를 택하고, 한국을 알기 위해 무진장 애를 쓰는 것 같아요. 어제(10. 15)는 씨알 모임에서 단체로 다큐멘터리 영화를 보러 갔었어요. 한국 대학생들이 만든 흑백영화로, 노동자들의 데모, 체포, 가족 상황, 데모생들의 일화, 진압 경찰들의 경우, 히로시마 원자 폭탄 투하 이후 생존자들의 2세와 정부에서의 무관심 등을 다룬 것이었어요.

전혀 모르던 사실들은 아니었지만, 막상 그렇게 앉아서 보고 나니 기분이 이상했어요. 애들이 보고 나서 하는 말이 "우리나라 참 안됐다" 하는 거예요. 저는요? 글쎄요. 전 우리나라가 아직 민주국가로서는 미흡한 점도 많지만요 꼭 빠른 시일 내에 미국보다 더 나은, 플라톤의 '국가'에 나온 민주국가의 이상형보다 더 좋은 그런 곳이 될 것 같아요. 제가 미국에 온 몇 년 사이에 외부인이나 내부인의 입장으로 봐도 2년 반 전의 한국은 확실히 아니니까요. 이번 여름에 한국에 다녀온 선배들이 한국 너무 좋아졌다고들 할 때마다 너무 한국이 보고 싶어요. 우리 집 앞의 길은 어떻게 됐을까요? 테헤란로가 굉장히 복잡해졌다고 그러던데요…. 하지만 한국에 가고 싶은 마음에 앞서 저 자신의 미래를 약간 걱정하는 건 이기적인 마음에서 나온 것이라고만은 할 수 없겠죠. 이곳 대학에 다니면서 더 공부하고 싶은 의욕이 은근히 생기곤 해요. 아니 졸업은 못 하더라도 이곳에서 1, 2학년은 마치고 나서 아버지께서 발령이 나셨으면 해요. 하지만 어디에 있든 제가 하고 싶은 공부를 할 수 있다면 제일이지요.

요새 대한민국의 대학생인 저 자신을 찾기 위해 열심히 노력하고 있어요. 선배들과 한국 얘기를 틈나는 대로 나누고 정치 이야기도 자주 듣고요. 이번 씨알 모임 때는 이화여대 강사님께서 우리나라 실정에 대해 말씀해주셨어요. 두고 보세요. 제가 한국에 돌아가서 선생님을 뵐 때 당당한 '대학생' 내지는 '한국인'이 되어 있을 테니까요. 요새는 4학년 오빠가 읽으라고 주신 김형석 씨의 '영원과 사랑의 대화'를 읽고 있습니다. 곧 또 연락드리겠습니다. 항상 건강하세요. 안녕히 계세요.

승혜 올림

[소인 날짜 88. 10. 24.]

송승혜 올림
606A Carman
Columbia University
New York, N.Y. 10027

오태선 선생님께
서울시 강남구 개포동 공무원APT
805동 1110호
Seoul, Korea

오태선 선생님께. (화학시간)

안녕하셔요. 벌써 11월도 중순께로 접어들고 있습니다.

중간고사 치르느라 정신이 없던 나날들이 일주일도 채 지나기도 전에 벌써 학기말 고사 준비에 여념이 없습니다.

그동안 건강하셨지요? 대입시험 준비 때문에 학교가 몹시 바쁠 것 같아요. 이번에 재수하는 애들 제발 다 붙어야 할 텐데요.

9월에 애들(스머프+어진이)이 모여서 백일주를 마셨데요. 성민이, 어진이 등은 염려 없을 것 같은데 편지 오는 애들마다 예화 걱정들을 해요. 저는 왠지 예화가 괜찮게 하리라고 믿고 싶은데…. 그들 모두를 위해 (거의) 매일 기도드리고 있으니 잘되겠죠? 이번 고3 애들도 잘하겠죠?

저번에 말씀하신 교과서 편찬 일은 어떻게 되셨는지요?

벌써 다 결과가 나왔나요 아니면 아직 편찬 중이세요?

꼭 잘 되셔야 할 텐데요. 선생님뿐 아니라 학생들을 위해서 말이에요.

고등학교 졸업 이후 뜸했던 애들 편지가 조금은 자주 오고 있는 편이에요. 편지마다 제게 선생님 안부를 여쭙는 글이 있는데 좀 우스운 생각이 들어요. 애들한테서 오는 편지에는 두 종류가 있어요. 제가 뭘 알고 분류하는 건 아니지만, 제 나름대로 느끼는 게 있어서요.

한 종류의 애들은 (제가 함부로 이렇게 말해도 될지는 모르지만) '무지'한 애들이에요. 대학에 다니면서 공부하고 사람 만나며 사는 생활 외에 제 생각에는 보다 중요한 게 너무 많은 것 같은데, 그들의 편지를 보면 너무 단순하고 무관한 생활을 하고 있지 않나 하는 실망도 합니다. 미국에 와 있는 저 자신보다도 더 무관심한 애들에 대해서는 이해가 안 가요. 자기 주위의 사회에 대해서, 학교 내의 일에서, 주위 동료들의 생각에 대해서 그리고 넓게는 세상에 대해서 너무 고정된 관점, 걸에서만 보는 자세에서 사는 친구들 같아요.

반면에 다른 친구들에게서는 (그중 대부분이 재수하고 있지만) 뭔가 많이 배우고 있다는 느낌을 받아요. 저 자신이 그들에게서요. 무어라고 꼬집어 말할 수는 없지만 왠지 그들의 편지를 읽을 때마다 저 자신이 부끄럽고 그들에 비해 저는 생각하는 깊이가 전혀 없음을 느껴요. 그들을 통해서 성공적이라고만 믿었던 올림픽에 대해서 생각이 바뀌었고 그들에 의해서 한국이 걸으로만 눈부신 발전을 하고 있는 게 아닌가 하고 스스로 묻게 됩니다. 신문에 보면 찬란한 건축물, 놀이동산, 유흥가의 건설에 대해 줄줄이 나옵니다.

옛날에는 그냥 감탄만 하고 있었지만 이제는 과연 그런 발전의 기쁨, 영광을 누리는 국민은 전 국민의 몇 분의 일이나 될까 하고 생각하게 됩니다.

이상합니다. 비슷한 환경에서 자라난 제 친구들입니다. 찢어지게 가난한 이도, 혀를 내두를 정도로 부자인 이도 없습니다. 서로 같은 중학교 혹은 같은 고등학교를 나온 이들입니다. 무엇이 한 부류의 친구들은 무지 내지는 무관심하게 만들었고 무엇이 다른 한 부류는 껍질 밑의 사회를 뚫어보며 걱정하게 만들었을까요? 저도 사회를 깨끗한 눈으로 보는 마음을 가지고 싶습니다. 매스컴의 보도에만 의지하며 사는 그렇게 형성된 가치관은 가지고 싶지 않습니다. 그러기 위해서 '생각하는 씨알이 되어보려고 해요.

함석헌 씨를 알고 계시죠? 씨알 첫 모임 때 그분의 글 '생각하는 씨알이라야 산다'를 배웠어요. 그때는 무슨 소리인지 전혀 몰랐지만 지금은 아주 어렴풋이나마 알 수 있을 것 같아요. 그 글의 의미(?) 내지는 교훈을요. 그냥 부모님 말씀 순종하며 편하게만 살려고 해서는 안 되겠어요. 옛날에는 우리 아버지 앞에서 작은 말대꾸만 하려 해도 눈물이 줄줄 나오는 철부지였어요. 지금도 부모님 눈에는 전 어린애에 불과하지만 차차 제 의견도 들으시고 하실 것 같아요. 저번 일요일에 부모님께서 학교로 찾아오셔서 외식을 시켜주셨습니다. 식사 도중 조심스럽게, 그러나 진지하게 대학 와서 사귄 윤영이 현옥이와 세운 계획에 대해 말씀드렸습니다. 1월에 3주간의 겨울방학 동안 셋이서 맨해튼 거리에서 장사를 하겠다고요. 거리 위험한 것, 겨울에 추운 것 다 알고 어머니께서 극구 반대하실 것 알지만 광주에서 눈 올 때 극기 훈련시킨다고 산 몇 개도 넘게 하셨던 아버지께서 반대하신다는 건 이해도 안 될뿐더러 실망할 일이라고요. 예상대로 어머니께서는 "왜 사서 고생이냐" 하셨습니다. 제가 "젊어서 고생은 사서 하는 거래요" 그랬더니 아버지께서 승낙하셨습니다. 처음 있는 일이었어요. 제 의견에 부모님께서, 특히 아버지께서 동조하신 일은. 물론 구체적으로 무슨 장사를 할지는 모르지만 승낙받는 게 제겐 가장 큰 문제였어요.

아마 부모님께서도 제가 조금씩 크고 있다고 인정하셨는지도 모르죠. 어쩌면 저 자신 실지로 알게 모르게 크고 있느지도 모르죠. 기분 상쾌한 날이었습니다. 아니 대학 와서 항상 즐거웠습니다. 배우면서 자라면서 열심히 살면서 비록 성적은 말이 아니지만 미국에 온 이래 처음으로 사는 재미를 느끼고 있어요. 아마 이것이 대학 생활의 참모습이 아닐까요? 미팅이나 하고 술이나 마시며 헬렐레거리는 그런 것이 아니라 뜻있는 모임에 참여하여 토론하고 배우며, 도서실이나 책과 밤샘도 하며, 친구 기숙사에 가서 라면에다 김치에다 떡볶이에다… 밤참을 먹으며 이야기 나누며, 그러다 좁은 침대에서 불편하지만 같이 자기도 하고 그러는 것이…. 물론 이곳에도 돈 많은 유학생들이 좋지 않게 하고 다니는 모습도 눈에 띄곤 해요. 하지만 얼마나 자랑스럽고 귀한 선배들입니까? 후배들을 격려하고 한국 학생들을 단합시키며 '우리나라'를 어린 우리, 철부지인 우리에게 깨우치기 위해 동분서주하시는 선배들을 만난 게 얼마나 다행인지 몰라요. 또 얼마나 사랑스러운 급우들입니까? 그런 선배들의 인도에 믿음과 신념을 가지고 따르는 이들이….

화학시간도 어느덧 끝나버렸습니다. 저도 곧 다음 수업실로 가야지요. 아마 오늘도 저녁을 먹고 나서 윤영이와 현옥이와 함께 동아시아 도서관에 한국 신문을 읽으러 갈 것 같아요. 세상 돌아가는 건 몰라도 한국은 알아야죠. 간접적으로나마.

이 도서관에는 '노동신문'이라는 북한 신문도 있어요. 아마 제 시야가 넓어지고 제 마음이 더 트이게 되면 그런 신문을 차차 봐도 냉정을 잃지 않을 때가 있겠죠. 편견이 없어질 때가 곧 오겠죠.

올해는 왠지 눈이 늦게 오려나 봅니다. 비교적 쌀쌀한 날씨예요. 항상 건강하세요. 또 시간 나는 대로 연락드리겠습니다.

일천구백팔십팔년 십일월 십사일

승혜 올림

Seung Hae Song
255-18 Iowa Rd.
Greatneck, NY 11020

오태선 선생님께
서울시 강남구 개포동 공무원APT
805동 1110호
Seoul, Korea

오태선 선생님께.

선생님 그동안 안녕하셨어요? 연락이 늦어서 죄송합니다. 사모님과 영근이, 구슬이도 안녕하시고요?

졸업은 5월에 했는데 이제야 편지드려서 죄송합니다. 하지만 나름대로 졸업 후 그냥 놀고먹지는 않으려고 뛰어다니느라 바빴어요. (이것도 핑계는 핑계지만…^_^)

졸업식은 섭섭함과 아쉬움과 여러 복잡한, 그다지 좋지만은 않은 기분으로 무사히 마쳤습니다. 제 졸업식에는 모처럼 한국에서 엄마께서 오셔서 덜 허전했어요. 대신 기숙사 방에서 둘이서 한 1주일 같이 보내느라 고생 좀 했지요. 졸업은 Honor를 받고 했지만 그래도 '좀 더 열심히 할걸, 1학년 때 왜 그렇게 놀았나?' 하고 후회 많이 했어요.

지금 뭐하냐구요? 이곳 American Express Bank에서 인턴사원으로 일하고 있어요. 우선은 금년 11월 말까지 일하기로 되어 있는데 또 모르죠. 이쪽에서 절 원하면 내년 5월까지 있게 될지도. 5월에 제 Practing Training permit 기간이 끝나거든요. 제 쪽에서도 처음부터 여기서 연구적으로 남아서 일할 계획은 애당초 없었구요. 다만 경험을 얻고자 해서 인턴사원으로 들어왔죠. 원래는 Actuarial Science라는 것을 공부하기 위해 좀더 남아 있으려고 했는데 때마침 운 좋게 인턴십이 걸려들어서 돈도 벌고 경험도 쌓고, 밤에는 강의도 듣고 틈틈이 공부도 하고 그래서 나름대로 일이 잘 풀린 것 같아요.

지금 일하는 부서는 아시아-태평양 마케팅부인데 처음에는 이곳저곳 서류 전달 및 복사하는 일만 잔뜩 시키더니만 이제는 컴퓨터를 통해서 Money Transfer 하는 것(제 상사는 중공-홍콩-대만 담당이니까) 중국계 나라에 있는 지점에서 들어오는 문의 응답, 수표 입금, 기타 등등 여러 일을 한꺼번에 맡게 되어 무척 바빠졌어요. 게다가 8/17일부터 두 주간 동안은 제 바로 위의 상사가 휴가를 떠나기 때문에 제가 완전히 그 사람 하던 일을 맡아서 해야 해요. 덕분에 저녁 늦게 들어오면 피곤해서 공부하는 책 위에 엎어지기가 일쑤고 저녁도 거의 못 먹어요. 그래도 아직 (젊어서?) 재미있다는 생각뿐이어요. 작년에 대우증권에서 아르바이트 생으로 일할 적에는 그 나름대로 신나고 재미났었는데 솔직히 별로 시키는 일 없이 맨날 번역만 시켜서 지겹기도 했었거든요. 그런데 요새는 저희 부서뿐 아니라 옆의 부서, 부장님 여러 사람이 이 일 저 일을 맡기는 바람에 정신이 없고 시간이 너무 후딱후딱 지나가버리는 것 같아요. 금세 점심시간이고 금세 퇴근이고…. 한국에 전화를 하면 부모님 께선 늘 "얘, 너무 열심히 일하지 마라. 그러다가 늙어버리면 시집도 못 간다" 하십니다. 우리 부모님의 가장 큰 걱정거리인가 봐요. 앞으로 어 떻게 될지는 전혀 모르고 있어요. 한국에서 취직을 하게 될지. 여기서 더 공부를 하게 될지. 시집은 부모님 극성에 결국은 가게 되고 말 것인 지…. 하지만 일단은 매일매일 그날 일에 충실하며 살아갈 생각이에요. 이런저런 계획 세워가며 공부해가며….

선생님, 아직은 주소 안 바뀌셨죠? 너무 제 얘기만 했네요. 건강하시겠지요? 글씨 엉망인 거 용서하세요. 제가 워낙 글씨가 떡판인데다가 기차 안에서 쓴 부분도 있거든요. ' ⌣ " ' 또 연락드릴게요. 건강하세요!

1992. 8. 9.

송승혜 올림

송승혜

오태선 선생님께
[소인 없는 편지]

오태선 선생님께

　선생님 너무너무 죄송해요. 결혼식 끝나고 정신없이 지내다가 부랴
부랴 미국으로 오느라 제대로 인사도 못 드렸네요. 사모님께만 잠시 인
사드렸을 뿐, 너무 예의 없는 짓을 해서 죄송해요. 게다가 이 편지마저
늦어서 죄송해요…. (ˊ︶ˋ)

　선생님께선 이미 여러 제자들 결혼식에 다녀보셨을 테니까 별 느낌
이 없으실지도 모르겠네요. 저희 학년 애들도 벌써 여럿 결혼했다던
데…. 하지만 고1 때 그렇게 말썽부리던 저희가 벌써 결혼하고 애 엄
마 되고(민정이 아들 낳은 거 아세요?) 그러니 징그러우시죠? 정말 너무 세
월이 빨리 가는 것 같아요. 고등학교, 대학교 때 세상을 놀라게 하겠다
는 마음으로 살던 저희가 안정된 생활을 택한 것이 과연 내 기가 죽어
서인지, 야망이 없어서인지, 아니면 여전히 기죽지 않고 계속 팔팔거리
며 하고자 하는 일을 해나갈 수 있을지 모르겠네요. 다만 이번에 한국
에 나가서 결혼 준비하면서 우리나라 가정 관습이 여자들이 크고자 하
는데 관대하지 못하다는 것, 여자들에게 기대되는 생활 반경이 지극히
한정되어 있고 그 눈에서 벗어나는 짓을 하면 심하게 비난받을 수 있다

는 걸 뼈저리게 느꼈어요. 제 신랑 될 사람은 그나마 굉장히 이해심 많고 자유주의적이에요. 고등학교와 대학교를 미국에서 다녀서 생각하는 게 저와 비슷하고요. 프린스턴 대학 나오고요…. 음~ 제가 생각해도 똑똑하고 착하고 훤하게 생겼어요. (사모님께서 잘 생겼다고 그러시죠?)

제가 직장 생활하는 걸 적극 지원하는데 시댁 어른들께서는 어떠실지 모르겠네요. 제가 워낙 버릇없고 집안일도 못 하고 그러는데….

저 잘할 수 있겠죠? 여태까지 커오면서 늘 주위 사람들로부터 뭐든지 척척 잘하는 슈퍼우먼이란 소릴 들어왔는데, 뭐 결혼해서도 계속 잘하겠죠? 지켜봐주세요. 멀리서나마.

사모님이라도 뵈어서 참 기뻤어요. 건강해 뵈시더군요. 참 좋은 글도 주시고 저 아직도 사모님께서 그리신 '어린왕자' 부채 가지고 있어요.

우리 집 가보로 모실게요. ^_^

선생님, 사모님 계속 건강하세요. 그리고 선생님 사모님과 같이 교회 다니면서 예수 믿으세요. 구원받으세요.

또 연락드릴게요. 안녕히 계세요.

송승혜 올림

1995. 5. 19.

친구들하고 찍은 사진 – 예화 알아보시겠어요?

서초구 서초동 신동아 8동 308호
오미영 올림

서울시 강남구 개포동 공무원APT 805동 1110호
오태선 선생님께

선생님께

선생님 이제 아주 완연한 봄이지요. 마음도 하늘도 모두 봄빛이어요.

작년 이맘때는 이 봄빛을 매우 얄밉게 생각했는데 지금은 희망의 빛이라고 생각해요. 재수생의 봄이 무엇이 그리 희망차냐고 물을 수도 있겠지만 선생님께서 항상 강조하신 내가 서야 할 자리를 제대로 찾기 위한 노력이고 작년 한 해는 나의 자리를 찾기 위한 나의 시간들이었기 때문에 전혀 후회는 하지 않아요. 저의 고등학교 시절 중 가장 값지고 보람되고 행복했다고 그리고 먼 미래에도 절대 후회하지 않을 것이라고 자신 있게 말할 수 있으리라고 생각해요.

선생님 덕분에 학원에서 나름대로 열심히 보내려고 노력하고 있어요. 분명 고3보다 고4는 힘들어요. 작년에는 그냥 내가 어느 만큼인지도 모르는 아주 불안한 상태에서 생활했지만 그리도 힘들 때 또 답답할 때 정말 함께 있어 주시던 선생님이 계셨지만 여기선 선생님이라고 해서 친근감보다는 거리감이 더 생겨요.

지금 확실히 느끼고 있는 것인데요 정말 서초의 선생님들은 최고였다고 생각해요. 재수를 해보지 않은 사람은 모르겠지만 항상 소속감이 없는 학생이라는 느낌이 들어요.

　세상 사람들 보기가 그리 좋지 않아서 혼자 문 닫고 앉아 있어요. 이런 환경에서일수록 더욱 열심히 해야 한다고 남들이 모두 말하듯이 재수라는 것 해서는 안 되는 것이라고 전 말하고 싶지는 않아요. 전 그런 표본은 결코 되지 않을 것이에요.

　참, 학교 간 아이들은 잘 지내고 있는지 궁금해요.

　작년에 우리의 동경의 대상이었던 언니들처럼 되어 있겠지요. 모두 자기 위치에서 열심히 생활하고 있겠지요. 학원에서 인영이에게 들었는데 고문 선생님 여학생반 담임이라고 하지만 샘은 나지 않아요. 후배에게 그런 샘을 내야 할 필요도 없고 저도 고3을 지내지 않았다면 지금 고4라는 입장에서 용기와 희망은 없었을 테니까요. 결과적으로는 87년의 생활이 저에게 표면으로 나타나는 것은 하나도 남겨주지는 않았지만 사람들의 사랑과 용기와 끊임없는 인간의 생명력을 가르쳐준 한 해였기에 무엇보다도 값진 한해였다고 생각해요.

　오늘은 선생님께서 칠판에 쓰시던 '생명의 서'를 생각하면서 세상에서 가장 단단하고 아름다운 보석으로 남기 위해서 노력하면서 여기서 마칠게요.

　안녕히 계셔요.

88. 3. 19.
오미영 올림

부끄러움으로 인해 자신을 돌아보지만
자랑스레 내어놓을 것이라곤
하나도 없기에

좀 더 살아

자랑스러운 것 하나쯤

내어 보일 수 있을 때가 되면

자신 있게 신을 바라보리라지만

언젠가 되어질지는 아니

영원히 없을지도 모르겠기에

<나>가 더욱 작게 느껴지는

오늘 나를 사랑해야

할 것인가 나는.

- 서정윤의 <홀로서기 2> 中 -

오미영 올림

서울시 강남구 개포동
공무원Apt 805동 1110호
오태선 선생님께

1.

너무너무 추운 날씨예요. 영하 7도라나 하지만 겨울이 추워야지 더우면 겨울이 아니겠지요. 전 2년에 걸쳐 감기를 앓고 있는데 선생님께선 건강하시구요.

참 시간이라는 것이 빨리 지난다는 생각이 들어요. 3학년이 지나고 또 1년이 지났다고 생각하니 정말 많은 시간이 지났다는 생각이 드는데 아마 느끼지도 못하고 이 많은 시간을 보낸 것은 저에게 남은 결과가 없어서 인지도 모르겠어요. 결과는 남은 것이 없는데 제가 보낸 시간에 대해서 후회하지 않는 것은 어쩌면 그 과정에서 알게 모르게 배운 것이 있어서인지 아니면 후회는 아무런 소용이 없다는 것을 알아서인지 그냥 다른 사람이 보내지 않아도 되는 1년에는 아무런 후회가 없어요.

2.

참 오늘 선생님께서 하시던 일 다 마치셨다구요. 정말 좋으시겠네요. 허전함도 있는지는 모르겠지만요.

이번 후기 시험엔 정말 붙어야 하는데 그래야 28번 타고 다니지요. 정말 고등학교 때 얼마나 28번 타고 학교 다니고 싶어 했는지 몰라요.

몇 년 전에 신문 한구석에서 이런 글을 읽은 적이 있어요. 한국인은 패배나 실패에 대해서는 너무 큰 타격을 입어서 다시 일어서는 힘이 서양인보다 약하다구요. 그런데 별로 그런 것 같지는 않아요. 지금까지 살아오면서 가장 큰 패배감(?)이었는데도 아직은 꿋꿋하게 살아 있는 것을 보면요.

3.

아직 89년을 맞을 준비도 못했는데 벌써 한 달이 다 지나가고 있어요. 89년은 그냥 열한 달로 두고 열두 달이 있었던 지금까지 지내온 어떤 시간보다 열심히, 스스로 만족할 수 있을 만한 시간을 만들어야겠어요. 때론 아무 생각 없이 시간을 흘려보내고 싶기도 하지만 또 어떤 때에는 생각할 것이 너무 많아 행동할 수 없었으면 하기도 해요.

둘 다 바람직한 것은 아니지만.

선생님 가로 열쇠 세로 열쇠 해서 낱말맞추기 좋아하세요? 전 보이는 대로 하는데요. 꼭 하나에 한둘은 모르는 말이 나와요. 사람들은 살아가면서 얼마만큼이나 정확한 말을 사용하고 오해 없이 그 말을 받아들일까요?

4.

세상이 아무리 지저분하다고는 하지만 세상은 살 만한 곳이라고 생각돼요. 절 생각해주는 사람들 또 제가 생각해주어야 할 사람들. 분명 어딘가에 내가 해야만 가장 잘 해낼 수 있는 일이 남아 있을 테니까요.

또 같이 얘기하고 생각하고 이해함으로써 공감대를 만들어야 하니까요. 이것만으로도 세상은 아름다운 곳이고 저에게 주어진 아주 과분한 것이라 생각돼요.

오늘은 이런 생각으로 하루를 보낼 생각이에요.

안녕히 계세요.

89. 1. 27.

오미영 올림

오미영 올림

서초구 서초동 서초고등학교
오태선 선생님께

선생님 안녕하세요?

벌써 초록빛을 더욱 푸르게 하기 위해서 나뭇가지와 꽃잎들이 안간힘을 쓰기에 달력을 보니 어느덧 4月이라고 하던데 정말 너무도 빠르게 시간이 흐르는 것 같아요. 지금까지 느껴보지 못했던 속도로 말입니다. 요즘 어떻게 지내고 계신지요? 또 교과서는? 전 그냥 책 가지고 나가서 친구들이랑 얘기하고, 책 대출받아 와서 읽고, 학회실에도 가고, 노래도 배우고 그렇게 지내고 있어요.

아직 조금밖에 지내보지 않아서 그런지는 모르지만 대학 가면 친구 사귀기가 어렵다는 말을 전 인정할 수가 없어요. 그런 말을 없애기 위해서인지는 모르지만 모두 서로 너무 편안하게 대해주려고 노력해요. 그러고 보면 전 참 사람 복이 많은 아이인가 봐요. 운명적이라고나 할까 맺어진 고동학교에서도 여러 가지로 좋았고 떨어져 보고 들어선 대학도 그렇고.

지금까지는 너무 편안하게 지냈는데 이제는 조금씩 바쁠 것 같아요. 중간고사가 없어지면서 숙제로 대신한다나 뭐 솔직하게 말해서 시간이 많아도 할 일 제대로 못 하고 또 시간이 없어서 못 하고 마찬가지일지도 모르지만 괜히 시간이 없을 땐 하고 싶은 말, 일, 이런 것이 너무 많다는 것 아시죠. 얼마 전에 책상 정리하다가 3학년 1학기 중간고사 보고 나서 기말고사 때 얼마만큼 받아야 한다고 만들어주신 성적표를 발견했어요. 벌써 그것도 과거의 일이라니.

그래서 잘 두었어요. 나중에 또 한번 볼 수 있었으면 하는 바람에서요. 과거의 일은 누구에게나 아름답게 기억된다지만 특히 전 더 그런 것 같아요. 지금 같아서는 그런 기억을 가질 수 있는 것이 운명이라면 운명도 그냥 받아들일 수 있을 것 같아요.

4月 1日 아침에 정주가 전화를 했었어요. 학교 가자구요. 정말정말 가고 싶었는데 마음처럼 되지는 않았지만 친구들과도 저 좋은 시간 보냈어요. 참 그날 친구 만나러 가다가 유혜정 아시죠? 만났는데 정말 예뻐졌더라구요. 방실이 얘기도 듣고 주경이 얘기도 듣고 금방 헤어졌는데 우연히 만났다는 것이 너무너무 기뻤어요.

강의 시간 중에 가장 떨리는 시간이 민주정치론 시간인데 학번을 부르고 무엇에 대해 자기의 생각을 말해보라고 하는데 질문만 시작되면 모두들 손톱 끝만 바라보고 앉아 있어요.

정말 많이 알아야 할 것 같아요. 서로 연관성이 없는 것은 아무것도 없는 것 같아요. 다음 시간에는 다음 시간에는 하지만 아무 준비도 없이 수업에 임한다는 것이 너무 싫기도 하구요. 또 국어학개설 시간에는 역시 잘 배웠다는 생각을 해요. 아직은 고등학교 때 배운 종류를 대충 강의하는 것 같거든요.

대학에 들어오고 나서 한 달을 배우고 생각하는 것은 역시 대학도 내가 생각했던 그런 곳은 아니었구나, 어차피 대학도 사회의 축소판과 비슷한 곳이구나 하는 것. 또 마음껏 행동과 생각의 자유가 있는 곳도 아닌 것 같구. 어쩌면 낙원은 가슴 속에만 존재하는 것일는지도 모른다는 생각도 들구요. 좀더 생각하고 생활해봐야겠죠.

요즘은 닥치는 대로 모든 것에 대해 섭렵하고 싶은데 생각뿐이고 행동으로 옮겨지지가 않아요. 지금처럼 4年 보내다가 텅 빈 머리만 가지고 졸업하지 않을까 걱정도 되고 한 번만 시작하면 잘되어 나갈 것이라는 것도 잘 알면서 옮길 자신(?)이 없어요. 너무 나태해진 것 같아요. 봄 공기 마시면서 기운을 내야겠어요.

안녕히 계셔요.

89年 4月

오미영 올림

p.s. 감기 조심 하세요.

오미영

서울시 서초구 서초동 서초고등학교
오태선 선생님께

선생님 안녕하시죠?

지금 밖에는 아주 오랜만에 비가 많이 내리고 있어요. 오랜 가뭄 끝에 내리는 비라서 투덜거리고 싶지는 않지만 당장 나갈 생각을 하면 끔찍합니다.

잘못 깔린 보도블록 사이로 흐르는 빗물. 빠르게 달리는 자동차에서 튀기는 흙탕물. 하지만 비는 내려야 하는 것. 꼭 세상일을 생각하게 만드는 것 같아요.

요 근래에는 길을 걷다가 종종 고등학교 동창이거나 더 축소시켜서 우리 반이었던 아이들을 봐요. 많이 변한 모습들 사이에서도 가끔씩 옛날 모습이 보이는 것이 나도 옛날 얘기를 하는구나 하고 생각하기도 하고. 6月은 너무너무 많이 바쁜 것 같아요. 중간고사를 보지 않는 대신에 숙제가 산더미 같고 또 7月 초까지는 학교에 다녀야 한다고 하더라구요. 선생님께선 6月 말이면 교과서 작업 끝난다고 하셨죠. 지금 한창 바쁘시겠네요. 한가할 때 바쁘고 정신없었으면 하고 바쁠 땐 한가하기를 바라는 참으로 편리하고 쉬운 것만을 찾는 사람이 다 되어버렸다구요. 요즘은 고등학교 때 생각이 아주 많이 나요. 대학에 와서는 더 시간도 많고 꼭 해야 하는 것도 없는데 친구 사귀기가 정말 너무 힘들어요. 아마 어쩌면 내가 그들에게 주는 것을 너무도 아깝다고 생각하기 때문일지도 모르지만 내가 그 친구들 사이에서 하는 행동을 생각하면 가끔씩 우습기도 해요. 역시 시간이 없고 바빠도(?) 그 시간 동안 알게 되었던 사람들이 가슴 한구석이 비어 있을 때마다 생각이 나요. 또 그런 시간에도 내가 생각할 사람들이 있다는 것이 기쁘기도 하구요.

이번 여름에는 고등학교 우리 친구들과 여행을 가기로 했는데 사람은 정해졌고 모든 것이 다 정해졌는데 갈 곳만 정해지지 않았어요. 친구들과의 여행이라고 어제 모두들 즐거워했는데 막상 걱정도 되고 하지만 좋은 시간이 될 것이라고 생각해요.

과거는 항상 미화되어 떠오른다고 하던데 저도 그런 건지…. 하지만 지금 내가 있는 생활에서도 그런 생활을 찾고 싶어요.

벌써 여름이라고 모기 비슷한 벌레들도 있어요. 그런 종류 조심하시구요. 교과서 작업 잘 마치세요.

안녕히 계세요.

89. 5. 5.

오미영 올림

오미영

서울시 서초구 서초동 서초고등학교
오태선 선생님께

선생님께.

안녕하세요? 벌써 여름은 다 가고 가을이 오려고 하는 것 같아요. 요즘은 한낮에도 시원한 바람이 불고 있거든요. 개강도 얼마 남지 않았는데 할 일도 없고. 매일매일 학교 갈 때마다 이런 생각이 드는 것은 고등학교 때나 대학에 와서나 달라진 게 없어요. 나이가 먹는다고 다 자기 일 찾아서 하게 되는 것은 아니구나 하는 생각이 요즘은 아주 많이 들어요.

대학 와서 한 일도 없고 역시 고등학교 때가 좋았어 하는 생각이 들 때는 사람은 돌아갈 수 없기 때문에 과거를 그리워할 수 있는 것 같다는 생각으로 스스로를 위로할 때도 있고, 세상의 일은 다 스스로 찾아서 하는 것이라던데 근시안적인 눈을 가져서인지 그런 것도 찾지 못하고, 이만큼 시간을 보내고 보낸 시간을 후회하는 것이 일과라고요.

가끔씩 길에서 고3 때 우리 반 아이들을 보게 되거든요. 그러면 별로 친하지도 않았었는데도 정말 정말 반가운 것 같아요. 그렇게 함께 있던 시간에는 한마디 말도 하지 못했던 것이 이상하게 생각되고요.

이번 방학에 저한테서 한 일을 찾아보면요 우선 고등학교 친구들과

속초로 여행 갔다 온 일. 역시 고등학교 친구들은 편안해요. 그리고 기차 타본 것. 기차를 고1 때 이후로 타보지 못했거든요. 이게 전부거든요. 정말 한 일도 없는데.

신문, TV 이런 매체에서 늘 교원노조에 대해서 방송하고 있는데 우리 학교도 좀 복잡하다는 얘기를 들었어요. 세상이 어떻게 돌아가야지 바르게 돌아가는지는 잘 모르겠지만 세상의 모든 일에 관심을 가지는 것은 중요한 일이라고 생각해요. 우리가 살아가고 있는 세상이니까.

어떻게 되든 간에 우리 살아가는 사람들에게 바람직한 방향으로 일들이 풀려갔으면 좋겠어요.

정말 이제 가을 준비를 해야겠어요. 열어놓은 창문으로 새로운 바람이 불어오고 있거든요. 가을은 여름보다 더 좋은 시간 되시고요 건강하세요.

89. 8. 17.
오미영 올림

오미영
서울시 성동구 행당동
덕수상업고등학교
오태선 선생님께

오태선 선생님께.

안녕하세요? 오늘 저녁 불빛에 빛나는 목련이 완연한 봄이라는 것을 알려주고 있어요. 오전에 보는 목련도 아름답지만 오랜만에 보게 된 저녁 목련도 정말 아름답습니다. 요즘 날이 너무 많이 건조하고 또 황사 현상도 일어나고 또 꽃가루도 날린다는데 건강하시지요? 오랜만에 정민이한테 학보를 보냈다가 답보로 선생님께서 전근가셨다는 소식을 오늘에야 들었어요. 참 이상해요. 그 소식이라도 알 수 있었다는 다행함과 이제야 알게 되었다는 게으름이 함께 있거든요. 모두 다 제가 게으른 탓이겠지요. 고등학교 때 선생님들께서 여자애들은 졸업하고 나면 소식이 없다고 했던 말. 그땐 그것이 아닐 거라고 완강히 부인했었는데 이렇게 나의 일로 다가오게 될는지는 정말 몰랐어요.

지금 계신 그 학교는 어떠세요? 옛날 같았으면 그래도 우리 서초가 더 편안하고 좋았다는 대답을 듣고 싶어했겠지만 지금은 자란 것인지, 단순히 생각만이 변한 것인지는 모르지만 그냥 계신 곳도 편안하고 좋았으면 좋겠어요. 그래도 계속해서 바람직하고 좋은 방향으로 바뀌는 것이 좋은 것 같구요.

이번 4.19 정신 계승 마라톤에는 한 번 참가해보고 싶다는 생각을 했어요.

그래도 그런 것에 한 번 참가해보면 안일하기만 했던 생각들이 조금은 변화할 수 있을 것 같기도 하고 또 모든 일에 적극적인 자세를 가지게 될 것 같기도 하구요.

하지만 어떤 일에 너무 많은 기대를 거는 것은 커다란 실망을 안겨줄 것 같아서 겁이 나요. 사람들은 나이를 먹는다고 다 어른이 되는 것은 아닌가 봐요. 고등학교 때나 지금이나 판단력도 이기심도 마찬가지인 것 같아요. 이기심이라는 것은 더욱더 심해지는 것 같기도 하구요. 그냥 편안한 것이 좋아서 옆의 친구들을 많이 생각하게 되지는 않는 것 같아요.

'고등학생' 느낌으로는 그리 멀지 않은 과거의 얘기이지만 생각하고 나면 꽤나 먼(?) 시간의 얘기인 것 같아요. 이기심과 혼자라는 것에서 헤맬 때 그 시간들을 생각하면 다시 활력이 생기고 정상적인 사람으로 돌아와요. 역시 좋은 시간이었나 봅니다. 아무리 생각해도 특히 오늘은 그런 시간을 만들게해주신 선생님께 감사드리고 싶어요.

몸에 좋은 날씨는 아니지만 건강하세요.

1990. 4. 10.

오미영 올림

오미영

서울시 성동구 행당동
덕수상업고등학교
오태선 선생님께

선생님께.

안녕하세요? 봄이라고 하는데 날은 하나도 화창하지 않고 눈도 왔다 비도 왔다 오락가락거립니다. 그런 날씨 덕택에 감기가 걸려서 저는 조금 고생을 하고 있는데 선생님께선 감기 드시지 않으셨겠죠?

지난주에는 수강신청하느라 정신이 없었어요. 졸업할 때까지 어떻게 하면 140학점만 따고 경제적으로 졸업하느냐를 생각하느라 수강 신청표도 다시 쓰고 그런 나 자신을 보면서도 정말 이해할 수가 없었어요. 아마 대학이 나의 마지막 학교가 될 가망성이 큰데 이런 생각이나 하다니. 하여간 이해할 수는 없지만 저의 모습이었어요. 아직도 3학년이라는 것이 믿어지지 않는데 4학년인 친구들은 믿어질까 하는 생각도 들구요. 얼마 전 등록금 고지서에 2학년이라고 기록했던 걸 발견하고 이상한 느낌까지 들었어요. 자세는 바뀐 것도 없는데 괜히 학년만 올라가는 것이 꽤나 부담이 되었던 것 같아요.

1991年이 시작된 지도 벌써 두 달 반. 세계에서는 전쟁이 시작되었다가 끝나기도 하고 학교에는 새로운 학생들이 생기고 여러 가지 일들이 많이 있는데 전 무엇을 시작하겠다는 생각도, 또 그런 용기도 생기지

않아요. 너무 빨리 미래를 내다보고 있기 때문일는지도 모르지요. 이제는 무언가 해야 할 것 같은데 아는 것이 없으니 손을 댈 수도 없고.

걱정만 하고 막막한 시간들이 너무 싫어요. 차라리 바빠서 아무 생각도 못 했으면 하는 어리석은 생각까지 한답니다.

지난 2月에는 고등학교 때부터 선생님께서 말씀하시던 수인선을 타러 수원에 갔었어요. 두 칸짜리 기차. 정말 장난감 기차라는 말이 가장 적절할 것 같았어요. 그런데 서는 역마다 많은 사람들이 있다는 생각을 하니 없애기에는 너무하지 않은가 하는 생각도 들고. 기차를 탔다는 느낌보다도 더 많은 것들을 나에게 주었어요. 지나면서 근처의 염전들도 보았구요. 주위의 것들을 볼 수 있다는 것이 얼마나 좋은 일인지. 아무래도 정말 내가 좋아하는 화사한 정말 봄날 같은 봄이 되면 옛날에 들었던 그 어딘가를 기억 속에서 꺼내어 다녀와야겠어요. 그게 요즘처럼 따분한 날들을 가장 좋게 보내는 일일 것 같아요.

선생님.

건강하시구요. 제가 지금보다 성실한 자세로 살아간다고 생각될 때 편지드릴게요.

안녕히 계세요.

1991. 3. 16.

오미영 올림

서울 서초구 서초동 1340-13
제자 위수경 올림
137-070

서울 강남구 개포동 APT 805-1110호
오태선 선생님 귀하
151-240

안녕하셨어요?

졸업한 지 20일 정도 지났고요. 그 뒤로 학원에 계속 다니느라 정신이 없어요. 3월부터는 특강이라 새벽에 집을 나섭니다.

1월달 학원 면접 때 담임선생님이 누구시냐는 질문에 '오태선' 선생님이라고 말씀드렸더니 면접 선생님 왈,

"오태선 선생님은 우리끼리 오지리로 통한다~"라고 하시더군요.

아주 유명하시더라구요.

학원 생활은 생각보다 삭막하지 않고 고3 초보다 그리 힘든 것은 느끼지 못하겠어요.

특히 우리 담임선생님이신 '한준수' 선생님이 참 좋으신 분이거든요.

제가 느끼는 바로는 선생님과 닮은 점이 참 많아요.

그중 한 가지가 두 분 다 '어린 왕자'를 좋아한다는 점이에요.

오늘 어린 왕자를 다시 읽었고 책상 중앙 부분에 「어린 왕자」와 「나의 라임오렌지나무」와 「홀로서기」를 꽂아두었어요. 또, 책상 속에는 영화 팸플릿과 친구들의 편지가 가득 쌓여 있어요. 가끔 힘들고 슬플 때의 완벽한 대비가 다 되었어요.

그래서 지금 행복해지기 시작했어요.

이 '행복해지기 시작한다'라는 말은 「어린 왕자」에서 여우가 한 말인데 참 예쁘죠?

이제 시간이 지나면 또 참지 못할 거예요.

영화 보는 거요. 작년에도 행운 있으라고 홀수로 7편 봤는데요, 올해 얼마나 참을 수 있을지 걱정이지만 될 수 있으면 안 참을 거예요. 전, 조금은 다른 아이들과 다른 관점에서 영화를 느끼는, 친구들 사이에 알려진 '영화광'이기 때문에 '마음의 행로'를 보라고 권유하시는 (아니 하셨던) 선생님과 주말의 명화를 권장하시는 한준수 선생님을 무척이나 존경해요.

오늘 재수하길 잘했다는 생각이 불현듯 떠올랐어요.

그 이유는 졸업선물과 입학선물을 한꺼번에 받지 않았기 때문에 내년에 입학선물을 받을 수 있다는 기쁨에 전 또다시 행복해집니다~.

가끔씩 작년 수첩을 펼쳐보면 빽빽이 적힌 하루하루의 내용이 너무도 낯익어요. 그 속에서 선생님이 저희에게 해준 말씀이 모두 적혀 있고요. 저의 모든 아픔과 괴로움과 기쁨이 적혀 있어요.

그래서 작년은 결코 잊어버리고 싶지 않은 한 해입니다.

알게 모르게 너무도 많은 영향을 선생님께 받았어요.

그리 많은 얘기를 드리지도 않았지만 가까운 곳에서 선생님을 대하는 것이 조금은 무서웠거든요.

하지만 전 누구보다도 선생님을 잘 알 수 있어요.

가끔씩 우리는 선생님들의 완벽을 원합니다.

그것이 별로 바람직한 일은 아닌데도 말이죠.

그래서 전 평범한 인간임을 거부하지 않는 선생님, 제가 더 성장할 수 있도록 많은 얘기를 해주신 선생님께 감사드려요.

아직 다 큰 것 같지도 않은데 저의 주위에는 감당하기에는 어려운 일들이 벌어졌어요.

그렇게 낯설던 직업을 갖는 친구도 있구요. 중3 때 동창의 죽음 같은 일이에요.

일찍이 친구의 죽음을 지켜봤기 때문에 너무도 가슴이 아파요.

그리고 요즘 길을 걸을 때 혹 낯익은 사람을 볼까 봐 고개를 숙입니다.

그렇게 하지 말자고 그렇게 다짐했는데도 어쩔 수가 없어요.

많은 고통을 받으면서 크길 원하면서도 돌멩이가 날아오면 온몸을 움츠리고 눈을 감아버리는 '제'가 되어버렸어요.

결코 쉽지 않은 일들이지만 다시 한번 노력해야겠어요.

재수생이라면 조금은 차가운 시선을 보이는 사회이지만 다른 각도에서 이 사회를 바라볼 수 있는 눈을 가져 볼 생각이에요.

항상 선생님께서 말씀해주신 얘기들 기억하고 살게요.

몸 건강하세요.

1988. 3. 5.

제자 수경 올림

실현될 것 같지는 않지만
시간 나면 답장 좀 해주세용!

서초구 서초동에서
위수경 올림
137-072

강남구 개포동 공무원APT 805-1110호
오태선 선생님
135-240

그동안 안녕하셨지요?

요즘은 날씨가 너무 좋아서 모든 재수생들의 원망을 많이 들어요. 예를 들면 "빌어먹을, 날씨가 좋다"는 둥, "5월의 햇살이 나를 울린다"는 둥. 물론 저도 동감이구요.

요즘은 생활리듬이 깨졌어요. 학원에선 시간 변경이 없었기 때문에 사실 말하자면 1시간 먼저 일어나는 거예요. 그래서 맨날 얼굴이 퉁퉁 부어서 다녀요.

저뿐만이 아니구요. 우리 반인 승희, 인범이, 경아 모두들 정신을 못 차리고 있는 상태예요. 요즘 한창 힘들 때구요. 앞으로 20일, 25일 시험이 있어서요. 그냥 마음만 바빠요.

그리고 가장 중요한 일!

드디어 선생님을 뵈러 우리 '영재팀'이 출동할 것을 약속했어요. 5월 말에서 6월 초 사이 선생님 숙직하시는 날 가기로 했거든요. 자세한 것은~ 전화드릴게요.

시력이 드디어 나빠졌어요. 아무래도 토비콤을 복용해야 할 것 같아요. 오늘 아침엔 친구가 눈이 퉁퉁 부어서 학교에, 아니 학원에 왔는데 이유는 뻔하죠. 집안과의 불화(?). 도저히 남의 일 같지가 않아서 아침 먹이고 커피 사주고 그랬어요. 막내인 것이 다행일지도 모른다는 생각이 들었어요. 내 친구들 대부분 동생들이 이해를 못 해준대요. 어쩔 땐 우리도 자신을 믿지 못하는 경우가 많아요.

옛날에 선생님께서 나이를 먹을수록 성격이 점점 변한다고 하셨던 말씀이 생각나요. 전 안 그럴 것 같다고 생각했는데요, 사람들은 모두 자기가 처한 환경에 따라 달라지나 봐요.

저도 많이 변한 느낌이 들구요. 다른 친구들도 그렇게 보이고 느껴져요. 앞으로 많이 보고 느끼고 해서 더욱더 많이 큰 수경이가 될게요. 몸도 같이 크면 좋지만….

그럼 다음에 뵐 때까지 안녕히 계세요.

88. 5. 14.

5월 15일을 맞이해서.

제게 가장 중요했던 고등학교 3학년 담임선생님으로서 1, 2, 3학년 지리선생님으로서 많은 정신적 도움을 주셨던 선생님께 감사드려요.

수경 올림--.

위수경 올림

오태선 선생님께
강남구 개포동 공무원APT 805-1110호
135-240

선생님, 그동안 안녕하셨어요?

수경이는 이제 대학생이 되었어요. 3월 4월 2달 동안 정신없이 지냈어요.

그렇다고 학과 공부가 재밌는 건 아니지만 사회산업학과에서만 할 수 있는 여러 가지 봉사활동을 하고 있어요. 장애자 자원봉사도 나가구요, 정신병원에도 나가요. 단순히 그들을 동정으로 도와주는 것이 아니라 같은 사람으로서 그냥 사귀는 것뿐이에요. 너무나 배울 것이 많아요.

대학생은 조례, 종례 해주시는 담임선생님이 안 계시는 것이 섭섭해요. 담당교수님이 계시긴 하지만 아직 면담도 안 해봤구요. 간혹 밖에서 만나면 인사를 하지만 교수님은 제가 자신이 맡은 학생이라는 것을 모르실 거예요. 대학 생활에 너무나 많은 것이 존재하지만 자신이 주워 담지 않으면 얻을 수가 없다는 걸 깨달았어요.

무엇이든 꼭 찾아다니면서 배울 거예요. 힘들겠지만….

그런 면에서 교수님도 제가 먼저 찾아봬야 하는 것도 느꼈어요.

지난번에 지하철에서 김용채 선생님을 봤는데 인사도 못 드렸어요. 용기(?)가 없어서.

우리 학교는 여대라서 꽤 조용한 편이에요. 그래서 생동감이 없긴 하지만…. 지난 4·19 기념일 때 얼마 안 되는 학생들과 모였는데 전 그냥 맨 뒤에 서 있었어요. 아무것도 모르니까요. 좀더 자세히 알면 데모할 수도 있는데…. 전경 차 2대가 왔는데 아무 일도 없었어요. 여학생이 화염병 던져봤자 15m도 못 나간대요. 이럴 때 던지기 만점 받은 실력으로 때신 던져 줄 수도 있는데… 히히.

내일은 과 친구들과 춘천에 가기로 했어요. 1박 2일루요.

지금 약간 흥분이 돼 있구요. 내일 가면 또 술 먹을 텐데.

전 아무래도 소주파예요. 맥주는 배불러서 못 먹겠어요.

이러다 술퍼우먼 되겠어요. 여지껏 먹은 중 주량은 소주 1병까지 먹었어요. 정신은 말짱하고 발음이 약간 꼬치고 걸음이 비틀비틀 정도예요. 생각 같아선 2병까진 가능할 것 같아요.

오늘은 술도 안 먹었는데 횡설수설이네요.

그럼 다시 연락드릴게요.

안녕히 계셔요. ~~

89. 4. 27.

수경 올림

서울 서초구 서초2동 20-1
삼익APT 2동 406호
윤정희 올림

서울시 강남구 개포동
공무원APT 805-1110
오태선 선생님

선생님,

오늘은 3月 4日, 제가 입학한 지 2日째 되는 날입니다.

처음으로 '신입생 환영회'겸 '1, 2학년 대면식'을 했습니다.

워낙 적은 숫자이므로 완전히 가족적인 분위기 속에서 시작되었습니다.

87학번 선배들 모두가 신입생들에게 친절하게 대해주더군요.

소주를 먹이는 시간이었습니다.

2학년 언니 한 사람이 일어나서 맥주컵으로 한 컵을 따라서 마시더군요.

왜 여자가 시범을 보이냐고 하니깐, 여자가 마셔야만 남학생들이 안 마시겠다고 하지 못한대요.

정말 잘들 마시던데요.

한 사람씩 일어나서 번호와 이름을 크게 외치고 마셨어요.

저도 물론 마셨지요. 전에 마신 술은 기껏해야 샴페인 정도, 맥주가 조금이었는데, 오늘 처음 소주를 마시고 정신이 없었어요.

근데, 술 마시는 건 유전이라면서요?

아버지를 닮아선지 정신이 없던 건 처음 목구멍으로 넘어갈 때뿐, 집에 올 때까지 말짱한 정신으로 왔습니다.

신입생 남자아이들은 자기 주량을 초과해서 6명이나 뻗어버렸어요. 선배들이 업어서 모두 여관으로 데리고 갔지요.

취해서 비틀거리는 아이들은 대부분 돌려보내고 나서, 말짱한 아이들만 둥근 테이블에 4파-트로 나누어 앉아 많은 이야기를 했습니다.

이야기 도중에 역시 '선배님'이란 생각이 문득 들더군요.

말하는 것, 생각하는 것 모두가 고등학교 때와 판이하게 달랐습니다. 무엇이든 있는 그대로 수동적으로 받아들이지 않고, 능동적으로 비판해가면서 "이건 왜 이런가?", "왜 이렇게 하면 옳은가?" "요렇게 할 수는 없을까?" 등등 자신의 사고를 하는 것이었습니다.

한마디로 충격적이었죠. 왠지 저 자신이 너무나 유치해 보이는 것이었습니다. 그런 주제에 '이젠 어른인가' 하고 흉내나 내던 제가 역시 아직은 어리다는 걸 느꼈죠.

제가 내년에 2학년이 된다면 선배들처럼 될 수 있겠죠?

전 지금 제가 이 '포르투갈어과'에 온 것을 너무나 기쁘게 생각합니다. 또 과에 대한 자부심도 점점 싹트고 있어요. 대학이란 곳, 정말 제가 인간적으로 성장할 수 있는 곳인 것 같습니다. 열심히 열심히 공부하고, 또 신나게 놀고…… 앞으로 우리 학교를 더욱 사랑하게 될 것 같아요.

선생님 댁에 안정과 평화가 있기를 빕니다.

안녕히 계셔요.

1988. 3. 4. 金

윤정희 올림

서울 서초구 서초2동 20-1
삼익APT 2-406
윤정희 올림

서울시 강남구 개포동
공무원APT 805-1110
오태선 선생님

선생님

지금 3, 4교시가 공강이라서 우리 학교 휴게실 '깡통'에서 아이들과 함께 있습니다. 25명밖에 안 되는 가축적인(선배님들 ㅂ) 분위기라서 그 런지 아이들과는 상당히 빨리 친해졌습니다.

선생님께서 말씀하신 대로 대학은 자신만의 시간이 참 많은 것 같습 니다. 중간에 비는 공강시간 혹은 수업이 일찍 끝나서 남는 30~40분 모두가 제 시간입니다.

처음 와서는 시간 활용에 애를 먹었습니다. 하지만 일주일이 조금 지 난 요즘 제 나름대로 빈 강의실을 찾아가서 혼자 공부도 하고 다른 아 이들과 이야기도 하면서 조용히(?) 지내고 있습니다.

저희 과에 정말 명물이 많아요.

경상도 남자애와 전라도 남자애 둘이서 지역감정을 타파(?)한다며 매 일 붙어 다닙니다.

둘이서 다니는 걸 보면 정말 지역감정이란 게 뭔지 잘 모르겠어요.

또 저희 과에는 삼수한 영화 언니, 검정고시를 쳐서 들어온 석한이 라는 아이가 있습니다. 그들과 처음엔 약간의 어색함이 있었지만 이젠

"야, 자" 하고 반말을 쓸 정도입니다. (*만일 존댓말을 쓰면 쳐다보지도 않아요.)

확실히 대학은 고등학교와는 다른 것 같습니다.

누가 나보고 "숙제를 해내라", "공부를 해라" 하고 말해주지 않거든요.

스스로가 컨트롤하지 못하면 게으른 아이가 될지 모르겠어요.

정주, 김현주, 조현주랑도 교양과목 시간에 자주 만납니다.

대학에서 약간 외로움을 느끼거나 소외되어 있다고 생각될 때 그들을 만나면 너무나 반갑습니다.

환경의 변화에 카멜레온처럼 잘 변하지는 못하지만 나름대로 열심히 노력합니다.

그리고 무엇보다도 책을 읽을 수 있는 여유가 생긴 것이 무척 기쁩니다.

만나는 선배님마다 책을 읽으라고 권해주십니다. 정말 많이 읽고 싶어요.

참, 선생님. 저는 써클에 가입했습니다.

학교 내 써클이 아니라 아버지 제자 언니의 소개로 들어간 영어회화 써클입니다.

'Tiger'라는 써클인데 물론 연합써클입니다.

그리고 서초고등학교 졸업한 허윤주 언니(3학년 담임 송태훈, 성심 생물과 2년)도 그곳에서 만났습니다. 열심히 살고 싶어요. 안녕히 계세요.

1988. 3. 17.

정희 올림

이나리 올림

오태선 선생님께

오태선 선생님께.
설마 했는데 역시 안 나오시더군요.
아버지 없는 자식들이 운동장에 서 있었고…
하여간 늘 건강하시고 복 많이 받으시고
가슴 답답한 일은 웃음으로 떨쳐버리시고
한해 저희들 잘 이끌어주세요.
나리 올림.

누군가 스승의 날을 5월 15일 단 하루로 만들어버렸습니다.

어쩌면 쏟아지는 하루 정성에 씁쓸함을 드릴지도 모르는 날이지만 그리도 고마움을 새삼 생각하게 해주는 날입니다.

"고3을 다시 할 수 있겠냐?"라는 물음에 전 속 시원히 "아니"라고 말하지 않습니다. 제겐 너무나 편안했던 고3 생활이었기 때문입니다.

하지만 그만큼 선생님의 노고가 크셨겠죠.

'88 신입생이 되신 선생님이 정말 존경스럽습니다.

더욱 건강하시고 학문의 길에 빛이 보이시고 꼭 1등 하셔서 장학금을 타시길 바랍니다.

88. 5. 14.

나리 올림

PS: 선생님께 라이터를 드릴까 하다가 되도록이면 금연이 좋겠다 싶어서
　　조그만 선물로 바꿨습니다. 아드님, 따님 사진을 넣어 앞에 두시라고요.
　　저 착하죠? (^^)

오태선 선생님께.

선생님 안녕하세요? 그간 찾아뵙지 못해서 정말 죄송합니다. 여학생 가르치면 하나도 소용없어라고 하실까 봐 막 걱정이 돼요. 마음은 굴뚝 같은데 시간이 없어요. 오늘은 몸이 안 좋아서 학교 가서 report만 내고 왔더니 그나마 시간이 생겼어요(비참하죠?). 정말로 스승의 날에만 찾아뵙는 제자는 되기 싫었는데 그것도 못 하다니 저 자신이 한심합니다. 부모님들 역시 꼴랑 책 한 권 만드냐고 바쁘냐고 하세요. 하지만 책도 책이고 3학년 되니까 선배로서 할 일이 너무나 많더군요. report도 쏟아지고요. 요즘은 학교 내의 언론협의회—교지, 단대지, 학보, 방송국의 협의회—에서 주최하는 수습학교에서 선생님을 맡았습니다. 애가 애를 가르치려니—뭐 가르친다고 얘기하기도 쑥쓰럽지만요—힘들더군요. 5月은 초에는 시험과 9日 날 동맹휴업과 시청 앞에서의 궐기대회 등으로 그냥 지나가고, 중순에 report 홍수 속에서 말에는 축제로 그냥 가버렸습니다. 5.9 시위는 제가 처음으로 참가했던 집회였습니다. 두렵기도 하고, 흥분되기도 했지요. 하지만 많은 시민들이 동참하는 모습에 감격했습니다. 그런데도 TV엔 10초가량밖엔 나오지 않더군요. 국민들의 목소리를 너무나도 외면한다는 생각이 듭니다. 소련과의 수교도 중요하지만 당장 먹고살 길이 막막한 사람들에게 제대로 된 정책 하나 못 마련하는 정부를 언제까지나 바라보고만 있어야 할는지 모르겠어요. 어떤 교수가 신입생의 수업에 들어가 데모하는 학생들은 히로뽕을 맞고 한다고 얘기했답니다. 기가 막힐 노릇이죠. 히로뽕을 맞았다면 할 일 없이 데모하겠어요? 차라리 놀죠! 찾아보면 아름다운 세상이지만 전체적으로 너무나 큰 모순을 안고 있는 비극 덩어리입니다. 이론과 실제란 전혀 다른 것 같습니다. 제가 헛소리만 했죠? 하지만 확실한 것은 선생님을 꼭 찾아뵌다는 점입니다. (호호) 몸 건강히 계세요. 제발 건강하세요. 네!

90. 6. 4.
나리 올림

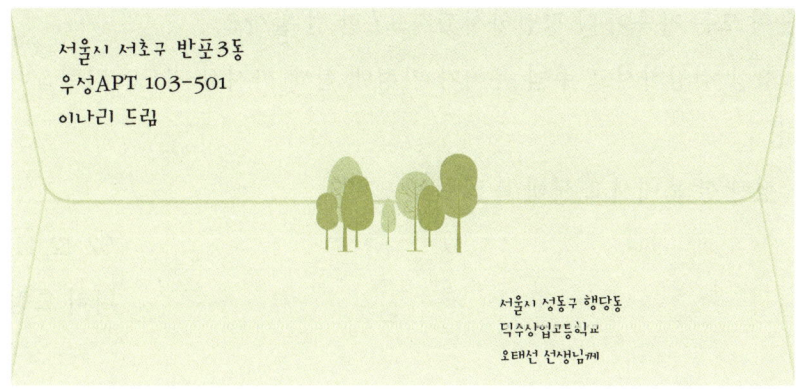

오태선 선생님께.

선생님, 그간 안녕하셨어요?

너무 오랜만에 소식 드려서 죄송합니다. 스승의 날에 술 드신 후 첨 드리는 것 같군요. 그 사이에 저에겐 많은 변화가 있었습니다. 뭐 날 잡았다는 것은 아니구요. 집안적으로는 조카딸을 둔 이모가 되었구요. 사회적으로는 직장을 옮겼습니다. 사실 10월, 11월은 쉬고 12월 4일부터 다른 광고회사에서 copywriter로 일하고 있습니다. -여전히 일복은 터지게 많구요- 여러 가지 문제점과 고민 끝에 첫 번째 직장을 그만두었습니다. 한 일 년 쉴 각오 하고 백수생활을 하려고 했는데 하나님 뜻인지 우연히 일을 하게 되었습니다. 백수도 나름대로 바빠서 선생님께 찾아 말씀드리지도 못했습니다. 사실 현재 직장생활하면서 방송작가 수업을 받고 있습니다. 목매고 하는 것은 아니지만 10년이고 20년이고 한 번쯤 해보고 싶어서 시도해 보았습니다. 생각하는 것을 글로 쓴다는 것도 꽤 괜찮을 듯싶고 해서요.

요즘 선생님은 어떠하신지요. 이사하셨을 것 같아 학교로 보냅니다. 받으셨다면 전화 한통(515-9927 / AMI 기획) 주세요. 사모님, 구슬이, 영근이 모든 가족이 다 평안하시겠지요? 한 번 뵐게요.

항상 건강하시고 주님 은혜가 가정에 함께 하시길 기도드리겠습니다.

성탄 잘 보내시고 새해 복 많이 받으세요.

92. 12. 14.

나리 드림

종합선교 나침반사
서울 광화문우체국 사서함 1641호
이나리

종로구 창신동 쌍용APT
102동 301호
오태선 선생님

선생님!

제가 지금까지 선생님께 10통의 연하장을 보냈습니다. 손가락 10개는 별거 아니지만 10年이란 시간은 별거죠. 저 이만하면 괜찮은 제자죠? (막-강요함)

이렇게 제 연하장을 받아주시는 선생님이 계셔서 전 참 자랑스럽고 기쁩니다.

새해에도 저처럼 좋은 제자 많이 만나시구요. 건강하시구요, 행복하세요.

'술은 쬐금, 담배는 無' 아시죠?

나리 드림

[소인 날짜 94. 12. 22.]

오태선 선생님께.

그간 안녕하셨어요? 저는 미국에 잘 정착했습니다.

볼 것도 없고, 놀 것도 없는 곳이라 공부만 할 수 있는 분위기라 다행
(?)입니다.

여긴 서초 출신들이 몇 명 있더군요. 박유철이라구 서울대 지질학과
나온 동기(김동현 하고 붙어 다니던…)가 있어서 반갑게 만났습니다. (solo라
밥도 먹여주구요.) 선배 한 명도 남편 따라 왔다구 하고. 잘 나가는 서초네
요.

건강하시죠? 사모님과 구슬이, 영근이에게도 안부 전해주세요.

부디부디 건강하시고, 담배도 자꾸 끊으시고 술도 자꾸2 줄여가시길
소망합니다.

혹시 저의 전화는 3(7) 746-5295입니다.

들르실 기회나 기타 등등의 이유로 전화를 주셔도 늘 환영합니다.

전 할 일이 없는 곳이라 수업을 들을 예정입니다.

경영학 쪽으로요.

새해 복 많이 받으세요.

96년 12월

이나리 드림

P.S: 제 신랑 이름은 '심원보'입니다.

↳ 혹시 잊으셨을까 봐… (히히)

선생님께.

안녕하셨습니까?

선생님, 지금 굉장히 행복하시죠?

왜냐면, 항상 잊히지 않는 사람으로,

　　　　잊을 수 없는 사람으로 남아 있다는 것은 행복한 일이니깐요.

고3이 되고도 어언 반년이 지나가버렸습니다.

선생님, 못난이 승희 좀 꾸짖어주셔요.

저, 여기 혼자 남아서 여러 번 후회를 했습니다.

어수룩하게 어른들과 의논도 없이 제 마음대로 결정해버리고 후회를 합니다.

한 치의 앞도 못 보는 인간이기에,

그때 당시 내신 반영이 40%로 될 가망성이 크다고들 했습니다.

전 안정되고 싶었습니다.

그러나 결코, 누구보다 좋으신 어머니, 아버지께 이 일을 돌리고 싶진 않아요.

아버지, 어머니께선 제게 같이 서울로 가자고 굉장히 타이르셨습니다.

항상 후회하고 난 뒤엔 제가 선택한 길을 끝까지 제가 책임을 져야 된다는 너무나 무거운 짐이 절 엄습합니다.

고3이면 흔히는 공부만 하고 잡념, 친구 관계, 자아 갈등이란 것이 전혀 없는 줄 알았는데 그렇지 않은 것 같습니다.

전, 오히려 고2 때보다 공부를 덜 합니다. 잡고 있는 것에 비해 능률이 안 올라요.

우리 학교는 확실히 서울보다 오래 잡아두지만 성적은 서울 애들을 못 쫓아가요.

선생님, 저, 승희는 환경에 지배되는 못난이가 되기 싫습니다.

환경을 지배하는 강한 제가 되고 싶습니다.

요즘은 제가 좋아하는 비가 무척 자주 옵니다.

장마철이라 그렇지만, 전 제 마음을 맑게 씻어주기 위해서라고 생각합니다.

저의 속마음을 숨기기 위해 일부러 웃긴 얘기를 늘어놓고 친구들을 웃기고 저도 가식적으로 웃고 즐거워하니깐요.

선생님, '모든 일을 긍정적으로'라는 말을 자주들 쓰지요.

정말로 긍정적으로 살아야겠습니다.

저도 알고 보면 행복한 자식입니다.

희생적이시며 사랑이 뭔지를 가르쳐주신 위대한 어머니, 아버지 다 계시고, 또, 이렇게 푸념을 늘어놓을 수 있는 멋진 선생님이 계시니깐요.

이 더위도 금방 지나가겠지요?

이 더위조차 아깝습니다.

계절도 자기네들이 알아서 때가 되면 오고 가는데 저도 알아서 해야겠지요?

요 남은 며칠이 저의 인생길을 좌우할 수 있다면, 저의 인생길의 지침이 될 수 있다면 다시 일어나 힘껏 뛰어보겠습니다.

선생님, 절 지켜봐주셔요.

격려를 부탁합니다.

선생님 더위 잡수시지 마시고 몸 건강히 안녕히 계셔요.

1987. 7. 26. 일요일

똥빗자루 제자 승희 올립니다.

꽃아, 아침마다 開闢하는 꽃아

네가 좋기는 제일 좋아도 물낯 바닥에 얼굴이나

비취는 헤엄도 모르는 아이와 같이 나는

네 닫힌 門에 기대섰을 뿐이다.

門 열어라 꽃아.

오태선 선생님께.

한 번쯤 글을 올리고 싶었지만 워낙 둔필이라 겨우 용기를 내어보았습니다.

그냥 순수하게 써나가고 싶습니다.

요즘은 마음을 터놓고 이야기하고픈 친구가 없어요.

그래서인지 조금은 모든 이들에게서 자아를 격리시키고픈 생각이 들기도 해요.

하지만 곧 저의 독선과 자만이 경계스러워집니다.

지난날에 쓴 일기나 편지들을 보면 그 글의 주인공이 바로 '나'라는 사실이 믿기지 않아요. 물론, 언뜻 보기엔 참 생각이 깊었구나… 싶기도 하지만 되새겨보매 그것은 독선의 필적이고 자기중심의 해석을 억지로 끌어들인 글흘림들이거든요. 물론 그것들이 그 무엇을 바라고 있다는 것을 알긴 하지만….

이젠 어른들, 아니 그 어떤 작가의 유창한 논리도 함부로 흉내 내지 않겠어요. 자학의 자세를 벗어나고 독단과 독선의 올가미를 벗어던져 편견 없이 세상을 바라보고 싶어요. 정말 진실된 것을 수식이나 치장이 없는 것에서부터 얻고 싶어요. 아직 미지수인 제 미래들을 참다운 자신을 세우는 것들이 되게 하고 싶어요. 그리고 만족하며 전혀 흔적 없이 영혼은 날기를 원할 거예요.

세상엔 더 뛰어나거나 못난 사람은 없는 듯합니다. 다만 그것들을 느끼지 못하는 사람들이 많은 것 같아요. 모든 것은 가슴에 품고 있습니다.

편리를 추구하는 인간의 기준은 결코 자신을 끼워 맞출 만큼 중요하지도 않고 완벽하지도 못합니다. 다른 사람의 눈에 들고 좀더 많은 사람의 인정을 받는 것이, 자신을 결정할 만큼 위대하지 않습니다.

자신은 바로 자신이 인정하고, 결정하고, 키워나가서 어떤 형상을 스스로 만들어야 하는 걸 것입니다.

혼돈의 세상에서 '나'를 잃어버리지 않고 세워나가기가 그리 쉽지는 않겠지만 그 모습은 볼 만할 거예요. 바로 희생이 따른 모습이니까.

아, 이젠 나를 통해 나를 만나야겠습니다.

공부를 해야겠습니다. 좀더 너른 세계로, 그리고 가능한 것은 모두 경험해보고 싶습니다. 아직은 두려움으로 남아 있는 1년을 그러나 이겨내어야 합니다.

그리고 장하게 이겨낸 모습이 부모님들껜 큰 기쁨이 되겠지요.

쓰다 보니 얼렁뚱땅, 말도 안 되고, 앞뒤도 안 맞고 그러네요.

하지만 한 번쯤 선생님께 글을 쓰고 싶었어요.

오늘이 무슨 날인 줄 아셔요? 12月 31日. 내일이면 한 살 더 먹는 새해.

조금 더 자란 듯한 느낌도 들기도 하고, 하지만 지난 한 해도 착오가 많았죠. 올핸 좀 더 깨끗한 달력과 일기장에 순수한 마음과 인내의 시간들을 보내야 할 것 같아요.

선생님, 새해 복 많이 받으시고요, 만사형통, 건강하시고 가내 평안하시길 빌게요.

1989년 마지막 날 마지막
시각 10분 전
졸업을 앞둔 승희란 아해를 아십니까?

서울 강남구 서초1동 금호APT
다-509
이원주 드림

강남구 개포동 공무원APT
805동 1110호
오태선 선생님 귀하

선생님께.

안녕하세요?

방학 동안 어떻게 보내시는지요.

저는 7월 23일부터 26일까지 3박 4일간 수련회를 마쳤어요. 전방 쪽으로 갔었는데 사람의 손이 닿지 않는 곳이라서 무척 깨끗했어요. 경기도 포천군 이동면으로 갔었어요. 교회에 그쪽으로 아는 사람이 있어서 좋은 것을 많이 볼 수 있었어요.

23일 첫날은 9시까지 교회에 모여서 예배를 보고 출발했어요. 1시간 반이 넘는 시간 동안 목이 터져라 노래들을 부르면서, 처음 보는 바깥 경치를 하나도 빼놓지 않으려는 듯이 눈을 크게 뜨고 노려보기도 하면서 말이죠.

도착해서 기념사진을 찍고 짐을 정리하고, 첫 식사는 라면을 먹게 됐어요. 원래는 각 팀별로 밥을 해먹기로 되어 있었는데 출발시간이 한 시간 정도 늦어졌고, 이번엔 선발대를 보내지 않아서 텐트를 치고 여러 가지 준비를 해두는 데에 시간이 많이 걸렸어요. 다음을 위해선 좋은 경험이었는지도 몰라요.

제가 무엇보다도 걱정을 했던 것은 우리 팀의 리드였는데요. 뜻밖에도 잘 풀려서 수월했어요. 여섯 팀으로 나누어서 활동을 하는데 보통 팀장은 고2 남학생들이 주축을 이루거든요. 그런데, 제가 팀장이 돼서 좀 걱정이 되긴 했는데 부팀장이 좋은 애가 되었고, 팀원들도 잘 따라주어서 총평가 합계로 2등을 했어요. 무엇보다도 그 점을 하나님께 감사드리고 있어요. 게다가 우리 팀으로 바꿔달라는 사람도 있었구요.

그곳은 군대 안이었어요. 장교들이 가끔 와서 하루 정도 휴가를 즐기는 곳이래요. 우리가 있는 동안은 아무도 오지 않아서 좋았구요. 군인 아저씨 3명이 항상 돌봐주셨고 밤이면 기타도 쳐주시곤 했어요. 한번은 뱀이 나왔는데, 위험한 순간에 총을 쏘아주셔서 고마웠어요. 숙소도 잘 지어주셨구요.

또, 그곳은 물이 너무 맑아서 그물을 그냥 먹었구요. 깊이가 2m 되는 곳도 땅이 훤히 들여다보이고 색깔은 완전히 푸른색이었어요. 전 그렇게 맑고 깨끗한 계곡은 처음 보았어요. 남쪽으로는 절벽으로 되어 있고, 그 높은 절벽은 너무나 장엄해서 고개가 숙여졌어요. 북으로는 야산들이 있고 물은 동쪽에서 서쪽으로 흘렀어요. 지금 같아서는요 그곳을 떠나온 것이 너무 아쉬워서 눈물이 나요. 또, 우리 교회 아이들이 너무나 착하다는 걸 알게 돼서 기뻤고 그 추억이 너무 좋아서 이 여름이 지나가는 것이 안타까워요.

첫날에는 아까 말한 대로 임원들은 바쁘고, 프로그램 진행이 안 되니까 회원들(교회 학생회—중고등부—에서는 학생들을 학생회 회원이라고 불러요)은 시간이 남아서 그냥 수영하면서 점심시간을 보냈어요. 그리고 오후에는 팀별 체육대회를 했어요. 종목은 야구였구요. 6팀 중 3팀 우승팀 중에 우리 '온유' 팀이 당당히 끼었어요. 저도 안타를 두 번이나 때렸어요.

끝에서 결정적으로 역전을 시켜서 통쾌했어요. 3:2로 이겼거든요.

저녁 시간에는 '시와 찬양과 간증의 밤'을 가졌어요. 두 분 선생님의 신앙 간증을 듣고, 저와 현정이와 교회 회장과 총무의 중창과 고2 은하 언니의 성시 낭독과 선생님들의 중창과 통성기도 시간도 가졌어요. 통성기도 시간에는 많이 울었어요. 지난 학기의 유래 없이 나태했었던 저 이 모습들이 눈앞에 스쳐 갔고, 하나님보다 나 자신과 다른 것들을 더 사랑한 것을 회개했어요. 현정이도 제 곁에서 많이 울었구요. 좋은 밤 이었습니다.

그 다음날은 일찍 일어나서 1km 정도의 거리를 왕복으로 뛰고, 남으로 절벽을 향해서 엄마, 아빠에게 문안드리고, 아침 예배를 본 뒤, 세면을 하고 아침 식사를 하고, 8시에 군에서 온 버스를 탔어요. 3사단에 가서 땅굴에 대해서 듣고 슬라이드를 보았어요. 그리고 모두 군복을 입고 땅굴을 견학하러 갔어요. 도착해서 땅굴 탐사 도중 목숨을 잃은 8명을 기념하는 '위령탑' 앞에서 모두 묵념을 하고 제2땅굴에 들어갔습니다. 경사지게 아래로 내려간 처음의 짧은 굴은 발굴하기 위해 우리 쪽에서 판 땅굴이라고 했어요. 제 걸음으로 약 196걸음이었구요.

본 땅굴에 접한 곳부터 제2광장까지는 736걸음이었어요. 들어가는 도중에 제1광장이 있었고 그곳은 무기나 군량 등을 두는 곳이고 제2광장은 땅굴을 파는 기구들을 두었던 곳이라고 해요. 지하 130m라고 하는데, 그곳은 북한 땅에서 500m 떨어진 곳이었어요. 그 이상은 들어가지 못하고 그 다음에는 가장 북에 가까운 교회에 갔었지요. 그곳은 '필승교회'라고 하는데 그곳 전망대에서 백마고지, 김일성고지, 갈매기고지 등을 볼 수 있었고, 우리나라 두 번째 규모의 고원으로 개마고원 다음이라는 이름이 잘 생각이 안 나는데요, 평강고원인가 하는 곳도 모형으로 보고 망원경으로 분계선과 북한 땅을 보았어요. 또, 철도가 끊어진 곳과 6.25 당시 북괴가 양민을 대량 학살했다는 그리스 신전처럼 생긴 곳도 보았는데 처참했어요.

그러곤, 군대 내 식당에서 점심식사를 하고 기갑부대에 가서 전차에 대해서 듣고 직접 전차와 장갑차를 타보기도 하고 내무반을 견학하고 총도 보고요. 제식훈련과 태권도 시범도 보고 우리도 직접 해보았어요.

저녁때는 군부대 내의 교회에서 수요 저녁 예배를 함께 보았어요. 우리 성가대의 특송과 중창과 연극이 있었어요. 1년 만에 들어보는 민간인 성가대의 찬송이라고 했어요.

밤에는 sing along과 찬송을 했고요. 군인 아저씨들과 함께 노래를 부르기도 했어요.☆

3일째 날은 오전 내내 성경공부 계획이었는데 11시부터는 너무 더워서 자유 수영을 했어요. 전 처음에 들어갔다가 돌에 발을 꽤 긁혀서 몇 분 안 돼서 금방 나오고 말았어요.

「참 나방 얘기를 빼먹었군요. 앞장 「☆」 자리에 넣어주세요. 그곳은 숲속이라 나방이 많았는데요. 제 주먹만큼 크고요. 그보다 훨씬 큰 나방도 있었어요. 게다가 흰나방을 보았는데요. 나비보다도 훨씬 예뻤어요. 제 주먹보다는 훨씬 컸구요.」

그리고 발을 다쳐서 구경만 했지요 뭐. 그날은 정말 더웠는데 아까웠어요.

수련회 덕에 친해진 애가 있었어요. 영천이라는 앤데 영동중학교 3학년이고요. 학생 성가대 대장 박 집사님 장남이에요. 저와는 같은 부여서 많이 얘기하지만, 수련회 덕분에 더욱 친해졌어요. 전 친교부 부장이고 영천인 차장이거든요. 나중에 말씀드리겠지만, 그날 밤엔 같이 수박 서리도 갔었어요. 무척 착하고 순진한 애예요. 전 좋은 동생이 하나 더 생겨서 얼마나 좋은지 모르겠어요. 영천이도 절 잘 따르구요. 내년에 만약 우리 학교에 들어오게 되면 꼭 소개해드리겠어요.

영천이도 발을 전날 다쳐서 저랑 같이 있었는데 수영을 안 하면 안 되겠던지 비닐로 발을 싸매고는 결국 들어갔어요. 그렇게도 수영이 좋을까요.

나중에는 비닐로 물이 들어가서 비닐을 빼고 그냥 들어가더니 그나마 딱지 않은 게 다 떨어져버렸지 뭐예요. 오후에는 수중올림픽과 육상경기를 했는데, 우리 팀과 '충성' 팀이 한 조가 되었는데―그래서 합한 조 이름이 「성유」예요―온유와 충성.

우리 성유 팀 팀장들은 친교부장과 총무여서 진행 때문에 제대로 신경을 쓰지도 않았는데 우리 조가 육상과 수중경기를 거의 휩쓸었어요. 개인 수영경기에서 점수를 조금 뺏겼지만요.

저녁 식사 후에는 저녁 예배 후에 세족식과 예찬식과 캠프파이어를 가졌어요. 자신의 신앙고백문을 못이 달린 나무판자 위에 꽂고 그 위에 작은 초를 끼우고 선생님들께서 세족식을 행하신 후에 띄웠어요. 그 초와 종이가 다 타는 순간에 저이 죄도 사해지는 거예요.

세족식이란 예수님이 제자들의 발을 종과 같이 손수 씻어주신 데서 유래한 것인데, 선생님께서 씻어주실 때 주님께 구할 것을 얘기해요. 죄 사함이나 소망 등을요. 그러고 나서 장소를 캠프파이어 장으로 옮겨서 그곳에서 예찬식을 했어요. 주님께서 최후의 만찬 때 제자들에게 나누어주셨던 포도주와 떡을 우리도 먹으면서 주님의 고난을 생각하는 거예요. 우리 각자가 촛불들을 모두 모아서 만든 중앙의 십자가를 보면서 예찬식을 했어요. 좋은 기억들이 될 거예요. 그 다음 캠프파이어를 시작했고 찬송과 sing along 시간을 가졌구요. 그 다음 프로는 서초 페스티벌이었는데, 별칭이 계곡가요제예요. 역시 '온유'조가 1위였어요.

그리고 그날은 all night이 허용되는 날이었어요. 영천이랑 나는 수박 서리에 동의했고 곧 4명으로 불어났어요. 우리는 캠프장을 빠져나와서 아래 숙소에 가서 수박 서리를 무사히 마쳐서 맨 위 여자 숙소 앞 계곡 바위에서 1/4쪽씩 해치우고 제가 껍질들을 여자 숙소에다 감쪽같이 숨기고, 우리는 점도 아래쪽 바위에서 얘기들을 했어요. 그러다가 제 손가락보다 큰 송사리를 잡으려고도 하고요.

캠프장의 모닥불은 그날 밤새 타올랐고, 영천이랑 다른 애들이 아직은 어려서 얘기들이 진지하진 않았지만, 전 그 밤이 참 좋았어요.

영천이랑 아이들은 3, 4시가 되니까 자러 갔고 저는 그런 곳에 가면 마지막 날은 잠이 안 오거든요. 그래서 새려고 했는데 이번엔 맡은 일도 많았고 그래서인지 긴장이 풀려서 새벽녘엔 한 시간 정도 잠이 들었어요.

그래도 다음날 아침 구보엔 다리 다친 사람―전날 수영하다가 다친 사람들이 좀 있었거든요―서넛을 제외하고는 모두 참석했어요. 역시 체조하고 문안드리고 예배 후엔 자유 수영 시간이 있었어요.

전 그날 마지막 한 벌 남은 옷을 입고 있었는데요. 회장이 미는 바람에 그대로 빠졌지 뭐예요. 전 그때 다치지는 않았지만 밀어서 다친 애들이 꽤 있었어요. 영천이도 그래서 다쳤었거든요.

아참. 영천이가 비닐을 끼고 물에 들어간 건 마지막 날이었어요. 잠깐 착각했어요. 다친 게 3일째였구요. 죄송해요.

그래서 남자들은 기합을 받았어요. 선생님들께서 꽤 걱정하셨거든요. 선영이랑 애는 팔목까지 삐었거든요.

그래서 회장하고 영천이하고 사과의 뜻으로 수박을 서리해다 놓고 저와 선영이를 불렀어요. 그러곤 얼마나 웃었는지. 24명이 수박 서리 전문 멤버였거든요.

둘째 날은 회장이 영천이랑 선영이 데리고 서리했구요. 셋째 날은 영천이랑 제가 했구 4일째 날은 '회장단'과 '친교부' 합동 주체라구요.

옷을 그때 빨아서 넣었는데 한 시간 내로 금방 말라서 집에 갈 때는 입을 수 있었어요.

수영 후 마지막 식사를 하고 버스에 올랐는데요. 오는 동안은 모두 전날 못 잔 잠을 자느라고 정신이 없었어요. 돌아와서는 도착 예배와 팀별 시상이 있었어요.

이번 수련회는 많은 것들을 생각했고 많은 것을 느꼈고, 많은 사람들과 폭넓게 접할 수 있어서 좋았던 것 같아요.

수련회 강평회도 이젠 다 마쳤고, 이번 기회로 친교부면서도 내가 얼마나 아이들을 몰랐었는지 깨달았어요. 이젠 좀더 나은 친교부장이 될 수 있을 거예요.

이젠 남은 방학 기간 동안 저 자신의 일에도 좀더 충실해보아야겠다고 생각했어요.

오늘은 우리 축구 선수단이 브라질을 7:4로 통쾌하게 이긴 날이에요. 아니 벌써 어제군요. 지금은 새벽이니까요. 이젠 오늘을 위해서 잠을 자야겠어요. 다시 뵐 때까지 건강하셔요. 그럼 안녕히 계셔요.

85. 8. 4. A.M. 2시 45분 원주 드림

이원주 드림

서울 강남구 개포동 공무원 APT 805-1110호
오태선 선생님 귀하

오태선 선생님께.

안녕하세요? 오늘 MBC TV 뉴스에서 꽃 속에 선생님의 클로즈업된 얼굴을 보고 나니 편지가 쓰고 싶어졌어요.

지금 시간이 몇신지 아세요? 밤 2시 반이에요. 웬일로 제가 밤늦게까지 안 자고 있냐구요? 낮에 4시간이나 잤더니 잠이 안 오잖아요. 오늘 동회에 갔었어요. 주민등록증 발급신청서를 써가지고 가서 지문을 찍고 왔어요. 기분이 좀 이상하더군요. 왠지 신경질이 막 나잖아요. 까닭도 없어요. ─점심을 안 먹어서 그랬나 봐요.

보충수업을 이재국 선생님의 국어와 조장우 선생님의 물리밖에 들을 게 없어요─진도를 나가는 단 두 과목이죠─그나마도 빼먹기도 하고 이젠 며칠 남지도 않았어요.

어제는 '순수'라는(에 대한) 글을 조금 읽어봤는데─잡지의 휴게실 정도의 글임─아무리 생각해도 난 순수한 것 같지 않더군요. 아무래도 가장 순수한 건 길가에 쭈그리고 앉은 흙 묻은 똥강아지들일 거 같아요.

선생님 그 얘기 아세요? 흥부 놀부 지옥 간 얘기 말이에요. 이 얘긴 재미없을 것 같군요. '죄검팔' 얘기는 아마 모르실 거예요. 외팔이 칼잡

2부 똥빛자루들 올림_341

이 얘기죠. 이 얘긴 아주 황당해요.

　지면이 다 됐군요. 얘길 줄여야 할 것 같아요.

　나머지 휴가도 건강하게 보내세요.

　안녕히 계세요.

1987. 1. 16.

원주 드림

　※ 추신 - 지금 시각은 2시 40분이에요. 안녕히 주무세요.

이원주 드림

서울 강남구 개포동 공무원APT 805-1110호
오태선 선생님 귀하

오태선 선생님께.

그동안 안녕하셨어요? 물론 건강하시겠지요?

엊그제 아니 어제 개포동 공무원 후생 어쩌고 하는 커다란 가게에 갔었어요. 그래서 선생님 생각이 났어요. 지금은 정각 1시예요. ―21일 새벽―

요즘은 승혜가 생각나요. 1년 전에 함께 천마산 갔던 일이 사진첩을 보다가 문득 생각났거든요. 크리스마스 이후로 편지는 안 띄웠는데 이젠 띄워야겠어요.

쓸 말이 많을 것 같았는데 막상 쓰려고 하니까 떠오르는 게 없어요.

참 제가 웬일로 이 시간까지 깨어 있는지 궁금하지 않으세요? 그건 아직 잠을 자지 않았기 때문이에요.

아! 쓸 말이 없군요. 내일 다시 쓰기도 해야 하겠어요.

안녕히 주무세요.

-1987 1월 21일- 새벽 01:06 36초

87. 1. 24 토 라디오 시간 -정각 2시-

원주방 시간-12시 19분-제 시계가 자다가 좀 전에 깼는데 아무래도 지금 다시 자려는 것 같아요.

오늘 오전에는 '숲속의 방'이라는 책을 읽었고, 지금은 편지를 쓰고 있어요. 어제는 하루 종일 아팠는데요. 그저께 밤이랑 어제 아침은 정말 아팠구요, 점심 때부터 오늘 아침까지는 꾀병이었어요. 그래도 재밌던데요.

지금은 2시 40분이에요. 지금부터의 계획은요 예화한테 전화를 해서 뉴코아에 함께 갔다올 생각이에요. 현정이한테 가자고 했던 안 간대요. 지금 저에게서 2m쯤 되는 곳에서 열심히 영어공부를 하고 있답니다. Lesson 15 시험공부죠. 그만 쓰겠어요.

나머지 휴가도 건강하게 보내세요.

1987년 1월

제자 원주 드립니다.

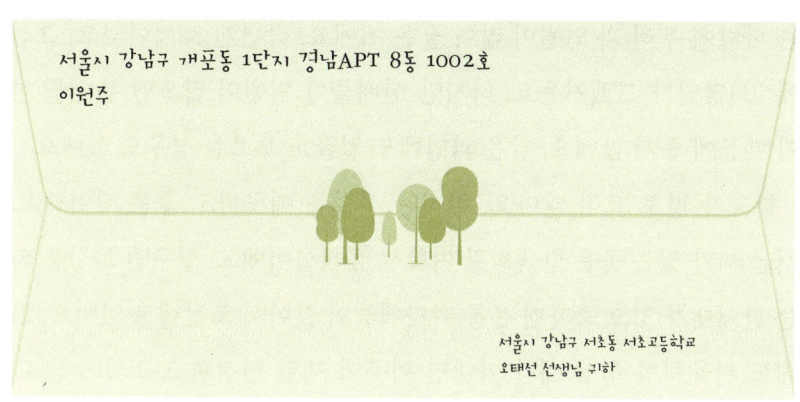

서울시 강남구 개포동 1단지 경남APT 8동 1002호
이원주

서울시 강남구 서초동 서초고등학교
오태선 선생님 귀하

오태선 선생님께

안녕하세요? 어떻게 지내시나요? 신학기라 아주 바쁘시겠어요.

전 언제나처럼 아주 재미있고 즐겁게 보내고 있어요. 처음엔 천안까지 통학이라서 좀 피곤한 듯도 했었지만 지금은 많이 좋아졌어요.

졸업식 날 인사를 드렸어야 했는데, 딸린 식구(?)가 많아서 그냥 왔어요. 다음에 전화드리고 한번 찾아뵐게요. 토요일 정도에 점심 사주시겠죠? 날짜는 중간고사 끝나고 나야 여유가 있을 거예요. 육체적 여유 말고, 정신적 여유 말이에요. 새삼스럽게 제가 시험에 신경 쓰는 게 우습게 들리시겠지만. 첫 시험이니까 좀 신경 써볼까 하는 생각이에요.

참, 혜순이한테는 애들 소식 전했는데 승혜한테는 전하지 못했어요. 주소를 제가 잘못 알고 있거든요. 그렇다고 애들한데 물어보자니 전화통화도 어려워요. 대학 붙은 애가 어디 흔한가요? 게다가 승혜한테야 저 말고도 소식 전해주는 사람이 많은데요. 뭘.

예하도 있고 은정이도 있고, 그래도 주소 알게 되면 편지할게요.

전 요즘 매일 학교에 가고 싶을 정도로 재미있어요. 애들도 좋구요. 우리 과는 50명인데, 그중에 11명이 여자예요. 이번 해에 의대가 생기는 바람에 우리 과 인원이 많이 줄은 거예요. 작년엔 88명이었고, 그전에 104명인가 그랬거든요. 하지만 선배들이 인원이 많으면 분반을 하기 때문에 좋지 않대요. 같은 과인데도 얼굴도 모르는 경우도 있대요.

학교가 별로 크진 않아요. 하지만 시설은 깨끗하고 좋은 편이에요. 지금 제가 있는 곳은 학생회관 여학생 휴게실이에요. 입구엔 화장품 파는 판매대가 있고 소파엔 온통 여자애들이 앉아서 조잘대고 있어요. 그래도 지금처럼 점심 때가 아니면 이곳이 제일 한산하고 소파도 많고, 밝고 깨끗해서 제 아지트로 정했어요.

우리 과는 신입생인데도 강의시간이 많고, 제출해야 하는 과제도 많아요. 대학 오면 놀 줄 알았다느니 하면서 불평들을 하면서도 모두 잘해나가는 것 같아요. 물론 저는 그중에서도 더 잘해나가고 있구요.

선배들도 호의적이고 참들 잘해주는 것 같아요.

아무튼 원주는 씩씩하게 잘해나가고 있습니다. 이만 줄일까 해요. 몸 건강하시고, 안녕히 계세요.

1988. 3. 18. 금

제자 원주 드립니다.

선생님께.

지금 저는 '여성학'이라는 강의를 듣고 있어요.

아니 듣고 있는 것이 아니라 그저 강의실에 들어와 있을 뿐이지요.

선생님 지금 저의 간절한 소망이 뭔지 아세요? 그것은 이웃 학교에서, 타과에서 도강하러 올 만한 교수의 강의를 들어보고 싶은 거예요.

고등학교 교육이 단지 주입식이었다고 비난하지만 내가 배웠던 선생님들이 모두 그랬다고는 생각하지 않아요. 그리고 그분들은 가르침과 동시에 배움도 게을리하지 않았던 분들이었어요.

타성에 젖어서 죽은 학문 갖고 말장사하는 교수들. 저는 중고등학교 때와는 달리 교수님과 친하지 않아요. 그러고 싶은 마음이 별로 없거든요.

소현이가 유학간다는 소식 들으셨어요?

2~3일 내에 만날 것 같아요.

며칠 후에 찾아뵈러 갈게요. 제가 읽으면 좋겠다 싶은 책이랑 좀 적어주시겠어요?

그리고 혹시나 유태인 학자들의 정신분석학과 루우 살로메에 대한 좋은 책을 알고 계신지요? 그리고 예화에 대해서 부탁드리고 싶은 말이 있는데 찾아뵙고 말씀드릴게요.

이제 곧 강의가 끝날 거예요.

1989. 3. 16.

원주 드림

P.S. 난필 죄송합니다.

지난번 강화도 갈 때 연락받고 준비했는데 일어나니까 9시 반이 넘어서 못 갔어요. 선생님도 애들도 모두 보고 싶었는데요.

대만에 온 지 벌써 5일째입니다.

고궁박물관 중정기념관을 다녀온 것 외에는 주로 학교나 유학생들 생활을 둘러보았어요.

아직 결정을 내리진 못했지만 돌아갈 때는 어느 정도 확신을 갖게 되었으면 좋겠어요.

점점 어떤 것에 대해 결정을 내리는 것이 쉽지가 않아져요.

전시 중 시간 내어 와주셔서 감사합니다.

선생님 그리고 사모님 건강하시길 빌며 줄입니다.

장희영 올림.

[소인 날짜: 95. 추정]

안녕하세요? 선생님.

제가 이곳에 온 지도 벌써 8개월이 다 되어 갑니다.

10월 중순, 서울이면 가을색이 완연할 텐데 이곳은 오후엔 여전히 에어컨을 가동하고 있고 긴 옷은 아직 입기가 주저될 만큼 여름 더위가 남아 있어요.

그래도 몸을 녹이는 것 같은 더위에서 벗어나 편안하게 잠을 잘 수 있고 아침저녁으로 상쾌한 공기를 느낄 수 있어 좋지만 이것도 한 달 남짓, 음산하고 축축하고 시린 비가 5개월 정도 계속될 거예요.

생활환경 정말 지저분해요. 외모를 안 꾸미는 건 좋지만 이 더운 나라에서 더러운 건 위생상 안 좋을 텐데….

공기, 소음, 교통 모두 엉망인 곳이지만 이면에 또 매력이 있기도 한 곳입니다. 또 말이 조금씩 통하고 나서 늘 보던 도무지 뭔지 모르던 광고가 문득 어느 날 눈에 들어올 때면 신나기도 하고.

새로운 것을 배우고, 접하는 건 언제나 재미있어요.

월요일부터 금요일까지 하루 2시간 중국어 수업이 있고 주 1회 2시간씩 중국 그림(산수화)을 배우고 있어요. 다음 달부터 서예도 시작하려고 해요.

저요, 장학금 탔어요. 한 달에 30만 원씩 6개월 지급받아요.

정말 맘이 한결 편해졌어요. 한동안은 걱정 안 해도 되고요.

장학금 타고 나니까 하늘이 더 맑고 세상이 더 활기 있어 보여요.

이 돈이면 수업료는 모두 해결되거든요.

머물고 있는 집은 싸고 허름해요. 그러나 박박 매일 청소해서 그런대로 괜찮아요. 한켠에 야시장에서 산 물고기가 잘 자라고 있는 어항이 있고 길에서 주운 강아지가 심심치 않게 말썽을 부리고.

이렇게 지내요.

단순하고 지루하고 가끔은 담담하고 격리된 듯하기도 하지만 편안하기도 한 생활이에요.

선생님. 사모님 건강은 어떠하신지요. 편안하신지요.

날씨 점점 차가워지는데 더욱 조심하세요. 기도드릴게요.

그럼 또 연락드릴게요.

안녕히 계세요.

P.S: 제 전화번호예요.

001-886-2-906-5404

96. 10. 17.

장희영

선생님 저 이집트 와 있어요.

되지도 않게 무리를 해서 어쨌든 피라미드를 두 눈으로 확인했어요.

이러구 놀러만 다니다 '베짱이' 꼴 되는 거 아닌지 모르겠어요.

내일은 8일간의 이집트 여행을 마치고 이스라엘로 가요.

여기 정말 더워요. 화상 입을 것 같아요. 돌아가 인사드릴게요.

[연도 불명확] 7월 19일

장희영

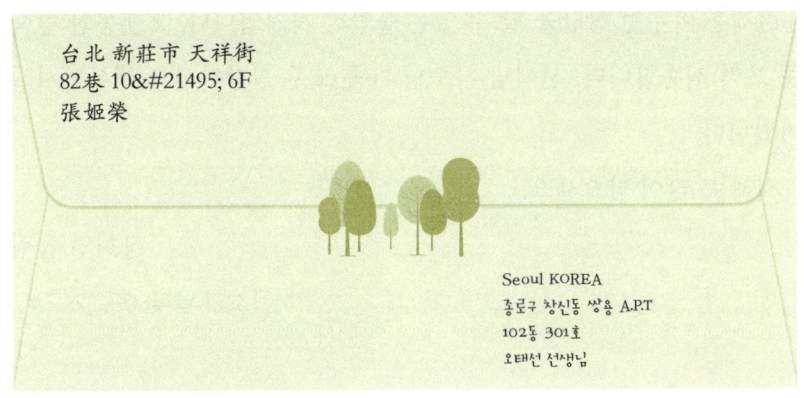

台北 新莊市 天祥街
82巷 10号 6F
張姬榮

Seoul KOREA
종로구 창신동 쌍용 A.P.T
102동 301호
오태선 선생님

안녕하세요?

제가 대만에 온 지 벌써 2년 9개월이 됐습니다.

지난 6월에야 겨우 대만사범대 연구소 국화조에 입학해서 학기말에 있습니다. 산수화 화조화 같은 소홀히 했었던 전통 부분을 배우면서 해보지 않았던 여러 가지 기법을 선택 없이 일정 기간 동안은 흡수하는 계획으로 공부해보고 있는데 혼란스럽기만 하고 아직 뚜렷이 무엇을 배웠는지 모르겠어요. 2학년까지 수업 위주로 공부하고 3학년에 혼합하고 선택해서 제 그림을 그려 졸업하려고 하니 아직 2년 반은 더 있어야 졸업할 것 같아요.

다른 사람은 입학도 빠르고 졸업도 빠르던데 전 이 모양입니다. 2년이란 적지 않은 시간을 입학 준비로 보냈는데, 제가 보기엔 수업에서 소외되지 않고 따라갈 수 있는 최소한의 시간이라고 생각합니다.

아직은 아무런 장담을 할 수 없는 불안한 시기입니다. 오랫동안 연락 못 드려 죄송합니다. 선생님 사모님 가족 모두 건강하시고 행복하시길 바랍니다.

새해 복 많이 받으세요.

장희영 올림

[소인 날짜: 98. 12. 2＊.]

서울시 동대문구 이문동 270-1
한국 외국어 대학교 영어과 1학년
최기숙 올림

서울시 강남구 서초동 서초고등학교
오태선 선생님께

보고 싶은 선생님께.

선생님 벌써 가을이 왔어요. 그 지겹던 장마가 끝나고 하늘도 제 빛
깔을 찾은 지금 선생님께서는 무엇을 하고 계실까 궁금합니다.

작년 이맘때가 자꾸 생각나는데요. 푸줏간의 고깃덩어리처럼 매달
려 있던 저와, 저보다는 저를 북돋아 주신 분이요.

'플래툰' 영화를 봤어요. 큰 기대를 하며 보았지요. 그런데 막상 영화
를 보다가 거의 꾸벅할 뻔했어요.

저 자신이 창피하기도 하고 별볼일 없는 흥미 없는 것이라고 생각했
어요. 그런데 일이 생겼어요.

저는 본래 전쟁 나는 꿈을 자주 꾸거든요. 공산당이 쳐들어와서 목숨
이 위태로운(그러나 한 번도 죽임을 안 당했어요. 제가 주인공이니까요) 상황을 직
면한다든가.

그런데 그 영화를 본 날 밤 또 전쟁 꿈을 꾸었어요.

물론 가장 치열하고 구체적이고 생생하고요. 더구나 인물이 한국인
의 얼굴에 국한된 것이 아니라 국제전이었어요. 꿈에서 깨어나 생각했
어요. 가장 재미없고 흥미롭지 못하다고 생각했던 영화가 어느새 내 잠

재의식까지 깔려 들어왔나. 그리고 또 생각했지요. 제가 학교에 다닐 때 받았던 사랑이 그 당시엔 잘 몰랐는데, 그 시절이 지나고 이렇게 가슴에 사무치게 박혀 있을 줄이야!

생각은 언어의 범위를 넘지 못한다고 하대요. 저의 언어 실력이 짧아 큰일 났어요. 선생님은 언어로 표현하시겠지요? 가슴이 죄어와 닿는 그런 느낌요. 이제 한 학기도 실컷 지나가고 어수선해요

제가 막 사는 것 같거든요. 저는 그것을 미워하고 고치려고도 해요. 지금의 순간순간이 인생 어느 부분보다 중요하다고 생각하고 제 미래를 감히 마음에 그려보지만, 오히려 겁만 나고 또한 당장 대학을 졸업하면 무엇을 해야 하나 별생각만 다 해요. 그래서 도움을 얻고 싶어요. 막상 대학에 오니까 교수님들도 시계만 쳐다보시다 나가고 저를 다 보여줄 만큼, 제가 신임한다고 해야 하나요? 그런 선배님도 아직 없어요.

선생님께서는 저를 얼마큼 생각하셨는지 모르지만, 저는 선생님을 많이 생각했어요. 꿈속에서 뵌 날은 그날 전체가 왠지….

선생님께서 하신 말씀 많았잖아요. 한창 바쁜 고3 때도요. 지금 그것을 하나하나 끄집어내라고 하면 전 자신 없어요. 하지만 전 확신합니다. 그것이 모두 다 녹아 제 뿌리가 됐다구요. 솔직히 지리에 관한 지식은 거의(모르는 지명이 나오면 사회과 부도를 찾는 것 빼고요) 까먹었어요. 할 수 있는 한 많은 얘기들을 후배들에게 들려주셔요.

학교에 찾아가고도 싶은데 창피해요. 한 것도 없고, 하려고 노력도 안 하고, 있는 제 모습을 보이기 싫어서요. 이렇게 떨어져 있으니까 선생님 말씀 들을 기회도 없고 바로 옆에 계셨으면 하고 생각해요.

선생님의 답장을 받고 싶어요. 솔직히 이민철 선생님께『열린 사회와 그 적들』을 읽으려고 노력한다고 전해주셔요. 쉬운 책이라고 하시

길래, 백설공주 정도 되나 하고 읽다가 큰코다쳤다고요. 그리고 김성동 선생님께는요. '김용식'인가 하는 사람을 꼭 찾아 고발하겠다고요.

또한 여러 선생님들에게도 제가 건강히 있다고 소문 내지 말아주세요.

편지 써본 지도 꽤 오래됐어요. 특히 이렇게 세 장씩이나 쓴 것은 찾아보기 힘든 기록인 것 같아요.

선생님의 건강을 염려하고 있어요. 저는 누구 아프다는 소리만 들어도 가슴이 내려앉는 것 같아요.

벌써 2시가 됐네요. 오늘 아침 강의 시간에 늦더라도 화 안 낼 거예요. 저는 더 값진 일을 했다고 생각하니까요.

선생님 조만간 찾아가 뵐게요.

건강히 안녕히 계셔요.

1987. 9. 23.

몸만큼 정신도 건강해지려는 기숙 올립니다.

※ 죄송합니다. 자다 일어나 편지 쓰느라고 글씨가 엉망이어요(원래도 그렇고요).

외대. 영어과.
최기숙

서울시 서초구 서초동 서초고등학교
오태선 선생님께

보고 싶은 선생님께.

우선 죄송하다는 말씀부터 드려야겠어요. 그간 찾아뵙지도 못하고
편지도 못 드리고요. 속으로 나무라셨죠?

이상하게 계속 편지를 쓰려고 맘을 단단히 몇 번이나 먹었는데 못했
어요. 이제 방학이 돼서 마음을 가다듬고 쓰게 되네요. 저희는 22일부
터 방학을 했어요. 벌써 일주일이나 됐어요.

사실은요. 기말고사를 너무 못 봐서 방학 초에는 한숨만 내쉬었어요.
2학년이 돼서 뭔가가 일어날 것 같다고… 1학년 때 그렇게 생각했는데,
이런저런 꿈도 다 고갈이 되고, 얼굴은 웃고 있는데 마음 한구석엔가
그림자가 기울어져 있는 느낌이에요. 매일 이런저런 후회나 하다가 한
나절이 다 지나가요. 그래서 이번 방학에는 마음을 정리하려고요.

선생님은 방학 중에 무얼 하실 계획이셔요? 또 서초고등학교 지정
망상해수욕장에 가시려고요? 이번 여름은 더울 것이라고들 그러던데
아주 시원하시겠어요.

제가 저번에 '플래툰'이란 영화를 보다가 거의 졸 뻔했다고 말씀드렸
죠? 이번엔 '지옥의 묵시록'을 봤는데 한 번도 안 졸았어요. 소리가 어

찌나 큰지 삼 층에서 보다가 일 층으로 구를 뻔했어요. 게다가 또 졸 수 없었던 다른 하나의 이유는 주인공 얼굴 좀 보려고 하다가요. 영화가 거의 끝날 것 같은데 그렇게 선전을 한 주인공의 모습이 안 보이잖아요. 결국 쟈쟈쟈짠 하고 등장했는데 조명이 대머리만 자꾸 비쳐가지고 얼굴을 볼 수가 있어야죠.

저는 이 편지를 쓰고 얼마얼마 있다가 시골에 내려가요. 내일은 큰엄마 환갑이시거든요. 그래서 오늘 아침부터 굶으려고 했는데 실패했어요.

요즈음 낮에 고양이하고 놀아요. 어떻게 됐는지 고양이가 쥐만 보면 도망가요. 그래서 저도 고양이 보고 도망가요.

이런 식으로 보내다가는 금방 또 방학이 지나가겠어요.

선생님은 아직 방학 맞지도 않으셨는데 제가 너무 했나요?

정주는 건강히 잘 지내고 있는 것으로 보여요.

조금 후에는 장마가 올 텐데, 장마가 와도 건강하시구요, 장마가 가고 무더위가 와도 건강하시구요. 태풍이 와도 건강하세요. 그리고 항상 선생님 생각하고 있으니까, 너무 혼내지 마세요.

그럼 다음에 또 인사드릴게요.

6. 29. 1988.

기숙 올림

최기숙 올림

서울시 서초구 서초동 서초고등학교
오태선 선생님께

선생님 안녕하세요.

요즈음은 핑계가 다 올림픽 때문이래요. 약속 시간에 늦어도 다 올림픽 때문이라고 한대요. 저도 그 핑계를 대고 싶어도, 사실 저도 올림픽과 관계가 있어요. 관객 동원이나 시청자로요. 학기 초부터 계속 편지를 드리고 싶었는데요, 숙제 때문에 꼭꼭 매여 있었어요. 조금 전에 라디오를 틀었더니 고등학생들의 체력장에 관한 에피소드가 나와 이렇게 펜을 들었어요. 정말 날이 무더웠어요. 이번 여름에 하도 할 일이 없이 감기가 걸리면 시원하게 보낼 수 있을까 생각했는데 막상 걸리고 죽을 뻔했어요. 날도 덥고 몸도 덥고 혼났어요. 다시는 그런 생각 하지 말아야겠어요.

이제 찬바람이 나니 또 걱정이에요. 가을은 천고마비의 계절이라던데 제가 말띠는 아니지만.

이번 학기에는 수강 신청을 잘못했는지 숙제가 너무 많아요. 지난 학기만 해도 어학실에 들어갈 때는 구석 어두컴컴한 자리에 가서 졸다 나왔는데요. 이번 학기에는 매시간 시험이에요. 공부를 안 하는 데 너무 익숙해서 그런가 봐요. 이제는 조금 익숙해졌어요.

자꾸 학년이 올라가고 항상 그 자리에 머물러 있는 것 같고 겁나요. 저는 언제 철들려는지. 항상 애들 같아요.

참, 벌써 몇 달 전에 대답했어야 했는데(제가 항상 한 박자 느리다는 것 아시죠?) 그 때 망설였던 것은요, 수학이 들어가지고요. 생각해보니까 옛날에 제가 풀었던 문제들 이젠 못 풀 것 같아서요. 영어야 지금도 공부하지만요. 저는 영어만 가르쳤으면 좋겠어요. 만일 그런 자리가 있으면 좀 알려주세요.

아직도 한문 공부 열심히 하시죠? 이상하게 영어 써클은 많은데 한문 써클은 없어요. 서초고등학교 빼고는요. 다음부터는 게으름 부리지 않고 소식 전할게요.

속상하셨죠? 안녕히 계세요.

1988. 9. 14.

기숙 올림

한국외국어대학교 영어과 3
최기숙

서울시 서초구 서초동 서초고등학교
오태선 선생님께

선생님, 그동안 어떻게 지내셨어요. 항상 속으로만 찾아가 뵈야 한다고 생각하고 이렇게 한 학기가 지났어요. 이렇게 마음의 여유가 없이 하루하루 견디다 지금은 여름방학이에요. 조금 아까 전화를 걸었었는데 수업에 들어가셨다는 소리를 듣고 섭섭했어요. 이번 학기에는 선생님들도 못 찾아뵈고 사람 구실을 제대로 못 한다는 생각이 들었어요.

3학년이라 그런지 애들이 눈에 불을 켜고 공부를 해요. 저도 엉겁결에 도서관이라는 곳도 다 나와보고요. 얼마 전에는 시험 거부라 공부도 안 하고 놀고 있었는데 교수님께서 [시험을] 치시는 바람에 혼났어요. 이제는 정신 차려서 공부해야겠어요.

선생님 다시 한번 더 축하드려요. 한동안 자랑하고 다니느라 어깨에 힘이 갔었어요.

그럼 제가 한번 찾아뵐게요.

안녕히 계세요.

6. 21. 1989.

한정림

서울시 강남구 서초동 1504
서초고등학교
오태선 선생님 귀하

선생님께

오랜 시간 못 뵌 것 같습니다. 스스로 이겨 보리라 하고 마음을 먹었던 저였기에 그동안 여러 번 선생님을 뵙고 싶었으나 자신을 억제했습니다. 결국 내 자신의 일은 나 스스로만이 해결할 수 있다는 것을 알았습니다. 고등학교 시절 동안 여러 번 선생님의 격려와 말씀에 전 스스로 위로하고 생활해왔습니다. 늘 저희 모두에게 正·義를 말씀해주셨던 선생님. 눈앞의 책에만 정신을 쏟고 그저 하라는 대로만 저희 모두에게 조금의 비판 능력도 주셨던 분이셨습니다.

시험이 끝난 후 지난 학교생활을 돌이키며 20日의 하루를 생각하고는 허무감에 잠시 빠졌었습니다. 20日 긴장이 풀린 탓인지 한차례의 몸살을 앓고 난 후 앞으로의 저의 계획을 검토해보았습니다. 그 많던 기대와 계획을 모두 다 실현하기에는 결국 현실적인 문제를 고려하지 않을 수 없었습니다. 그러나 어떻게 하든 바라던 것들을 이루고 싶습니다. 하나하나 이루어나가며 그동안 못 채웠던 젊음의 한 부분을 채우고 싶습니다. 성장의 과정을 밟고 있는 제자와 어린아이에게 격려와 사랑을 아끼지 않으셨던 선생님들과 주위의 여러분들. 빚이라도 진 느낌입니다. 해가 가기 전 그 모든 분께 감사의 마음을 전할 것입니다.

선생님. 저의 요즈음 기도 제목은 순수하게 살게 해주십사 하는 것입니다. 때때로 거짓과 위선을 너무도 자연스럽게 하는 저를 발견하고는 놀랍니다. 선생님께서 그리도 좋아하시는 '어린 왕자'와도 같이 이야기가 통할 수만 있기라도 바랐는데 점점 멀어져 가고 있다는 느낌이 듭니다. 그리고 더욱 나이가 멀어짐에 따라 그 거리는 더욱 멀어지겠지 하는 막연한 두려움이 생깁니다. 어른이 되는 것이 싫어 도망이라도 쳐볼까 하는 헛된 망상도 해봅니다. 하지만 전 반드시 모든 세상이 그렇게 까만색으로 물들지는 않았을 것이라는 희망을 가져 봅니다. 흰색의 세상이 반드시 있을 것이라는.

며칠 전 저희 반에서는 '반팅'이 있었습니다(이건 비밀이지만요). 엄마, 아빠 반팅이 무엇인지를 아시곤 무조건 No. 그리 탐탁지 않은 것이어서 저 역시 하지 않기는 했지만 왜 안 되는지는 아직 모르겠습니다. 어느 누구를 사랑하고 좋아하게 된다는 감정. 가장 아름다운 것이라는 생각을 해왔던 저로선 이해할 수 없었습니다.

저보다 오랜 세월을 살아오신 분들의 말씀이기에 거역하지는 않을 것입니다. 그러나 그 모든 명령이나 충고엔 반드시 어떤 이유가 있겠지요. 그러나 전 아직껏 논리가 타당한 그러한 이유들을 들어본 적이 없었던 것 같습니다.

이런 모든 것이 겹쳐 요즈음은 조금 우울해지고 반항하고 싶은 마음이 생겨나기도 합니다. 모든 것이 제 수양 부족이라는 이유 때문이겠지요.

오랜 시간 계획했던 친구들끼리만의 여행은 어려울 것 같습니다. 아빠께서는 허락하셨지만 엄마는 절대 불가능입니다. 女子라는 약점 때문이겠지요. 어떻게 하든 꼭 해보고 싶은 일이기에 전 요즘 방법을 궁리하고 있습니다.

앞으로 남은 며칠간의 학교생활. 열심히 지내고 방학은 가장 보람 있게 보내고 싶은 마음입니다. 주위의 어려운 분들을 돌볼 수 있는 행동이 저의 마음속에서 우러나와 실천했으면 정말 좋겠습니다. 중요한 건 용기이겠지요.

글로써 조금이나마 그동안의 저의 소망을 이룬 것 같습니다.

선생님. 감사드립니다.

1986. 12. 12.

정림 올림

제자 정림 올림

서울시 강남구 서초동 1504
서초 고등학교
오태선 선생님 귀하

선생님께

　방학식을 하기 전 다시 한번 만나 뵙고 싶었습니다. 왠지 꼭 선생님과 대화를 해야 할 것만 같은 느낌이 들었거든요. 중대한, 커다란 모습으로 제 앞에 다가오는 이번 방학이 제게 두려움을 주었는지도 모르겠어요. 인생을 살아 나가는 길에 있어서 꼭 넘어야 할 거대한 산과도 같이.

　선생님. 어젠 이중섭 화가의 화전에 다녀왔어요. 한 시대를 살았던 한 불행한 천재 화가를 보았어요. 그에겐 그 나름의 삶과 예술이 존재했다는 느낌이 들었어요. 그에게 있어 그림이란 공기와도 같다는 표현으로 적합할까요? 가난으로 사랑하는 가족과 헤어질 수밖에 없었던 그였기에 그리도 많은 가족이란 그림이 나왔고 그의 인간애를 절실히 느낄 수 있었던 것 같아요. 혹 그가 그대로 한 시대의 한 화가로 사라져 버렸다면 어찌 되었을까 하는 생각을 해봤어요. 어쩜 그렇게 사라져간 이들이 훨씬 더 많았을 거예요. 世人의 입에 오르내리지도 못한 채 사라져간 별들. 우리 인간은 하나의 점에 불과하다는 느낌이 들었어요. 서로들 자신들의 삶을 좀더 뜻있게 살고자 하는 것이 아름답다는 생각과 동시에 그들의 그러한 행동이 왠지 헛되다는 느낌을 받았어요. 아마 철이 덜 든 때문인지도 모르죠. 人生에 있어 뚜렷한 목표를 자꾸자꾸 깎아내리는 듯한 저 자신이 돼가는 것 같아요. 사는 것을 그리 힘들이지 않아도 되지 않을까 하는… 후후 용서하세요.

진실과 진리를 찾는 것이 저의 삶의 목표가 되는 것 그것이 저의 바람이고 살아가는 지표가 되기를 바랄 뿐이에요. 흔들리지 않는 진리 속에 우리의 삶은 빛나야 하고 아름다워져야 한다는 생각이에요. 불의가 용납되지 않는 나의 삶.

아니 차라리 그런 것들을 모르는 편이 좋겠어요. 가끔가끔씩 아주 사람이 없는 조그만 섬에서 몇 아이들을 가르치는 선생님이 되고 싶을 때가 있어요. 감상적 발상은 아니에요. 단지 저의 현실도피적인 마음이 있을 가망성은 있지만 자연과 때 묻지 않은 아이들과의 삶에서 좀더 순수해지고 싶은 마음이 간절하거든요. 지금 이대로 죽을 때까지 나의 마음을 유지할 수 있다면.

글이 자꾸만 감상적인 것으로 가고 있다는 느낌이 드네요. 하지만 선생님 저의 이러한 소망이 한낱 아직은 어린 여자아이의 생각이라고는 생각지 말아 주세요. 〈어린 왕자〉를 읽으며 그에게 좀더 가까워지고 이해하고 싶으니까요.

앞으로의 방학 자꾸자꾸 자신에게 다지고 있어요. 비록 네가 지금의 상황을 어떻게 생각하든 이젠 비판과 반항을 할 시기는 아니다. 나와 같은 시대 같은 나라에서 살고 있는 친구들도 받아들이고 힘껏 싸우는 일이라면 너도 한번 해보라고. 지금의 상태가 싫다면 나의 후배들에게 내가 싫었던 것을 전해 주지 않기 위해서라도 싸워 보라고.

선생님 人生은 아름다운 것이에요. 주위의 모든 것들에서 사랑과 아름다움을 느낄 수 있다면, 아니 느끼고 살아가는 것이 人生을 아름답게 해주는 것이라는 생각이 들어요.

고3이란 시간은 저를 아주 크게 하고 있어요. 현실에 대한 생각과 고민과 갈등 속에서 덜 익은 과일을 익게 하는 것 같은 힘을 가지고 있어요. 주위의 여러 사람에게서 좀더 많은 것을 느끼고 관찰하고 생각하게 하는 그리고 사랑도 하게 하는...

나를 위해 싸워야 하겠죠? 선생님 fighting 해주시지 않으실래요?

방학 동안 아이들과 공부하러 가신다는 말씀 듣고 저도 가고 싶었는데 보류해야겠어요. 어쩜 이 편지도 다녀와서 받으실지도 모르지만. 바라신 만큼의 성과가 있으시길 바라요. 늘 따뜻하게 저를 익게 해주시는 선생님께 감사드려요. 제게 선생님이란 하나의 직업에 대해 아름다운 느낌을 주신 분이세요. 건강하시길 바라며 개학 후 좀더 어른이 되어 (어른이 되는 것은 싫지만) 뵐 수 있도록 하겠어요. 안녕히 계세요.

1986. 7. 19

정림 올림

※ 추신: 이중섭 씨 흉내 내는 것 아니지만 앞 두 장은 편지지가 떨어져서
이 작은 편지지에 썼어요.

존경하는 분께.

해를 보내는 편지를 선생님께 드립니다.

일 년간 전 너무나도 많은 것들을 배워온 것 같습니다. 어느 한 분으로 하여금 전 조금씩 조금씩 닫혀 있었던 마음과 감았던 눈을 떠 볼 것입니다. 때론 눈을 옆으로 돌려 지금까지는 버려져 있었던 것들을 주워 모으기 시작한 것입니다.

원하지 않았던 것들로 하여금 더 많은 것도 얻은 지난해였지만 전 저 자신의 방황 하나도 주체할 수 없었는지도 모릅니다.

지난번 선생님을 찾아뵙고 그동안 생각하고 생각했던 것들을 아무 것도 이야기하지 못한 것 같은 느낌이 들었습니다. 그 당시 그때는 그것이 모든 것인 줄로 알았던 것입니다. 그러나 이제 전 저 자신에게 더 이상 방황을 용납하진 않을 것입니다. 이젠 정리와 다짐만이 스스로를 올바르게 이끌 때라고 생각이 들었습니다. 주변의 모든 것들이 싸늘하게 식어버린 이 계절에 다음의 봄을 맞이하기 위한 준비를 단단히 해두어야 할 것 같습니다. 결과에의 집착도 부정할 수는 없지만 한 가지에 몰두한다는 그 자체에 심한(?) 매력을 느끼고 있습니다. 스스로에게 한 약속은 반드시 지켜야 하니까요. 선생님!

지난번 말씀을 드린 후 때로 왜 내 자신이 지금의 상태가 되었나를 생각해보기도 했습니다. 이상과 현실의 차이라고나 할까요. 사춘기의 상상이나 괜한 문구라고는 생각하지 않습니다. 진정 저는 먼저 간 나의 조상들에 대한 호기심으로 그들이 이루어 놓은 모든 것에의 충동을 억제할 수 없었던 것입니다. 그리고 그런 충동을 억제해야만 하든 아무런 이유도 느끼지 않았기 때문이었을 것입니다.

그러나 조금의 반성과 체념을 반복하며 마음속의 머릿속에 있는 모든 것들을 떨쳐버리기로 했습니다. 수업 시간이면 때로 말씀하시던 목표에의 도전을 결심했다고나 할까요. 자신에게 부끄럽지 않아야겠지요.

이젠 얼마 안 남은 이 해를 지내며, 또 다가올 해를 맞으며 도서실에서의 하루를 계획하고 있습니다. 앞으로의 生이 더욱 많이 남아 있는 저이기 때문에 분명 좀더 새로운 것들과 접촉은 많아질 것입니다. 그러나 지금의 이 감정과 지난날 나의 감정은 영원히 간직하고 싶습니다.

선생님. 선생님께선 「어린 왕자」를 사랑하신다고 하셨습니다.

순수와 인간을 사랑하는구나 하는 생각을 해봅니다.

드리는 책. 이 책이 즐겨하시는 책이 되었음 좋겠습니다.

현실과는 거리가 먼 이들 속에서 전 진정한 인간을 느꼈고 우리의 진정한 모습을 느낄 수 있었습니다. 동화 같은 이야기이지만 그 순수함이 더욱 가슴에 와닿았습니다. 그 점에선 「어린 왕자」와 닮았군요.

추운 겨울 건강하시길 빕니다.

그리고 즐거운 성탄을 맞으시길 바랍니다.

정림 올림[보낸 날짜 없음]

한정림

[편지 봉투가 없이 보관됨]

선생님께.

누군가 그리워지는 휴일입니다. 이곳 春川에 와서 생긴 묘한 습관입니다. 저녁때이거나 이렇게 혼자 지내게 되는 휴일이면 막연히 누군가를 기다리게 되는.

건강하셨으리라 믿습니다. 저는 너무 잘 지내고 있습니다. 두 달이라는 기간 동안 많은 것들이 제게 주어졌고 저 또한 그것들을 받아들이느라 힘써왔던 시간이었던 것 같습니다. 새로 주어진 이 大學이라는 곳은 무엇보다 제게 人間들을 만나게 해주었습니다. 저만이 아이였겠지만 사람들과 거의 대화를 하지 못했던 고등학교 때와는 달리 지금의 저는 거의 매일 사람들과 이야기를 나눕니다. 때론 시시한 우스갯소리를 할 때도 있지만 전 여러 사람에게서 많은 生을 배우고 있습니다. 각지에서 온 사람들의 모습. 그들의 生活의 이야기가 저의 하루하루를 채워주고 있습니다. 선생님 전 이곳에 와서 저 자신을 끊임없이 반성하고 있습니다. 저보다 더 많은 노력과 삶과의 끈질긴 싸움에서 여기까지 온 사람에게서 저 자신의 작음과 그동안의 자만을 하나씩 버리고 있습니다.

어느 환경, 어떤 집단이건 사람들의 집단에는 늘 좋은 사람이 있고 나보다는 좋은 점을 가진 사람들이 반드시 있다는 것도 절실히 느끼고 있습니다. 이젠 이곳 春川에서의 앞으로의 저의 4년이란 기간이 결코 헛되지 않을 것을 약속할 수 있을 것 같습니다. 人間이 앞으로의 일을 말한다는 것은 우습지만 순간순간의 아름다움이 一生을 아름답게 해줄 것은 의심하지 않습니다. 요즈음도 매일 7시에 학교에 오시겠군요. 늘 즐거움과 학교를 다니는 기쁨이 돼주셨던 선생님. 학교생활을 하며 늘 생각난다고 말씀드릴 수는 없지만 힘들거나 또는 혼자 있을 때 생각나는 분이십니다. 저의 힘들었던 시기에 많은 위안과 힘을 주셨던 분이셨습니다.

선생님 이젠 정림이도 조금 더 큰 사람으로서 자신에게 책임질 수 있는 일을 하는 어른이 되어야겠지요. 늘 어린아이로만 있고 싶은 제 욕심은 버려야 하지 않을까 하는 생각이 듭니다. 제 앞에 주어질 많은 일들이 저를 설레게 하는 요즈음입니다. 그리고 전 요즈음 소망이 있다면 아름다운 사랑을 한번 해보는 것입니다. 하지만 그리 쉽사리 이루어질 것 같지 않습니다.

선생님 건강하시고 안녕히 계세요.

1987. 5. 5.
정림 올림

선생님께.

개강을 한 지 석 주가 되어갑니다. 이곳 春川은 벌써 겨울이 오려는 듯 아침저녁으로 매서운 바람이 불고 있어요. 지난 1학기 동안은 정신 없었다고밖에는 표현하기 어려운 時間의 흐름이었던 것 같습니다. 그러나 이제 2학기가 되어, 스스로를 돌아보기 힘들었던 지난 시간을 반성하며 좀더 거울 앞에 저 자신을 가까이하려 합니다. 선생님 많은 것들을 안 듯 싶습니다. 3개월여의 기간이었으나 좀더 넓어진 大學이라는 社會에서, 매운 체류탄의 gas 속에서, 땡볕 아래서의 농성 속에서 미약하나마 현실과 또한 무분별한 우리 자신들의 모습을 발견하기도 했습니다. 대학에 처음 발을 들여놓을 때 수없이 되뇌었던 일들이 반도 이루어지지 않은 것을 반성하며, 현실과 함께 잊고 있었던 '서시'를 다시 한번 되새겨봅니다. 어린 왕자의 순수함을 최고로 여겨왔던 제게 우리가 서 있는 이 땅은 결코 그렇지만은 않다는 것. 소설 속의 아름다운 일들이 현실에서는 따분하고 애타게 하는, 결코 낭만적이거나 아름답게만 여길 수 없다는 것을 배웠습니다. 처음엔 전 이 모든 것들부터 탈출하여 오로지 나의 세계, 나의 영역 안에서만 있기를 고집하려 했으나

발을 땅에 디딘 사람으로서 올바른 삶을 살기 위해 모든 것이 기초가
되리라 생각이 들었습니다. 그래서 전 지금 이 순간에도 홀로서기 위
해 노력하고 있습니다. 지난번 기말고사가 거부되고 다시 개강 전 주에
시험을 치르려 했으나 다시 한번의 거부 농성으로 결국 시험을 치를 수
없었습니다. 전 갑자기 하늘이 회색빛으로 변해 가는 것을 보았습니다.

제가 하고 있는 유전공학이라는 학문은 너무도 할 일이 많은 학문입
니다. 고작 1학기를 지내면서도 앞으로 제가 넘어야 할 고개들이 많은
것을 알았습니다. 때로 쉽게 자포하는 마음이 들기도 하지만 그래도 오
뚜기처럼 곧잘 일어납니다.

그래도 선택받은 인간으로서 부단한 지식의 습득과 자신의 연마를
해야 하리라 생각합니다. 방학 동안 꼭 한번 뵙고 싶었는데 이렇게 글
속에서밖에 뵐 수가 없게 된 것 같습니다. 건강하세요.

1987. 9. 16.

廷林 올림

오태선 선생님께.

선생님 오랫동안 연락 못 드렸습니다. 지난 7月에 결혼식하러 한국 나갈 때 선생님을 꼭 뵙고 오려고 했는데 너무 급히 들어오는 바람에 못 그랬습니다. 지금도 내내 그것이 걸립니다.

저는 5月에 도서관학으로 석사과정을 마치고 취직을 했습니다. 7月 8日에는 결혼식을 올렸고 1주일 만에 다시 이곳으로 들어와 살고 있어요. 남편은 연대 신문방송학과 대학원을 졸업하고 이곳에서 계속 공부 중입니다.

저는 감지기 변화된 생활에 아주 바쁘게 살고 있습니다. 선생님께서 어떻게 지내시는지 한번 뵙고 싶은데 다시 나갈 기회가 있으면 그땐 꼭 찾아뵙겠습니다.

선생님, 새해에도 건강하시고 하시는 일들 다 잘 이루시기를 기원합니다.

It's Christmas-a perfect time

to wish you happiness

for the holidays and the coming year.

95. 12.

제자 황혜선 올림.

오태선 선생님께

선생님. 그동안 별고 없으신지요. 이렇게 연말이면 카드 한 장만으로 인사드려 늘 죄송할 따름입니다.

얼마 전 호재로부터 서초 동창회 했었다는 소식을 들었습니다. 감개가 무량했어요. 세월이 그렇게 흘렀다는 것도 실감이 잘 안 되구요.

선생님. 가족들께도 안부 전해주세요.

새해에도 건강하시고 좋은 날들 꾸려가시기를 빕니다.

96. 12.

제자 혜선 올림

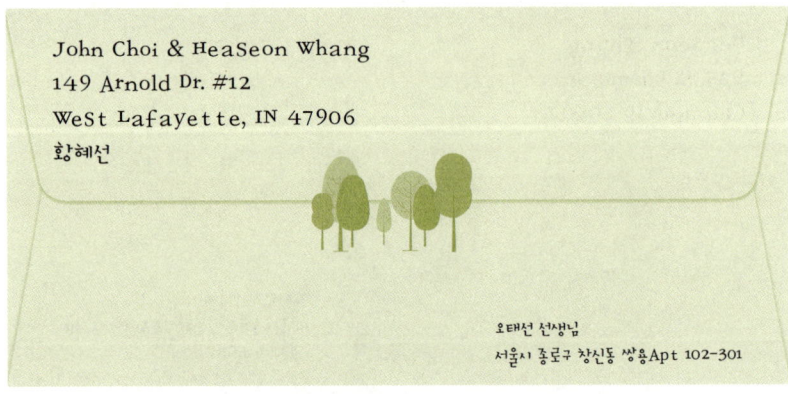

Wishing you a Warm

and wonderful Christmas

오태선 선생님께

선생님, 지난 한 해 동안 안녕하셨는지요.

저는 아이를 가지고 준비하느라 분주한 시간을 보냈습니다. 이제 며칠 남지 않은 출산일을 앞두고 두려움과 기대감이 엇갈립니다.

참, 얼마 전에는 이나리와 전화 통화를 했습니다. 그동안 같은 아파트에 살고 있었으면서도 서로 모르고 지냈더군요. 아직 만나보지는 못했습니다.

내년쯤 한국에 다녀올 예정입니다. 선생님을 꼭 뵙게 되기를 바라고 있습니다.

선생님, 새해에도 건강하시고 하시는 일들 다 잘 이루시기를 기원합니다.

– 제자 황혜선 올림 –

준호와 혜선의 1998년

혜선 이메일: hwhang@chipublib.org

homepage: http://www2.uic.edu/ ̃jchoi6/heaseon.html

준호 이메일: jchoi4@purdue.edu

homepage: http://omni.cc.purdue.edu/ ̃jchoi4/welcome.html

준호와 혜선의 1998년은 주말부부 생활의 계속과 함께 다사다난한 한 해였습니다. 특히 준호의 봄학기는 아주 정신없이 바빴습니다. 학부 기초과목인 Public Speedh 과목을 맡아서 수업준비하느라 진땀을 뺐지요. 아직 완전하지 않은 영어로 스피치 과목을 가르치려니 고생이 말이 아니었지요. 그래도 많은 경험이 되었답니다. 또 일리노이 대학에서 두 과목을 수강하게 되어 주말에는 혜선이 있는 시카고로 또 월요일에는 수업 들으러 일리노이 대학으로 갔다가 밤에 다시 퍼듀로 돌아와 다음 날 강의하러 아침에 나가야 하는 강행군이 계속되었지요. 매주 운전하는 거리가 400마일(640킬로미터)이나 되었으니까요.

3월 초에는 학회에 논문 발표하느라 로스앤젤레스에도 다녀왔습니다. 일정이 바빠 캘리포니아 관광은 못 했지만 혜선 사촌댁에서 머물면서 귀여운 조카도 보고, USC에서 공부하는 친구 혁이와 선배 용찬 형도 만났지요. 준호는 위스콘신 대학에서 공부하는 선배 내원 형과 공동 논문을 쓰느라 봄방학에 위스콘신에 다녀오기도 했습니다(이 논문은 여름 AEJMC 학회에서 발표되었고, 내년 여름 출간될 책의 한 장으로 나올 예정입니다).

이렇게 바빴던 한 학기가 마무리될 무렵 저희는 매우 기쁜 소식을 듣게 되었지요. 저희 사이에 기다리던 아기가 생겼지요. 태몽 이야기: 그 무렵 어머님께서 사자가 안방으로 들어오는 태몽을 꾸셨는데, 우리는 이 꿈이 우리 아기 태몽인 줄 알았지요. 그것도 아들 태몽으로요. 그런데 얼마 후에 동서가 아기(아들)를 가졌지 뭐예요. 결국 어머님 태몽은 저희 것이 아니었어요. 그런데 혜선이가 며칠 후에 진짜 태몽을 꾸었는데, 예쁜 천사가 나타났데요. 출산 예정일은 1999년 1월 6일. 아마 이 편지를 읽고 계실 때쯤 우리 예쁜 최수린(Choi Su-rin)이 태어날 겁니다. 시간이 되는대로 우리 수린이의 사진을 인터넷에 올려놓겠습니다 (http://omni.cc.purdue.edu/̃jchoi4/baby.html).

첫아기를 위한 물건들을 준비하는 것은 설레면서도 신나는 일이었지요. 아이 침대, 자동차 의자, 옷장도 사고 옷가지 등은 퍼듀 가톨릭 공동체 가족들께서 나누어주셨습니다. 오늘은 아기 침대를 조립하느라 부산을 떨었습니다. 수린이란 이름은 준호가 생각해서 지었습니다. 발음도 예쁘고 흔하지도 않고 영어로도 부르기 좋은 이름을 찾느라 몇 달에 걸쳐 찾은 이름이랍니다.

얼마 전에 수린이가 태어날 병원을 견학했습니다. 병실은 꼭 호텔같이 아늑하고 따로 분만실이 없이 병실에서 분만도 하고 애기도 곁에 둘 수 있게 되어 있습니다. 주치의인 한국계 의사 선생님이 수린이 심장 뛰는 모습도 보여주시고 소리도 들려주셨는데, 준호에게 이번이 처음이었어요. 그리고 미국에선 남편이 분만할 때 아내 옆에 함께 있으면서 호흡도 도와주고 탯줄도 끊어주고 그래요. 분만실 밖에서 줄담배만 피워야 하는 한국 남편들보다는 아이의 탄생 순간을 더 생생하게 경험하는 셈이죠.

혜선은 올해도 계속 시카고 공립도서관에서 동양서적 담당사서로 일했습니다. 수퍼바이저인 딕슨 할머니가 은퇴하셨고, 중국계 사사도 한 명 들어와서 혜선은 주로 일본 책과 한국 책을 담당했지요. 미국도 공무원 조직은 매우 관료적이라 일하는 분위기는 좀 답답하다고 합니다. 주말부부 생활도 이제 너무 힘들어서 준호가 있는 퍼듀 대학의 도서관으로 옮기려고 얼마 전 인터뷰를 했는데 아직 두 달 정도 기다려야 결과를 알 것 같습니다. 그리고 이번 주부터는 출산휴가로 집에서 휴식을 취하고 있습니다.

봄학기가 너무 힘들었던 준호는 여름방학에는 좀 쉬려고 했는데, 지도교수가 NSF 연구프로젝트를 하게 되어 같이 일하게 되었죠(일복이 많은건지, 쉴복이 없는건지). 힘들었지만 IMF 시대에 달러 벌이 (:-) 하는 생각으로 지냈지요. 준호는 인터넷의 문화적 네트워크를 주제로 한 논문을 옛 지도교수(James Danowski)와 함께 완성하여 학술지에 보냈고 지금 답신을 기다리는 중입니다. 그리고 그 교수를 도와 함께 썼던 다른 논문도 내년 초 출간될 예정입니다. 준호는 가을학기에 지도교수와 함께 특별한 대학원 수업을 담당했습니다. 위성과 인터넷을 통해 퍼듀, 캘리포니아에 있는 USC, 그리고 일리노이 대학이 공동으로 수업을 한 것이지요. 특히 USC의 용찬 선배도 수업을 같이 했는데 정말 테크놀로지가 세상을 좁게 만들지요? 쉴 복 없는 준호는 길지도 않은 겨울방학에도 일이 생겼습니다. 지도교수가 인터넷에 맛(?)을 들이는 바람에 수업에 쓸 비디오 교재를 인터넷으로 볼 수 있도록 컴퓨터 파일(Real Media)로 만드는 일을 하느라 방학에도 주말부부 생활이지 뭐예요. 다만 한 가지 바람은 수린이가 제날짜에 나와서 개학한 후(1월 11일) 수업 중에 시카고에 달려가야 하는 사태가 일어나지 않는 것이지요.

내년에는 우리에게 조그만 소망이 하나 있습니다. 혜선이 퍼듀 대학 도서관으로 옮겨서 우리 세 가족이 함께 사는 것이지요. 주말부부 생활도 벌써 1년 반. 두 시간 반 거리를 매주 운전하며 왔다갔다 하는 것도 쉬운 일이 아니어서 지난 학기는 한 주씩 거르는 일도 많았지요. 학교 도서관으로 옮기게 되면 혜선은 두 번째 석사과정을 새로 시작하거나 도서관학 박사과정을 시작할 계획이지요. 준호는 이제 박사 4학기를 맞고 2000년 여름에는 졸업시험을 치를 계획입니다. 그러면 월드컵이 열리는 2002년에는 한국으로 돌아갈 수 있겠지요.

새해 복 많이 받으세요.

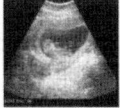

고맙네,
얘들아 —
그런데,
지금은 뭘 하고 있나?

오 세선

2025년 10월 27일, 제자들의 편지글을
모두 읽고 나서 직접 써주신 글입니다
  고마움 가슴에 안고 늘 '지금 무얼하고
있나?' 되돌아 보며 살겠습니다
  고맙습니다. 선생님

오지리 선생님께,
똥빗자루들 올림

2025년 12월 15일 처음 펴냄

엮은이 오태선교직기념문집발간위원회
펴낸이 김영호
펴낸곳 도서출판 아이워크북
등 록 제313-2004-000186
주 소 서울시 마포구 월드컵로 163-3
전화/팩스 02-335-2630 / 02-335-2640
이메일 ymedia@naver.com
인스타그램 instagram.com/dongyeon_press

ISBN 978-89-91581-48-7 03040